Internet 网络信息资源检索

主编 叶 青 方 倪 郭 璐 吴桂金

东北林业大学出版社
·哈尔滨·

图书在版编目（CIP）数据

Internet 网络信息资源检索／叶青，方倪，郭璐等主编.
--2 版. --哈尔滨：东北林业大学出版社，2016.7（2025.7重印）
ISBN 978-7-5674-0814-2

Ⅰ.①I… Ⅱ.①叶… ②方… ③郭… Ⅲ.①网络检索 Ⅳ.①G354.4

中国版本图书馆 CIP 数据核字（2016）第 149699 号

责任编辑：卢 伟 张红梅
封面设计：彭 宇
出版发行：东北林业大学出版社（哈尔滨市香坊区哈平六道街 6 号 邮编：150040）
印 装：三河市佳星印装有限公司
开 本：787mm×1092mm 1/16
印 张：14
字 数：310 千字
版 次：2016 年 8 月第 2 版
印 次：2025 年 7 月第 3 次印刷
定 价：65.00 元

如发现印装质量问题，请与出版社联系调换。（电话：0451-82113296 82191620）

前　言

"数字图书馆"这一概念已经深入到了我们的生活中,并且得到全世界的广泛关注,各国纷纷组织力量进行探讨、研究和开发,进行各种模型的试验。科学高度发展的时代,人们需要知识,需要信息来完成创新活动,数字化图书馆的海量知识和信息是国家间资源争夺的一个新领域,也是国家基础设施建设的一个重要组成部分。

数字图书馆是图书馆学的一个新概念,它的提出并不是源自于图书馆本身,而是由信息化、知识化社会的不断发展所造就的。在图书馆学术界,数字化图书馆的理论和工程建设已经取得了许多优秀的成果。我们目前所面对的图书馆是一个具有良好的网络应用的环境;拥有海量知识和信息存储、媒体多样化、多种语言、图文并茂、强大的信息传播和服务模式;信息资源数字化、信息传递网络化、信息资源利用共享化的一个现代化的图书馆。利用这样的图书馆检索文献信息不仅需要我们了解信息资源的类型、分布特点、提供信息的范围,还需要掌握利用数字图书馆的检索技能,这些技能的运用,反映了一个人的信息能力。这也是数字化图书馆与传统图书馆主要的区别。

本书在多年教学实践与理论研究的基础上,充分介绍了利用数字图书馆所需要具备的信息检索能力,筛选出具有实践性、代表性、前沿性的内容进行介绍。突出了信息资源的类型及所能提供信息的范围,在注重基础教学的同时,侧重各类信息资源的检索,同时对著名的数据库和有代表性的数据库进行检索技巧的学习。了解数据库很容易,但是使检索结果满意和准确必须有一个熟练的过程和经验的积累。我们相信读者通过本书的学习一定会使获取信息的能力有一个很大的提高。

本书特色主要体现在:其一,从读者在利用数字化图书馆遇到的关键问题和难点入手。例如以数据库资源的选择、检索词的提取、检索字段的合理运用为主线展开结合数据库进行介绍,力求系统地介绍利用数字化图书馆所遇到的关键问题。其二,注重实践性。在创新活动中,人们需要各类不同的信息资源,本书对各类信息资源所对应的数据库进行了全面介绍,并对利用数据库中所涉及的相关知识进行了扩展,从而解决了对数据库著录项目和记录格式的了解,深化了对相关知识的学习。其三,注重前瞻性和国际性。国外的先进科学技术和理论研究是通过不同的数据库进行传播的,在对国外数据库建设的特点和提供的检索功能进行总结的同时,结合典型的数据库和实例,介绍检索词和检索提问式的合理组织。本书的编写分工如下：吴桂金负责全书框架设计和统稿。叶青编写第1章、第2章、第3章、第4章、第5章1~5节，12万字；方倪编写第5章6~7节、第6章、第7章、第8章、第9章1~3节，12.1万字；郭璐编写第9章4~5节、第10章、第11章，6.8万字。

在本书撰写过程中，我们广泛吸取了国内外同行有关网络资源检索的研究成果，参考和引用了相关文献和网上资料，借此书出版之际向这些原文作者表示由衷的感谢！

作者

2016年6月

目　录

1 科技信息检索基础知识 …………………………………………………………（1）
　1.1 中国图书馆图书分类法 ………………………………………………（1）
　1.2 主题词的选择 …………………………………………………………（3）
　1.3 数据库及文档结构 ……………………………………………………（9）
2 网络信息资源的类型及应用 ……………………………………………………（13）
　2.1 信息资源的类型 ………………………………………………………（13）
　2.2 Internet 网络信息资源 ………………………………………………（16）
　2.3 网络搜索引擎的利用 …………………………………………………（18）
3 网络中文报刊论文数据资源检索 ………………………………………………（27）
　3.1 中国期刊网 ……………………………………………………………（27）
　3.2 维普中文科技期刊全文数据库 ………………………………………（31）
　3.3 万方系统数字化期刊数据库 …………………………………………（33）
　3.4 人大复印资料全文数据库 ……………………………………………（33）
4 网络图书数据资源检索 …………………………………………………………（36）
　4.1 书生之家图书检索 ……………………………………………………（36）
　4.2 超星数字图书馆 ………………………………………………………（37）
　4.3 电子图书 ………………………………………………………………（38）
　4.4 Apabi 高校教参系统 …………………………………………………（39）
　4.5 馆藏信息资源的检索 …………………………………………………（41）
　4.6 美国 NetLibrary 电子图书 …………………………………………（43）
5 特种文献数据资源检索 …………………………………………………………（45）
　5.1 专利数据资源检索 ……………………………………………………（45）
　5.2 标准数据资源检索 ……………………………………………………（58）
　5.3 会议信息检索 …………………………………………………………（72）
　5.4 学位论文数据库 ………………………………………………………（76）
　5.5 国务院发展研究中心信息网 …………………………………………（79）
　5.6 中国高等教育文献保障系统 …………………………………………（84）
　5.7 万方数据资源系统 ……………………………………………………（86）
6 外文数据库 ………………………………………………………………………（90）
　6.1 Kluwer 电子期刊数据库检索 ………………………………………（90）
　6.2 EBSCO 公司数据系统 ………………………………………………（93）
　6.3 OCLC FirstSearch 基本组数据库 …………………………………（97）
　6.4 Elsevier Science Direct Onsite 外文电子期刊全文 ……………（104）

6.5　SpringerLink 科技期刊及丛书 …………………………………………… (109)
　　6.6　Biosias Previews 数据库 ………………………………………………… (113)
　　6.7　CAB 国际生物和农业中心数据库 ……………………………………… (120)
　　6.8　AGRIS 数据库 …………………………………………………………… (122)
　　6.9　ProQuest 生物、农业全文、Agricola 数据库 ………………………… (124)
　　6.10　John Wiley InterScience 电子期刊 …………………………………… (128)
　　6.11　Blackwell 数据库 ……………………………………………………… (131)
7　参考工具书 ……………………………………………………………………… (134)
　　7.1　字词（辞）典 …………………………………………………………… (134)
　　7.2　百科全书 ………………………………………………………………… (136)
　　7.3　年　鉴 …………………………………………………………………… (138)
　　7.4　手　册 …………………………………………………………………… (139)
　　7.5　名　录 …………………………………………………………………… (140)
　　7.6　表　谱 …………………………………………………………………… (141)
　　7.7　工具书指南 ……………………………………………………………… (142)
8　著名四大参考数据库的概况 …………………………………………………… (144)
　　8.1　SCI 科学引文索引 ……………………………………………………… (144)
　　8.2　EI 美国工程索引网络数据库 …………………………………………… (146)
　　8.3　ISTP 国际科技会议录索引和 ISSHP 社会科学
　　　　　与人文科学会议录索引 ………………………………………………… (148)
　　8.4　SSCI 社会科学引文索引和 A＆HCI 艺术与人文科学引文索引 ……… (149)
　　8.5　国外期刊收录对稿件内容和学术水平的要求 ………………………… (150)
9　DIALOG 国际联机检索系统 …………………………………………………… (154)
　　9.1　DIALOG 系统资源 ……………………………………………………… (154)
　　9.2　DIALOG 系统检索基本知识 …………………………………………… (155)
　　9.3　DIALOG 系统检索指令 ………………………………………………… (160)
　　9.4　检索运算符 ……………………………………………………………… (168)
　　9.5　检索策略和实例 ………………………………………………………… (175)
10　STN International 系统 ……………………………………………………… (187)
　　10.1　STN 联机系统简介 …………………………………………………… (187)
　　10.2　STN 系统检索技术 …………………………………………………… (189)
　　10.3　检索实例 ……………………………………………………………… (196)
　　10.4　专利检索方法 ………………………………………………………… (197)
　　10.5　化学文摘 CA 检索 …………………………………………………… (198)
　　10.6　STN 系统中国代理网站的使用 ……………………………………… (204)
11　创新能力的培养 ……………………………………………………………… (205)
　　11.1　知识经济时代的特征 ………………………………………………… (205)
　　11.2　创新人才的培养 ……………………………………………………… (207)

11.3 信息能力 …………………………………………………… (208)
11.4 科学研究的步骤 …………………………………………… (211)
11.5 科技查新的概念 …………………………………………… (212)
参考文献 ………………………………………………………… (215)

1 科技信息检索基础知识

信息获取和利用的能力是知识经济时期人们必须具备的基本素质之一。信息检索的能力是评价一个人信息能力的主要标志。一个科研工作者如果了解数据库的组成和结构，掌握查找所需信息的方法和技巧，可以达到事半功倍的效果。不但可以节省很多的时间和精力，也可以提高工作效率，及时了解本学科前沿的研究动态和发展趋势，不断地进行创造性的研究。目前在网络上运行的中外文数据库不断增加，我们只要掌握其基本检索方法，就可以熟练应用。下面介绍信息检索中需要掌握的基础知识。

1.1 中国图书馆图书分类法

1.1.1 分类检索语言

检索语言是编制检索工具书和建立数据库使用的一种特定语言。它是根据信息检索的需要而创建的人工语言，专门用于各种手工的和计算机的文献信息存储系统，表达文献主题概念和检索课题概念。目前在数据库检索中常用的检索语言有分类语言和主题语言。

分类检索语言是按学科的知识集中文献，并将每个学科赋予一个分类代号，用分类号作为检索标识。常用的分类语言属于等级体系分类语言。等级体系分类语言是按学科范畴概念而构成的一种语言体系，它集中体现学科的系统性，反映事物从属、派生的关系，从上至下、从总体到局部划分、展开，是一种等级体系分类结构。

它的结构原理是以学科分类为基础，从学科的大类开始，依次根据学科所属的分支层层划分下一级类目，从大类到小类反映了一个学科的全貌。例如"建筑设计"这一概念，又可根据各种建筑设计的不同特性，进一步划分为民用建筑、农业建筑、工业建筑、军用建筑等。分类语言的类目及文字表达体现在各种分类工具书中。

1.1.2 分类工具书

目前国内主要采用的图书分类工具书是《中国图书馆分类法》（简称《中图法》）；国外采用的分类工具书大多是《美国国会图书馆分类法》（Library of Congress Classification）（简称 LC 分类法），《杜威十进制分类法》（Decimal Classification）（简称杜威法），《国际十进制分类法》（Universal Decimal Classification）（简称 UDC 分类法），《国际专利分类表》等，这些都是典型的分类语言。下面以《中图法》为例介绍它的编排及使用。

《中图法》由北京图书馆组织全国力量编写，该分类法广为全国的图书馆和信息研究部门所采用。主要为图书、期刊等文献，以及课题、论文给出分类号。我们在用国内检索工具或数据库查找信息线索时，也要用此分类法寻找类目。目前，全国统一使用"第四版"。

《中图法》依据发展原则和客观原则，遵循从总到分、从一般到具体、从低级到高级等逻辑规则，层层隶属，采用英文字母与阿拉伯数字相结合的混合制号码。字母的顺序反映大类的序列，字母后面用数字反映大类下类目的划分。每一个类目都有一个类号和类目名称。采用分类表中的类目等级而编制的索引就是我们常用的分类索引。情报人员以分类类目或号码作标目，读者则以其为检索的入口点。

《中图法》将人类知识分为五大基本部类：马列主义毛泽东思想、哲学、社会科学、自然科学、综合性图书，下面再分为22个基本大类。简表具体见图1.1.1，大类下再分小类，层层展开，形成一个树形等级结构。例如：我们要检索有关"森林保护"方面的图书，在用分类检索时，首先找出它的大类号S农业科学为一级分类，S7林业为二级类目，继续查找S76为"森林保护"。S76的下面集中了所有有关"森林保护"的资料。在S76下还可找到S761气象灾害及其防治、S762林火、S763森林病虫害及其防治等下一级分类号。选择合适的分类号作检索词找出所需文献。

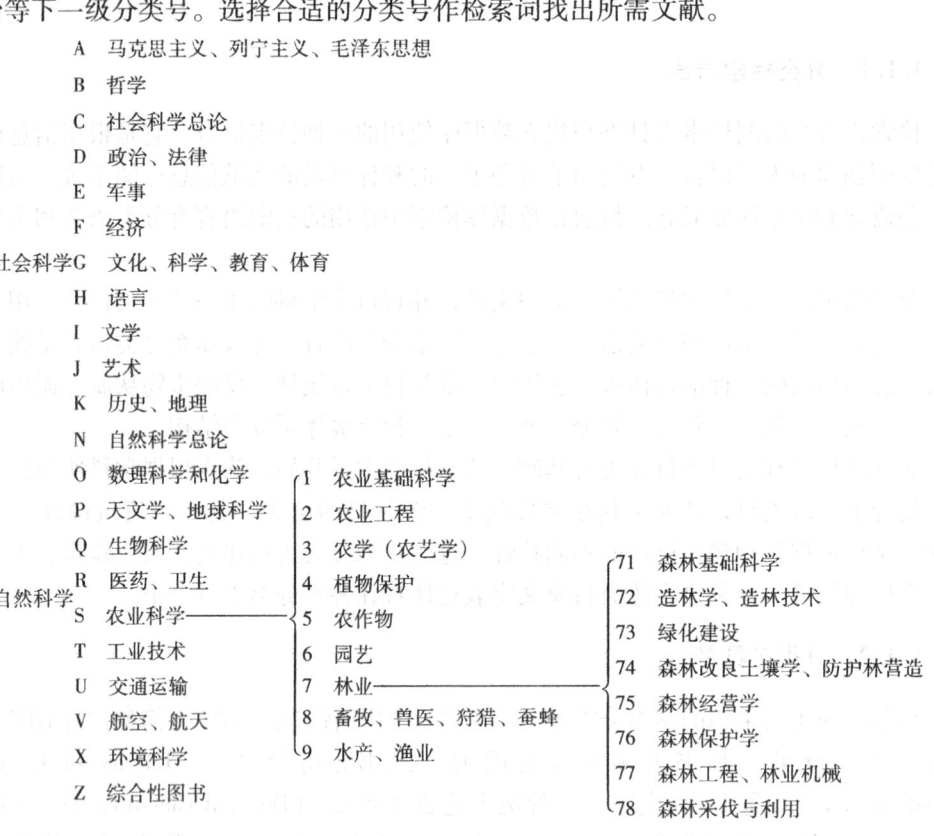

图1.1.1

可以看出，分类号的变化体现了各学科体系的从属关系，分类号位数每增加一位，则级别更低一级。确定分类号可从两种途径入手：

直接查找：如果课题有一个主题，则直接根据主题入手，按学科一级级查找即可；

如果课题有两个主题，可在两个主题领域给出两个分类号或根据从属关系给出一个主分类号。

间接查找：可利用现成的已有分类号的对口文献标出的分类号，参考后再进行查找。

我们在使用《中图法》时，要注意分类号的表达方式有以下几个问题：

分类号的类别字母要大写，例如：

F28　基本建设经济

Q981 古人类学

为适应"工业技术"图书资料分类的需要，对其下一级类目的复分，也采用字母标志，即工业技术所属的二级类，采用双字母。如：铸造工业，分类号为TG24；陶瓷工业，分类号为TQ174。

一个课题跨两个学科时，要把两个分类号都找出来，主要的分类号放在前面。例如：棉纺织机械 TH6 TS112。

《中图法》中几个符号的应用：

例如：$S718.55^+1$ 森林生态系统类型。

上标有"+"号，表示资料法的分类。在用《中图法》分类时"+"号不用写上。

例如：S717.2/7 森林地区分布。

2/7 表示地区分布，按世界地区表复分。

通常为图书、期刊论文、学位论文、课题查找分类号时要用《中图法》。在一些数据库检索中凡是提供了分类号字段，都可以用分类号进行检索。用分类号检索的特点是只要输入一个学科的分类号，即可以把全学科的文献都检索出来，不会出现漏检的问题。查找中图分类号可参考上海交通大学图书馆 http://www.lib.sjtu.edu.cn，点击网上参考咨询台中的中图法简表，也可以使用维普科技期刊数据库中的分类检索。

1.2　主题词的选择

检索词是用户在数据库检索中输入的检索项，它的选择与课题的相关性和准确性大小直接影响检索结果的查全率和查准率。所以在直接进入检索前，一定要先分析课题，提取准确的检索词。上面介绍的分类号是检索词的一种形式，利用一个分类号可以把整个学科的文献查出来，同样道理如果利用一个主题词，就可以把同一个主题的文献检索出来。了解主题检索语言的特点会帮助我们选择正确的主题词。

1.2.1　主题检索语言

主题检索语言的特点是把同一个主题的文献进行集中。以主题词汇构成索引词表，并对文献进行标引。主题语言表达的概念比较准确，具有较好的灵活性和专指性，不同的检索系统、不同的专业领域可以有各自的主题词表。目前国内出版的叙词表有综合性和专科性两种，详见表1.2.1。凡是国内外公开出版的叙词表，都可以用于对文献的主题标引和建立主题检索系统。主题检索语言常用的有两种,即叙词语言和关键词语言。

表 1.2.1

名　称	编　者	出版时间	专业范围	词　量	
				叙词	非叙词
航空科技主题表	航空工业部情报系统	1971	宇宙航行航空	4 330	199
电子技术汉语主题词表	第四机械工业部第一研究所	1977	电子工业	75 900	1 000
常规武器专业主题词表	常规武器系统20个单位共同编制	1977	常规武器	4 398	1 625
国防科学技术主题词典	国防科工委情报所	1978	国防科技	17 173	3 719
原子能科技资料主题词表	二机部情报所	1978	原子能科技	15 179	3 363
机械工程主题词表	一机部情报所	1979	机械工程、电机工程、仪器仪表	9 667	1 533
汉语主题词表	中国科学技术情报所、北京图书馆	1991	哲学、社会科学、自然科学	93 945	17 410
国防科学技术叙词表	国防科工委科技情报所	1985	科学技术	29 774	4 742
化工汉语主题词表	化学工业部科学技术情报所	1983	化工	16 602	3 075
中国分类主题词表	《中图法》编委会	1994	综合	21万	
铁路汉语主题词表	铁道部科学技术情报所	1987	铁道等	4 447	82
新闻叙词表	新华通讯社新闻资料检索研究室	1988	社会科学	8 603	1 203

1) 叙词语言

叙词是指从自然语言优选出来,经过规范化处理的名词术语。叙词法除具备主题法的特征外,还有两个特征: a. 规范性。叙词法采用的检索语言均需要事先进行规范化处理,列于叙词表中,标引和检索都从叙词表中选词,因而保证了标引和检索的一致性。b. 概念性。叙词法从单元概念出发去揭示文献内容,而不是单元词,在检索时可以用一个单元概念,也可以用多个单元概念组合,因而保证了用多个概念组配检索复合概念的课题,具有灵活性。概念组配的原理决定了叙词语言的基本特征和性能。按照概念之间的逻辑关系,叙词的组配有以下三种。

交叉组配。交叉组配指使用两个或两个以上具有交叉关系的叙词的组配。组配结果可以形成一个新概念,例如:"林业"与"机械",将两词组配后的概念是"林业机械"。

限定组配。这是一个表示事物的叙词与另一个表示事物某一方面的叙词之间进行某一概念限定的组配,即某一方面的组配。例如:将"计算机"和"显示器"这两个分别表示事物及其部分的叙词进行组配，表示将"显示器"限定在计算机范围内。

并列组配。表示两个或两个以上主题概念之间有一定联系的一种组配，组配的结果不形成一种新的概念，只揭示参加组配概念之间的某种联系。例如："病害"与"虫害"组配成"病虫害"。

采用叙词组配的方式表达文献主题，可以提高标引的深度，有助于充分表达文献的主题，满足从不同主题查找文献的需求。

2)《汉语主题词表》的体系结构

叙词表是概括某学科领域并由语义相关、族性相关术语组成的一种规范化的动态词典。可以通过词间关系的揭示来表达其语义关系，如等同关系、属分关系、相关关系以及等级关系，同时运用字顺、分类或范畴、词族等方法予以全面显示；保证标引人员和用户用语一致，便于叙词的规范化管理，便于按其组织检索系统。

《汉语主题词表》（以下简称《汉表》），是我国最大的一部综合性的叙词表。全书分为自然科学和社会科学两大部分。社会科学部分共两册，自然科学部分共五册（于1991年修订）。共收词条93 945条。全书由主表、附表和辅助索引组成。写文章标引主题词时可以到此词表中选词。

主表（叙词字顺表）：包括全部叙词和非叙词，全部按汉语拼音字母顺序编排，并标有注释及参照项。主表是进行主题概念转换，确定主题词的主要途径，只要分析出的主题概念比较稳定，能够使用明确的语词形式表达，就可以通过字顺系统进行探索性查找，还可以通过参见系统进一步查找。每个款目除了叙词外，还著录有用词参照项等。主表的著录格式如图 1.2.1 所示。

		Xian xiang guan		
款目主题词→	显像管	［56E］	←	范畴号
英文译名→	picture tubes			
代项符号→	D 电视显像管		←	非正式主题词
	监视管			
分项符号→	F 彩色显像管			
	固体显像管		←	下位主题词
	黑白显像管			
属项符号→	S 电子显像管		←	上位主题词
族项符号→	Z 电子管*		←	族首词
				（*族首词符号）
参项符号→	C 显示管			
	指示管		←	相关词

图 1.2.1

例如：奥林匹克委员会
　　　 Y 奥委会

《汉表》中的参见符号及几种常用外语叙词表使用的参见符号见表 1.2.2。

表 1.2.2

词间关系	参照符号含义	汉语拼音符号	英文索引	法文符号	德文符号	国际通用符号
等同关系	用	Y	Use	EM	BS	→
	代	D	UF	BF		=
	组代		UFC			
等级关系	分	F	NT	TS	VB	>
	属	S	BT	TG	OB	<
	族	Z	TT			
	（属种）		BTG			
	（属种）分		NTG			
	（整部）整		BTP			<p
	（整部）分		NTP			>p
相关关系	参	C	RT	VA	VB	—

　　附表：包括四个部分："世界各国政区名称""组织机构名称""自然地理区划名称"和"人名"。它也是主表的一部分，可以用做标引和检索的直接依据。它主要是为了控制主表的词量而将一些专有名词抽出来，分别按字顺编排而成的。

　　辅助索引中有范畴索引、词族索引、英汉对照索引。

　　范畴索引：是根据叙词的学科和词义范畴，划分若干类，每类下再按字顺组织的分类系统。此索引有利于从学科分类角度查找叙词，主要用于两种情况：一种是某些文献涉及的主题概念集中于某一学科时，为了提高标引效果，可直接查范畴索引；另一种是在有些语词形式一时无法确定，但知其学科归属，或没有相对应的叙词，需选用近义词加以标引时，也可查范畴索引。范畴索引著录格式见表 1.2.3。

　　词族索引：词族，是指一组具有层层隶属关系即词族关系的叙词。该索引按族首词（即一组具有族性关系的叙词中概念最广泛的词，该词的右上角标有"＊"号）的字顺编排，从族首词就可查得其层层下属的全部叙词。用此表时一般要通过其他途径查出族首词后，才能使用。该索引的著录格式见表 1.2.4。

　　英汉对照索引：此索引是用来从英文查检汉语叙词，也可以再以对应的中文主题词回查主表，利用主表的叙词再进一步确定词义，从而选定标引的主题词。也是参考英文叙词的一种辅助工具。

表 1.2.3

范畴索引
49JH 木工机床
　　拌胶机
　　刨光机
　　　Y 刨木机
　　刨机
　　　Y 刨木机
　　刨木机
　　刨片机
　　刨削机
　　拨料机

表 1.2.4

词族索引
动物 *
D 动物学
　·保护动物
　·哺乳动物
　D 兽类
　·观赏动物
　·野生动物
　··野禽
　···猛禽
　···珍禽

3）关键词语言

关键词语言是主题检索语言之一，以关键词作为检索标识的标引和检索文献的方法。关键词指从文献题名或文摘以及正文中抽取的，能够表达文献主题并具有检索意义的词。但与叙词语言不同，它是未经规范的纯自然语言语词。关键词语言是检索语言中自然语言化的重要标志之一。这种语言不受任何词表的控制，标引较方便，并且可以从多个词作为入口点。

因为关键词语言未经规范处理，有时标引人员用词和检索人员用词不一致，会造成漏检，查全率一般较低，所以在数据库检索中一般采用两种语言并用，互为补充，以保证较高的检索效率。关键词与叙词的区别在于前者要用词表，后者不用词表。

1.2.2 提取检索词的方法

检索词是表达文献信息需求的基本元素，也是计算机检索系统中进行匹配的基本单元。检索词选择正确与否，直接影响着检索结果。在全面了解检索课题的相关问题后，提炼主要概念与隐含概念，排除次要概念，以便确定检索词。

1）确定检索词的原则

（1）利用数据库提供的词表进行选择。当所选的数据库具有规范化的词表时，应优先选用该数据库词表中与检索课题相关的规范化主题词，从而可以获得最佳的检索效果。一些外文数据库都提供了较丰富的各类词表。

（2）选用数据库规定的代码。许多数据库的文档中使用各种代码来表示各种主题范畴，有很高的匹配性。例如，世界专利文摘数据库中的分类代码，化学文摘数据库中的化学物质登记号。

（3）选用常用的专业术语。在数据库没有专用的词表或词表中没有可选的词时，可以从一些已有的相关专业文献中选择常用的专业术语作为检索词。

（4）选用同义词与相关词。同义词、近义词、相关词、缩写词、词形变化等应尽量选全，提高查全率，避免漏检。

（5）使用各类文献的分类表，利用分类号进行检索。如《中国图书馆分类法》《标准文献分类法》《国际专利分类表》等分类的工具书。

（6）使用机构名、专家学者名、邮政编码等作为检索词，同样可以达到理想的检索效果。

2）确定检索词的注意事项

（1）如果课题较新且面较窄，希望查准，可用分类号进行检索；同时结合关键词进行检索。也可用作者、机构、出版者等提高查准率。

（2）对课题名称语句进行切分，找到核心概念，进行核心词的提取。

（3）对隐含概念的发掘。隐含的概念指课题中没有明确指出的但又与课题密切相关的概念，包括相关的概念和上下位的概念。这些词需要从课题所属专业性角度进行深入分析，才能提取出确切反映课题内容的检索概念。如病虫害这样外延比较宽的词可转换成具体的病害和虫害的名词表示。转换时要注意选择专指概念的主题词。

（4）选择检索词时，要尽量使用专指性强的词，避免使用抽象的、泛指的概念词，例如：系统；无关紧要的词，例如：研究、作用、发展；一些限定过窄的词，例如：可控硅电池。对课题中一些比较模糊、狭窄或不可行的词可用明确的可行的相关词或同义词进行替换。

（5）选择专业数据库检索时，相关概念就没有必要提取。如：用医学数据库时就不用提 Medicine 一词。

（6）检索必须选择有实质意义的词。尽量避免一句话或者短语。可以使用单词、词组或者不可分割的短语。一个课题检索词很多时，可以利用逻辑符进行逻辑组配。

1.2.3 逻辑符的使用

布尔逻辑符是国内外数据库中通用的符号，目前使用的逻辑符有逻辑"与"或"and"、逻辑"或"或"or"、逻辑"非"或"not"，用布尔逻辑符可以进行检索词的逻辑组配，以实现检索课题的要求。

除了使用布尔逻辑算符外，一些数据库还利用位置算符、截词符等限定符来进行检索提问式的编写，提问式的编辑是否合理，直接影响查全率和查准率。

检索提问式。在检索中经常会遇到一些课题的概念很复杂，需要几个检索词来表达课题的概念，这时在检索中就要对课题编写检索提问式。例如课题"冰箱节能阀的研究"，检索提问式可以写成：

中文检索式：（冰箱 or 制冷）and 节能 and 阀

英文检索式：（Refrigerat * or freezer *）and valve and（save or saving）

上面两个检索提问式用到了逻辑符、截词符。在一些数据库检索中，必须要利用检索提问式才能进行检索。关于检索提问式的编写技术在各类数据库中将详细介绍。

1.3 数据库及文档结构

1.3.1 数据库的定义

数据库（Database）是计算机技术与信息检索技术相结合的产物，是计算机检索的基础，要建立计算机检索系统，首先必须对所收集到的大量文献资料按一定的体系和规则加以处理，使之成为机读形式的数据。这种在计算机存储设备上按一定方式存储的相互关联的数据集合，就是数据库。根据 ISO/DIS5127（文献与情报工作术语）标准，数据库（Database）定义为："至少由一种文档（File）组成、能满足某一特定目的或某一特定数据处理系统需要的一种数据集合。"

目前国际上的检索系统以 DIALOG 系统、STN 系统、ORBIT - BRS 比较著名，包含的数据库也较多。国内的检索系统规模比较小，检索的文献类型比较单一。除了万方检索系统是综合的数据库外，如中国期刊网、书生之家、超星系统、重庆维普检索系统、中国专利网、中国标准网等检索系统，包含的数据库均较少，但是发展得很快。

1.3.2 数据库的类型

数据库是情报检索系统的核心部分之一。数据库的质量和建设是非常重要的。用户在进行检索时，选择和了解数据库是非常重要的，它直接影响到检索的质量。我们目前用的数据库有以下几种类型：

1）题录文摘型数据库（Abstract）

主要是科技、专利类信息。这类数据库每条记录的内容和格式与书本式的检索工具相同，主要通报各条信息的题目、作者、原文出处及论文摘要，不直接显示原文，如果需要原文要进一步获取。

2）目录手册型数据库（Directory）

主要汇集了某一或若干学科或专业领域的基本知识、参考资料或数据。如各种工商企业名录、商业、公司、研究机构、学校、世界名人、医学专家、产品手册、药典、百科全书、年鉴、指南、各种学会、协会、基金会等叙述性记录。

3）全文型数据库（Full text）

多数以专题形式或提供某一种出版类型的文献为特征，用户通过检索可以获得原始文献全文，主要是市场行业报告、分析报告和工业报告、新闻报道、期刊报纸全文数据库等。商情信息的检索多数用此类数据库。

4）数值类信息数据库（Numeric）

主要给用户提供各种统计数据，诸如价格、进出口数据、生产、销售数据等信息。

5）图像数据库（Image）

主要提供图像，可以形象、直观地为用户提供所需图片信息。这在专利、商标、化学化工等方面有十分重要的检索价值。

1.3.3 数据库的组成和结构

一个检索系统包含诸多的数据库，一个数据库由若干的文档（File）组成，一个文档由诸多的记录（Record）组成，一条记录由若干个字段组成，结构如图1.3.1所示。

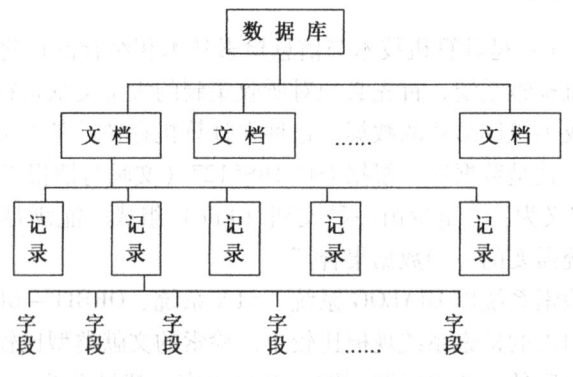

图 1.3.1

文档是一种数据和信息的容器，是可以包含文本、图像、视频、音频、动画等复杂非结构化数据的集合。一般来说，一个数据库至少包括一个顺排文档和多个倒排文档。顺排文档是将数据库的全部记录按照记录号的大小排列形成的文献集合，但内容庞大且各种文献特征处于无序状态，直接用于检索时会大大影响检索速度。而倒排文档是将记录的某一特征作为排列依据，其后列出含有此特征的记录号，检索时可以大大提高计算机运算速度，提高检索效率。

一条记录对应一篇文献，是对某一实体的全部属性进行描述的结果，是多个字段的集合。若干条记录构成一个文档。在全文数据库中检索一条记录相当于一篇完整的文献；在书目数据库中检索一条记录相当于一条文摘或题录。

字段是记录的基本组成单元，是有关一篇文献或一条记录的基本数据单元，每一个字段都反映该篇文献的一个方面的信息，组合在一起形成对一篇文献的内容特征和外表特征的完整描述。在检索中其含义是指检索某一记录时的检索入口，如书名字段、著者字段、文摘字段、出版项字段等。各字段的组合就成为记录。

可以从不同角度选出多个检索入口词。检索词可以是单词、词组、字母、数字和符号，输入的检索词必须指定出现在某一个字段，一般的数据库文档都设有默认的检索字段。不同字段的检索对提高文献的查找效率有很大的作用。字段通常又可分为基本索引字段和辅助索引字段。

基本索引字段：与主题内容直接相关的、描述文献内容特征的检索字段称为基本索引字段，联机检索中一般用后缀表示，如标题（TI）、规范词（DE）、文摘（AB）等。

辅助索引字段：除基本索引外，反映文献外部特征的字段，如机构名称（CS=）、公司名称（CO=）、文献类型（DT=）、作者姓名（AU=）、语种（LA=）、出处（SO=）等。联机检索中一般用前缀表示。若不做任何限定，系统将默认在基本索引字段中进行检索。

下面是两条记录的格式：

（1）中文数据库记录格式，例如：万方资源系统的学位论文数据库的记录格式。它由12个字段组成。

【论文题名】垂直管外降膜吸收传热传质过程强化的研究
【论文作者】陈沛
【作者专业】化学工程
【授予学位】硕士
【导师姓名】陈嘉宾
【授予学位单位】大连理工大学
【馆 藏 号】Y0331995
【分 类 号】TQ051
【论文页数】55页
【出版时间】2000．3
【关 键 词】数值计算；强化热—传质传递；溴化锂；垂直管外降膜吸收
【文　　摘】对 LiBr 溶液在垂直的 Φ19×1 铜管和四种换热强化管管外降膜吸收的传热传质情况进行了实验研究，通过分析、比较，得到了其中的最佳管型。通过对 LiBr 溶液在垂直管外降膜吸收过程中热—质传递现象的研究，分析了非绝热吸收过程中传热和传质相互作用、相互影响的关系，建立了吸收过程热—质传递的数学模型，并对垂直管外 LiBr 溶液降膜吸收过程进行数值计算。

（2）外文数据库记录格式。

下面是 DIALOG 系统一条公司名录数据库的部分记录样例，它是由不同的字段组成的。

0190126	DIALOG 系统存取号
FAMIRIMATO KK	公司名称
FAMILYMART CO LTD	
26－10，HIGASHIIKEBUKURO 4－CHOME	联系地址
TOSHIMA－KU，TOKYO 170	
Telephone：03－3989－6600	联系电话
Primary Industry：	
87910（BUSINESS CONSULTANTS）	主要业务范围
Date of Incorporation：08/1948	公司成立年月
Paid－in Capital（Y000）：13，238，000	
Paid－in Capital（＄000）：65－660	资产额
Credit Scoring：B（82）	资信等级
Number of Employees：1，132	雇员人数
Number of Shareholders：6，276	销售情况
………………………	

以上只是一条记录的片段，有公司的股票价格，与公司往来的银行名单，公司性质，公司负责人姓名、联系电话、出生年月日、出生地址、教育背景等事项。每一条记录有一个唯一的存取号。存取号是每一条记录在数据库中的位置。DIALOG 系统首先把每个存取号按年代或卷期的先后顺序排成一个目录文档，也叫主文档。检索结果就是从主文档中按存取号调出来的。其次，检索系统把每条记录的其他可检字段中的词抽出来，按字顺排序。从每个字段抽出来的词，按顺序排成不同的索引词典。

美国 DIALOG 系统数据库的一条记录格式如表 1.3.2 所示。

表 1.3.2

AA = 00263125	SUPPLIER NUMBER: 15842772
/TI	sure ways to sabotage the job; good intentions are not enough, says this home-office troubleshooter.
AU =	Hemphill, abaarbara
JN =	Kiplinger's personal Finance Magazine, V48, n10, p121
PD = , PY =	OCT, 1994
SN = , LA = , RT =	ISSN: 1056-697X LANGUAGE: ENGLISH RECORD TYPE: FULLTEXT; ABSTRACT
WD =	WORD COUNT: 1144 LINE COUNT: 00090
/AB, /XT	ABSTRACT: The most common mistakes made in setting up a home office include choosing the wrong location, dedicating too little space and selecting inappropriate furniture. Advice for correcting these mistakes and others is provided.
/LP, /XT, /TX	TEXT: Just having a home office doesn't ensure that you will like it or even use it. The purpose of a home office is to organize and simplify your life. But if you haven't designed your space to suit your needs and your personality, with the right tools in the right places, you may end up leaving piles of papers, books and magazines strewn everywhere except your home office.
/TX	Research demonstrates that 80% of what we keep we never use. Practice the "art of wastebasketry" on a regular basis: Every time you pick up a piece of paper, ask yourself, "what is the worst thing that could happen if I didn't have this?" if you can live with the results, toss it.
	COPYRIGHT The kiplinger Washington editors inc. 1994
SF =	special features: illustration; photograph
FS =	file segment: mi file 47
DE/	DESCRIPTORS: MI File 47
/DE	DESCRIPTORS: Home offices-Design and construction

2 网络信息资源的类型及应用

目前网络上运行的数据库急剧增多,网络资源的学科范围从人文科学、社会科学到自然科学,涉及诸多的科研领域。有全文数据库,也有文摘数据库,内容包括了各类文献类型。由于数据库的类型品种多,所以在检索课题时不仅要选择好数据库的类型,而且要对各数据库的字段、记录、检索方式及逻辑符会科学地运用。有些人认为会利用网上搜索工具就可以检索,这是一种错误的认识。在掌握检索基本知识的基础上,必须了解信息资源的类型及特点。

2.1 信息资源的类型

2.1.1 文献

我国国家标准 GB3792.1—83 将文献定义为:"文献是记录有知识的一切载体。"国际标准化组织 ISO/DIS5217,将文献定义为:"在存贮、检索、利用或传递记录信息的过程中,可以作为一个单元处理的,在载体内、载体上或依附载体而存贮有信息或数据的载体。"目前我们使用的图书、期刊、光盘、磁盘、互联网上的多媒体等都属于文献。按现在所应用的资源、载体形式可以分为两类:印刷型,即书本式;光盘或磁盘,即机读文献。

2.1.2 文献资源

文献资源传统的报道形式以纸版印刷型的居多,但是随着科技的发展,目前光盘的出版量也非常大,各类数据库急剧增加,无论哪种出版形式,按其报道的内容划分,文献资源有以下 10 种类型。

(1) 图书。用文字、图画或其他符号书写或印刷于纸张等形式的载体上并具有相当篇幅的文献。图书在信息传递中的特点是:提供的知识成熟、系统、全面,但是由于出版的周期较长,一般只能反映有关领域 3~5 年的发展水平。图书是人类积累、存储和传播知识的重要手段。当我们要补充一个新学科知识的时候,优先选择图书。图书的使用寿命平均在 10~20 年。图书一般收藏在国家、省市以及高校的图书馆,并有专门的网上数据库。国家正规出版社的图书,都标记 ISBN 图书标准书号,例如:ISBN 7 - 81076 - 636 - 8。

(2) 期刊。期刊是一种定期或不定期的连续性出版物。期刊在信息传递中的特点是:出版周期短、内容新颖、信息量大,能及时反映有关领域的最新信息。科技期刊是获取科技信息最主要的来源,据估计,占全部情报来源的 65%~70%。在期刊中有一部分我们称为核心期刊,这些期刊情报密度大,发表文章有代表性、质量高,代表某个学科领域的最新水平和发展趋势,学术价值大。核心期刊约占该学科期刊总数的20%,而信息量占80%。核心期刊的检索工具是《中文核心期刊要目总览》。美国对数以千计的科学家情报要求进行的调查表明,情报需求的68%属于期刊论文,英国电气工程师所用情报中70%是专业期刊。一般在写学术论文、进行科学研究时大多使用期刊。期刊的使用寿命平均在3~5年。期刊一般收藏在国家、省市、高校以及各级信息研究所。网上有专门的数据库。国家正规出版社出版的期刊都标记国际标准刊号ISSN,例如ISSN 1000-5382是东北林业大学学报的国际标准刊号。

(3) 科技报告。科技报告是指对科学、技术研究结果或研究进展的记录。一些研究报告由于进行的时间长,按时间分别出版中间报告、年度报告或最终报告。科技报告在信息传递中的特点是:反映新的科研成果迅速,一般要比期刊早一年左右,有的则不发表在期刊上;内容多样化,它几乎涉及整个科学技术领域;有些报告具有保密性,大量科技报告与政府的研究报告有关,使用范围控制较严;每份报告自成一册,有连续编号;内容专深、详尽、可靠。一般在搞科学研究或科研选题时用得较多。科技报告的使用寿命大约是10年。

国际上出版报告最多的国家是美国,主要有四大报告:美国政府出版局出版的PB报告,美国武装部队技术情报局出版的AD报告,美国能源部出版的AEC/ERDA/DOE报告,美国航天局出版的NASA报告。这些报告在我们进行科学研究中有很高的参考价值。

中国科技信息研究所是我国引进科技报告最主要的单位,上海科技信息研究所也有四大报告原文的收藏,中国国防科技信息研究中心收藏大量的AD和NASA报告,中国科学院文献中心收藏的PB报告也比较齐全,核工业部信息所收藏DOE报告,一些研究单位和高等院校也有部分收藏,但是比较零散,不全面。网上有免费的数据库,但没有原文。

(4) 会议文献。会议文献是指在专业学术会议上宣读或交流的论文、报告及其他有关资料。会议文献在信息传递中的特点是:主题突出、内容新颖、专业性和针对性强,会议上交流的论文都是经过挑选的,质量较高,能及时反映科学技术中的新发现、新成果、新成就以及学科发展趋向,是一种重要的情报源。会议文献是科技文献的重要组成部分。会议文献大多数分为会前、会中和会后三种。会前文献包括征文启事、会议通知、会议日程、会议论文摘要等。会议期间的文献有会议开幕词、讲话或报告、讨论记录、会议决议和闭幕词。会后文献有会议录、汇编、论文集等。会议文献一般在论文写作、科学研究时应用较多。

会议文献主要收藏在中国科技信息研究所、中国国家图书馆、中国科学院图书馆和中国国防科技信息研究所等部门。网上有专门的数据库。

(5) 专利文献。专利文献是指记录有关发明创造信息的文献。广义的专利文献包括专利申请文件、专利检索工具、专利说明书。专利文献在信息传递中的特点是:寓技术、法律和经济情报于一体,从专利文献中可以了解新技术市场;内容具有新颖性、创造性和实用性;出版速度快;内容详细、可靠。专利文献一般在引进生产线、进出口业务、新产品的设计、生产选型、工艺改革和技术创新中广泛应用。专利文献主要收藏在国家知识产权局文献中心。网上有专门的数据库。

（6）标准文献。标准文献是指按规定程序制定，经公认权威机构（主管机关）批准的一整套在特定范围（领域）内必须执行的规格、规则、技术要求等规范性文献。标准文献在信息传递中的特点是：每个国家对于标准的制定和审批都有严格的程序，并有固定的代号；它是从事生产、设计、管理、产品检验、商品流通、科学研究的共同依据；在一定条件下具有某种法律效力和约束力；时效性强，但是没有最新的信息；我国国家标准每5年审定一次；标准文献出版自成体系。

我国加入世贸组织后，在各个领域全面采用国际标准，许多企业已经取得了成绩，为开拓国际市场奠定了必需的基础。标准文献一般在进出口业务、产品生产、科研工作中应用得较多。国内外和世界发达国家的标准文献，主要收藏在国家技术监督局及各省市的技术监督局，高等院校图书馆收藏得也比较齐全。网上有免费的数据库。

（7）学位论文。学位论文是指高等学校或研究机构的学生为取得学位，完成的科学研究、科学试验成果的报告。学位论文在传递信息中的特点是：探讨的问题比较专深具体，对问题的来龙去脉阐述得比较清楚，学术价值高；非卖品，原文不容易搜集。有一部分学位论文在期刊上发表。如果要了解一个学科某一个侧面的研究，检索学位论文的比较多。学位论文的使用寿命为5~7年。

学位论文主要收藏在授予学位单位的图书馆，另外国家法定的收藏单位有：中国图书馆全面负责收藏国内外自然科学、社会科学方面的学位论文，中国科技信息研究所收藏自然科学方面的学位论文，中国社会科学院文献信息中心收藏社会科学类学位论文。网上有专门的数据库。

（8）政府出版物。政府出版物是各国政府及其所属机构根据国家命令发表和出版的文件。政府出版物传递信息的特点是：数量巨大，内容广泛；具有政策性、指导性和可靠性。对于了解一个国家的科学技术政策、经济发展政策、对外的各项政策等是非常好的信息来源。政府出版物分为两类，一类是行政性文献（包括立法、司法文献），主要有国会或议会记录、方案、决议、司法资料、法律、法令、规章制度、各项政策、调查统计资料等，这一类政府出版物主要涉及政治、法律、经济等方面。另一类是科学技术文献，主要是政府出版的科技报告、标准、专利文献、科技政策文件、公开后的科技档案等。政府出版物一般以期刊的形式发行，连续不定期地出版。如我国出版的《国务院公报》《人大常委会公报》等。

（9）产品资料。产品资料是指厂商为向用户宣传和推销其产品而印发的介绍产品情况的文献。通常包括产品说明书、产品数据手册、产品目录等。产品样本在信息传递中的特点是：反映的技术比较成熟，数据较为可靠，内容通俗易懂，直观性强；时间性强，使用寿命短；非卖品，但容易搜集。产品样本是引进技术和产品计划、开发、采购、销售、外贸等专业人员了解各国产品现状，了解产品及其信息生产技术、工艺和掌握产品市场情况及发展动向的重要情报源。产品资料的使用寿命为3~5年。

国内产品资料主要收藏在中国科学技术信息研究所，国外的产品资料主要收藏在中国国际贸易促进委员会国外新产品样本、样品介绍中心。网上有专门的数据库。

（10）技术档案。技术档案是指记述和反映工程设计、生产技术、基本建设和自然科学研究等活动的具有保存价值,并按一定归档制度保管,作为其真实历史记录的技术性资料。具体包括工程设计技术档案、基本建设档案、生产技术档案、设备仪器档案、教学科研档案等。技术档案具有相对的保密性和永久的保存价值。技术档案不出版发行,有专门的技术档案室。

除上面介绍的10种文献类型外,报纸作为一种新闻的媒体,报道最新信息快,信息量较大,包含大量的社会、经济、技术等各个领域的最新信息。但一般不报道学术性的信息。

以上介绍的文献类型,是信息的主要来源,通常称为信息源,当前出版的形式有纸版和电子版的两种。在上面10种文献类型中,其中科技报告、会议文献、学位论文、政府出版物、专利文献、标准文献、产品资料、技术档案被称为特种文献。特种文献是指出版发行方式和获取途径比较特殊的文献。在一些大型的图书馆专门设有特种文献阅览室。了解信息源是培养我们信息能力很重要的一个方面,在学习中关键是要掌握每一种文献类型所提供的信息和主要收藏地。

2.2 Internet 网络信息资源

信息资源、物质资源和能量资源构成现代社会经济发展的三大支柱,及时获取信息资源对推动社会的发展和企业的发展有着重要的意义。电子出版物借助于计算机网络,实现了无墙的图书馆,而且改变了与书本的传统文字传递方式,实现了文字、图像、声音等多媒体的传递方式。国际互联网上的信息资源要比印刷型的丰富,内容几乎涉及各个领域和学科,并具有共享性、传播速度快等特点。有人曾这样说过,互联网的发展是没有人能预测的,那么随着互联网的发展,网上的信息资源的发展也是无法预测的。

世界任何一个地方,任何一个 Internet 的用户都可以利用 Internet 去获取所提供的信息资源。一个国家一般都有几个全国性的大型网络,如中国就有教育科研网、科技信息网、科学技术网、经济信息网、工程技术信息网等大型的网络。每一个网都有自己的特色和用户群,大专院校入教育科研网,科学院系统的研究院通常入科技网,而中国政府部门大多入中国经济信息网。网上的资源包括自然科学、社会科学、技术科学等各个领域,包括生活、社会、历史、旅游、娱乐、市场等各个方面。

2.2.1 图书馆馆藏目录

目前高等院校和信息研究所等专业机构的馆藏资源都实现了数字化,这些馆藏目录都可以在网上免费检索,包括世界数百个国家的上千个图书馆和研究机构。

中国国家图书馆的网址:http://www.nlc.gov.cn
清华大学图书馆的网址:http://www.lib.tsinghua.edu.cn
北京大学图书馆的网址:http://www.lib.pku.edu.cn
美国哈佛大学联机书目信息系统:http://128.103.60.31

检索各个大学的图书馆,只要在各大学网址前加上 lib. 就可以。或者进入主页,查找图书馆,点击链接的目录名。

2.2.2 商业经济类信息资源

金融、证券、期货、股票、房地产、产品展览和销售、新产品销售、市场消息和贸易信息、购物等信息。

中国经贸信息网：http://www.cei.gov.cn 是国家经济信息中心的骨干网。主要报道中外的经济信息和数据。有经济评论、预测、发展规划、采购招标、环境与发展、法律法规、现代管理等，提供最新的经济信息。

中国商贸信息网：http://chinatrade.com.cn 由中国物资中心与北京悠游科技开发有限公司合作开发的。设有全国商品行情、进出口行情、供求信息、商品进出口数量、金额和进口口岸等市场信息栏目。

2.2.3 政府信息资源

国家科技基金信息、海外投资、政府资助最新研究项目、西部大开发项目、工程项目的招投标、政府和企业招聘信息、各项法律政策、各国政府会议消息、各项统计数据、各个国家的概况、联合国信息等。中国政府机关一般都使用中国经贸信息网。

中华人民共和国国家发展和改革委员会：http://www.sdpc.gov.cn。

各国政府：http://www.adminet.com/world/gov/该站点拥有全世界约 200 个国家的政府、组织、文化、资源等信息，并且设有与其他各种国际组织及相关站点的链接。

2.2.4 科学技术研究信息资源

各个国家科学研究的进展、世界科研取得的最新突破和成果，包括各个学科领域的参考资料、新的专利、国家标准、学位论文、学术会议论文等信息。

中国科学院：http://www.cas.ac.cn

中国科技信息网：http://www.sti.ac.cn

中国林业科研网：http://www.forestry.ac.cn

国际林业研究中心：http://www.cifor.cgiar·org

国际林业研究组织联盟：http://www.boku.ac.at

2.2.5 参考工具书

各种词典、字典、百科全书、公司企业名录、人名录、高等院校名录、旅游指南。

2.2.6 生活娱乐信息资源

这类资源是为广大公众服务的信息资源，内容丰富，形式多样。

2.2.7 广告信息资源

一般没有单独的网站，分散在各个网站中。

2.2.8 网上林业信息资源

中国荒漠化信息网：http://www.din.net.cn

环境与发展信息网：http：//www.enviroinfo.org.cn
中国生态信息网：http：//www.cern.ac.cn
中国植保网：http：//www.ipmchina.cn.net
中国林木种子公司：http：//ya.sina.net/d2/68/38/113868/web
日本林业及林产品研究所：http：//www.ffpri.affrc.go.jp
芬兰林业研究所：http：//www.metla.fi
美国西南林业研究所：http：//www.psw.fs.fed.us
法国农业研究所：http：//www.inra.fr
加拿大北方林业研究所：http：//www.nofc.forestry.ca

2.3 网络搜索引擎的利用

搜索引擎是网上使用的检索工具。1994 年 4 月，Web 上的第一个搜索引擎 WebCrawler 问世，到目前为止，在 Internet 上有记录可查的搜索引擎数量已达到 2 500 个左右，其中有综合性的搜索引擎，也有在一个特定领域内专业性的搜索引擎。

搜索引擎的发展是随着 Internet 的发展，为检索网络中不断丰富的信息资源而诞生和发展的。网络资源的查找经过了几个阶段，初期是通过 FTP 服务器中特定文件的 Archie 检索服务、基于菜单的 Gopher 检索服务、基于关键词的 Wais 文档检索服务和超文本的搜索引擎 Search Engine 检索服务。发展到现在的搜索引擎与过去的技术相比，不仅能进行文本信息检索，还能提供音频、声像等多媒体检索、软件下载、新闻组查询、电子邮件申请等一系列网络服务。从国际发展趋势来看搜索引擎的技术仍在提高，这样会给人们带来更多的方便。

2.3.1 搜索引擎的工作原理

1）搜索引擎的工作模式

搜索引擎的工作原理是：由三个软件合作运行，即网络搜索软件、网络索引软件、网络检索软件。搜索引擎工作时按照一定的规律和方式运行特定的网络信息搜索软件，定期或不定期地搜索 Internet 各个站点，首先由网络搜索软件，定期地搜索网上的各个站点，并通过所有各个站点的目录链接从一个 Web 页转到另外一个 Web 页，并将收集到的网络信息资源送回搜索引擎的临时数据库。取回一个 Web 页的时间一般不超过 1 min。每个网站搜索程序运行的周期不同，有一个月或三个月不等。然后再由索引软件把搜索软件收集返送回来的信息进行加工。加工过程是，首先建立各类数据库，再自动提取索引标识，自动形成规范的索引，送到索引数据库。由于是自动提取索引标识，所以检索词比较灵活。最后，由检索软件与索引软件相连接，在 Web 主页上提供检索界面，用户可以输入关键词或点击提供的目录查询，通过特定的检索软件，查找其索引数据库，给出与检索提问相匹配的检索结果。搜索引擎的工作原理见图 2.3.1。

（1）搜索软件。

网络搜索软件通常称为 Web "蜘蛛"（spider）。一般以一个 URL（Uniform Resource

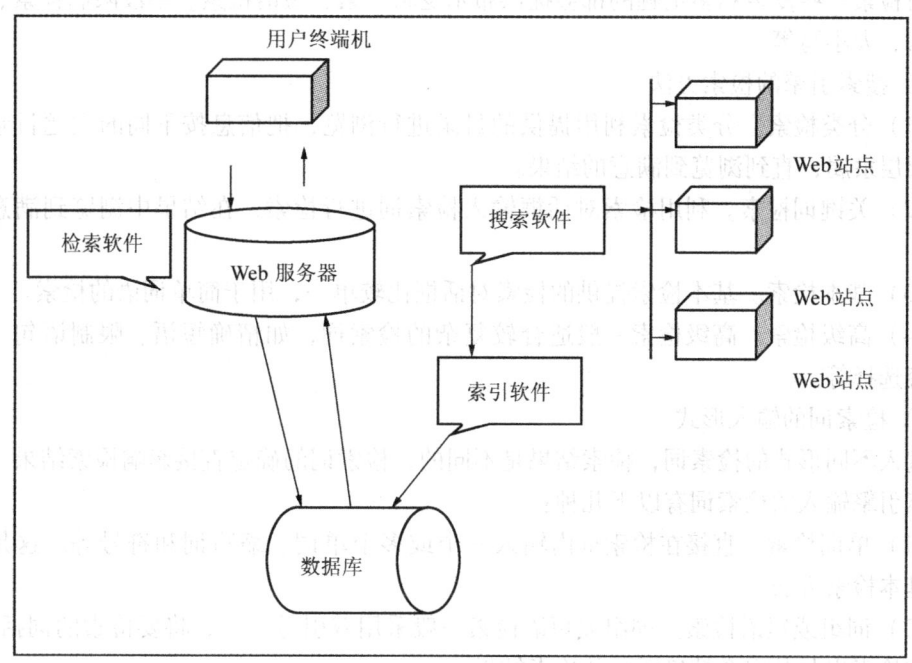

图 2.3.1

Locator 在 Internet 的 WWW 服务程序上用于指定信息位置的表示方法）列表为起点，利用标准协议进行搜集，包括 Web 页面里的所有链接和网页信息采集，并将其提交标引模块进行自动标引。这里的 URL 列表可以由网络用户通过一个特定的格式主动向搜索引擎提交注册，也可由搜索引擎自身制定一定采集方案来确定，大多数是同时采用两种方法。

搜索引擎制订的方案不同，搜索结果在数量和质量等方面有明显的差别。有些引擎采集站点的所有网页的信息，有的进行有选择的采集，如最佳站点或常用站点的不同信息。由于搜索软件运行的周期不同，所以采集信息的更新周期也有所不同。

（2）索引软件。

索引软件主要是对搜索软件采集的信息进行自动标引，建立可供检索的索引数据库。工作的程序是从网页中自动抽取能表达网页主题内容的分类或主题概念来建立网页标引记录。抽词的依据主要根据词频，采用全文索引方式，按照一定的算法计算出的权重以及词语在页面中出现的位置等。如网页标题、网址、人名、机构、链接、地名等若干词。不同的搜索引擎规定抽词的范围有所不同，所以导致不同的引擎检索结果有差异。一般来讲，标引的词越多，检索得越全。

（3）检索软件。

检索软件与索引软件相配合，作为用户提问与数据库的接口，负责接收用户检索提问和进行检索，并将检索结果返回用户界面。

检索软件的功能有些差异，但是有许多相同之处。一般都有分类浏览和关键词检索，对检索一些复杂和多主题的都会提供布尔逻辑检索、短语检索、字段限制检索、截词检索、大小写等。

2) 搜索引擎的检索方法

（1）分类检索。分类检索利用提供的目录进行浏览，把信息按不同的主题目录集中，层层隶属，直到浏览到满意的结果。

（2）关键词检索。利用检索对话框输入检索词进行检索，在结果中浏览到满意的结果。

（3）基本检索。基本检索提供的检索对话框比较单一，用于简单词语的检索。

（4）高级检索。高级检索一般适合较复杂的检索词，如精确短语、限制语句、检索内容选择等。

3) 检索词的输入形式

输入不同形式的检索词，检索结果是不同的，检索词的确定直接影响检索结果。通常搜索引擎输入的检索词有以下几种：

（1）单词检索。直接在检索框内输入一个或多个单词、缩写词和符号等。这是常用的基本检索方法。

（2）词组或短语检索。词组或短语检索一般采用双引号" "，将要检索的词括起，系统将检索出与其完全精确匹配的检索结果。

（3）布尔逻辑检索。布尔逻辑检索通常采用逻辑符，逻辑符有三个，即逻辑 "and"、逻辑 "or"、逻辑 "not"。用逻辑符把检索词组配起来进行检索。

（4）字段检索。字段检索在搜索引擎中常用的字段有：网页主题、域名、类别等。

（5）截词符检索。搜索引擎使用的截词符通常是后截断，即保持前方一致。一般的截词符采用 * 号。

（6）概念检索。概念检索指用主题词检索。主题词一般指叙词，叙词是经过规范化处理的词。通过概念检索，可以通过输入一个词，检索出同义词、广义词和狭义词，即可以检索出与该词同属一个概念而字面表达不同的词。搜索引擎实现这一功能是检索技术的一个突破。

以上介绍的是搜索引擎输入检索词的几种方式和方法，随着搜索引擎技术的快速发展，其功能也越来越强大，如 Vlta vista 可以支持 32 种语言信息的检索，实现多语种检索和检索结果的翻译，实现检索结果的链接功能，如 "Related pages" "More pages from this site" "Find similar pages" "More results" 等链接。

2.3.2 Google 搜索引擎的使用

1) Goog 简介

网址：http://www.google.cn

Google 是由英文单词 "googol" 变化而来。"googol" 是美国数学家 Edward Kasner 的侄子 Milton Sirotta 创造的一个词，表示 1 后边带有 100 个零的数字。Google 使用这个词代表公司想征服网上无穷无尽资料的雄心。

Google 由两位斯坦福大学的博士生 Larry Page 和 Sergey Brin 于 1998 年创立。这家

私人控股公司在 1999 年 6 月宣布，它已经集到了 2 500 万美元的资金。公司的投资伙伴包括 Kleiner Perkins Caufield & Byers 和 Sequoia Capital。Google 通过自己的公共站点 www.google.com 提供服务。公司还为信息内容供应商提供联合品牌的网络搜索解决方案。

Google 的目标就是提供网上最好的查询服务，促进全球信息的交流。Google 开发出了世界上最大的搜索引擎，提供了最便捷的网上信息查询方法。通过对 30 多亿网页进行整理，Google 可为世界各地的用户提供及时需要的搜索结果，而且搜索时间通常不到 0.5 s。现在，Google 每天需要提供 2 亿次查询服务。Google 目录中收录了 10 亿多个网址，这在同类搜索引擎中是首屈一指的。这些网站的内容涉猎广泛，无所不有。

2）Google 技术

Google 富于创新的搜索技术和典雅的用户界面设计使 Google 从当今的第一代搜索引擎中脱颖而出。Google 并非只使用关键词或代理搜索技术，它将自身建立在高级的 PageRank（tm）（网页级别）技术基础之上。网页级别可对网页的重要性进行客观的分析。用于计算网页级别的公式包含 5 亿个变量和 20 多亿个项。网页级别利用巨大的网络链接结构对网页进行组织整理。

什么是网页级别。作为组织管理工具，网页级别利用了互联网独特的民主特性及其巨大的链接结构。实质上，当从网页 A 链接到网页 B 时，Google 就认为"网页 A 投了网页 B 一票"。Google 根据网页的得票数评定其重要性。然而，除了考虑网页得票数（即链接）的纯数量之外，Google 还要分析投票的网页。"重要"的网页所投出的票就会有更高的权重，并且有助于提高其他网页的"重要性"。重要的、高质量的网页会获得较高的网页级别。Google 在排列其搜索结果时，都会考虑每个网页的级别。当然，如果不能满足您的查询要求，网页级别再高对您来说也毫无意义。因此，Google 将网页级别与完善的文本匹配技术结合在一起，为您找到最重要、最有用的网页。Google 所关注的远不只是关键词在网页上出现的次数，它还对该网页的内容（以及该网页所链接的内容）进行全面检查，从而确定该网页是否满足您的查询要求。

Google 的 PageRank（tm）（网页级别）对每个网页评估得分的计算是按下面的公式进行换算的：

$$TA = \sum (1-n)Vam = \sum (1-n)(Vm*Nm), m = 1-n$$

式中：$\sum (1-n)Vam$——计算 $1-n$ 个投票站点访问 A 页面总评估得分的总和；

TA——A 网页从所有投票站点得到的总评估得分；

Vam——A 网页投票站点 m 得到的评估得分；

Vm——投票给 A 网页的站点评估得分；

Nm——A 网页所得到的站点 m 的投票总数。

3）Google 输入检索词的方法

（1）简单查询。Google 查询简洁方便，仅需输入查询内容并敲一下回车键 或单击"Google 搜索"按钮即可得到相关资料。Google 查询严谨细致，能帮助您找到最重要、最相关的内容。例如，当 Google 对网页进行分析时，它也会考虑与该网页链接的其他网页上的相关内容。Google 还会先列出与那些搜索关键词相距较近的网页。

（2）自动使用"and"进行查询。Google 只会返回那些符合您的全部查询条件的网页，不需要在关键词之间加上"and"或"+"。如果您想缩小搜索范围，只需输入更多的关键词，只要在关键词中间留空格就行了。

（3）忽略词。Google 会忽略最常用的词和字符，这些词和字符称为忽略词。Google 自动忽略"http"".com"和"的"等字符以及数字和单字，这类字词不仅无助于缩小查询范围，而且会大大降低搜索速度。

（4）使用英文双引号可将这些忽略词强加于搜索项，例如：输入"柳堡的故事"时，加上英文双引号会使"的"强加于搜索项中。

（5）根据上下文确定要查看的网页。每个 Google 搜索结果都包含从该网页中抽出的一段摘要，这些摘要提供了搜索关键词在网页中的上下文。

（6）简繁转换。Google 运用智能型汉字简繁自动转换系统，为您找到更多相关信息。这个系统不是简单的字符变换，而是简体和繁体文本之间的"翻译"转换。例如简体的"计算机"会对应于繁体的"电脑"。当您搜索所有中文网页时，Google 会对搜索项进行简繁转换后，同时检索简体和繁体网页。并将搜索结果的标题和摘要转换成和搜索项的同一文本，方便您阅读。

（7）词干法。为提供最准确的资料，Google 不使用"词干法"，也不支持"通配符"（*）搜索。也就是说，Google 只搜索与输入的关键词完全一样的字词。例如：搜索"googl"或"googl*"，不会得到类似"googler"或"googlin"的结果。不信您可以试试"airline"和"airlines"这两个词。

（8）英文字母大小写问题。Google 搜索不区分英文字母大小写，所有的字母均当作小写处理。例如：搜索"google""GOOGLE"或"GoOgLe"，得到的结果都一样。

（9）缩小搜索范围的技巧。

由于 Google 只搜索包含全部查询内容的网页，因此缩小搜索范围的简单方法就是添加搜索词。添加词语后，查询结果的范围就会比原来的"过于宽泛"的查询小得多。

减除无关资料：如果要避免搜索某个词语，可以在这个词前面加上一个减号（"-"，英文字符）。但在减号之前必须留一空格。

英文短语搜索：在 Google 中，可以通过添加英文双引号来搜索短语。双引号中的词语（比如"like this"）在查询到的文档中将作为一个整体出现。这一方法在查找名言警句或专有名词时显得格外有用。一些字符可以作为短语连接符。Google 将"-""\"".""="和"…"等标点符号识别为短语连接符。

指定网域：有一些词后面加上冒号对 Google 有特殊的含义。其中有一个词是"site:"。要在某个特定的域或站点中进行搜索，可以在 Google 搜索框中输入"site：×××××.com"。

2.3.3 Baidu 搜索引擎的使用

1）Baidu 简介

网址：http://www.baidu.com

百度公司（Baidu.com，Inc）于1999年底成立于美国硅谷，它的创建者是资深信息检索技术专家、超链分析专利的唯一持有人百度总裁李彦宏及其好友在硅谷有多年商界成功经验的百度执行副总裁徐勇博士。百度是目前全球最优秀的中文信息检索与传递技术供应商之一。百度搜索引擎由四部分组成：蜘蛛程序、监控程序、索引数据库、检索程序。

门户网站只需将用户查询内容和一些相关参数传递到百度搜索引擎服务器上，后台程序就会自动工作并将最终结果返回给网站。

百度搜索引擎使用了高性能的"网络蜘蛛"程序自动地在互联网中搜索信息，可以扩展性地调度算法使得搜索器能在极短的时间内收集到最大数量的互联网信息。百度在中国各地和美国均设有服务器，搜索范围涵盖了中国内地、香港、台湾、澳门和新加坡等华语地区以及北美、欧洲的部分站点。百度搜索引擎拥有目前世界上最大的中文信息库，总量达到1.2亿页以上，并且还在以每天几十万页的速度快速增长。

2）Baidu检索入口

（1）基本检索。在搜索框中输入关键词，并按一下按钮，百度就会自动找出相关的网站和资料。百度会寻找所有符合您全部查询条件的资料，并把最相关的网站或资料排在前列。

（2）高级检索。高级检索输入的检索框增加，检索条件有多种限定。

3）关键词的输入方法

（1）输入关键词的内容可以是人名、网站、新闻、小说、软件、游戏、星座、工作、购物、论文等。关键词可以是任何中文、英文、数字或中文、英文数字的混合体。例如，可以搜索［大话西游］、［windows］、［911］、［F-1赛车］。

（2）输入关键词的数量。可以输入一个，也可以输入两个、三个、四个，也可以输入一句话。

例如，可以搜索［学］、［经济］、［mp3 下载］、［游戏 攻略 大全］、［蓦然回首，那人却在灯火阑珊处］。

| 蓦然回首，那人却在灯火阑珊处 | 百度搜索 |

（3）准确关键词的输入法。百度搜索引擎严谨认真，要求"一字不差"。例如：分别输入［舒淇］和［舒琪］，搜索结果是不同的。分别输入［电脑］和［计算机］，搜索结果也是不同的。因此，如果您对搜索结果不满意，建议检查输入文字有无错误，并换用不同的关键词搜索。

输入多个关键词搜索，可以获得更精确更丰富的搜索结果。例如，搜索［北京 暂住证］，可以找到几万篇资料。而搜索［北京暂住证］，则只有严格含有"北京暂住证"连续5个字的网页才能被找出来，不但找到的资料只有几百篇，资料的准确性也比前者差得多。因此，当你要查的关键词较为冗长时，建议将它拆成几个关键词来搜索。多数情况下输入两个关键词搜索就已经有很好的搜索结果。多个关键词之间必须留一个

（4）减除无关资料。有时候，排除含有某些词语的资料有利于缩小查询范围。百度支持"-"功能，用于有目的地删除某些无关网页，但减号之前必须留一空格，语法是"A - B"。

例如，要搜寻关于"武侠小说"，但不含"古龙"的资料，可使用如下查询：

> 武侠小说 -古龙   【百度搜索】

（5）并行搜索。使用"A | B"来搜索"或者包含关键词 A，或者包含关键词 B"的网页。

例如：您要查询"图片"或"写真"相关资料，无须分两次查询，只要输入［图片 | 写真］搜索即可。百度会提供跟"|"前后任何关键词相关的网站和资料。

（6）相关检索。如果您无法确定输入什么关键词才能找到满意的资料，百度相关检索可以帮助您。

您先输入一个简单词语搜索，然后，百度搜索引擎会为您提供"其他用户搜索过的相关搜索词"作参考。点击任何一个相关搜索词，都能得到那个相关搜索词的搜索结果。

（7）百度快照。百度快照是百度网站最具魅力和实用价值的工具。大家在上网的时候肯定都遇到过"该页无法显示"（找不到网页的错误信息）。至于网页连接速度缓慢，要十几秒甚至几十秒才能打开更是家常便饭。出现这种情况的原因很多，比如：网站服务器暂时中断或堵塞，网站已经更改链接等。无法登录网站的确是一个令人十分头痛的问题。百度快照能为您很好地解决这个问题。

百度搜索引擎已先预览各网站，拍下网页的快照，为用户贮存大量应急网页。百度快照功能在百度的服务器上保存了几乎所有网站的大部分页面，使您在不能链接所需网站时，百度为您暂存的网页也可救急。而且通过百度快照寻找资料要比常规链接的速度快得多。因为百度快照的服务稳定，下载速度极快，您不会再受死链接或网络堵塞的影响。

（8）在指定网站内搜索。在一个网址前加"site："，可以限制只搜索某个具体网站、网站频道或某域名内的网页。

例如，［电话 site：www.baidu.com］表示在 www.baidu.com 网站内搜索和"电话"相关的资料；［竞价排名 site：baidu.com］表示在 baidu.com 网站内搜索和"竞价排名"相关的资料；［intel site：com.cn］表示在域名以"com.cn"结尾的网站内搜索和"intel"相关的资料；［门户 .cn］表示在域名以"cn"结尾的网站内搜索和"门户"相关的资料。

注意：搜索关键词在前，"site："及网址在后；关键词与"site："之间须留一空格隔开；"site"后的冒号"："可以是半角"："也可以是全角"："，百度搜索引擎会自动辨认。"site："后不能有"http：//"前缀或"/"后缀，网站频道只局限于"频道名·域名"方式,不能是"域名/频道名"方式。

(9) 在标题中搜索。在一个或几个关键词前加"intitle:",可以限制只搜索网页标题中含有这些关键词的网页。

例如,

[intitle:南瓜饼] 表示搜索标题中含有关键词"南瓜饼"的网页;

[intitle:百度 互联网] 表示搜索标题中含有关键词"百度"和"互联网"的网页。

(10) 在 url 中搜索。在"inurl:"后加 url 中的文字,可以限制只搜索 url 中含有这些文字的网页。

例如,

[inurl:mp3] 表示搜索 url 中含有"mp3"的网页;

[inurl:网页] 表示搜索 url 中含有"网页"的网页;

[inurl:china news] 表示搜索 url 中含有"china"和"news"的网页。

如果希望更准确地利用百度进行搜索,却又不熟悉繁杂的搜索语法,百度刚刚推出的高级搜索功能可以使您更轻松地自己定义要搜索的网页的时间、地区、语言,关键词出现的位置以及关键词之间的逻辑关系等。高级搜索功能将使百度搜索引擎功能更完善,使用百度搜索引擎查找信息也将更加准确、快捷。

2.3.4 Internet 一般资源检索的几个技术问题

Internet 网上的资源变化是很快的,随着计算机技术的发展,检索工具的功能和检索方法也在不断地变化,我们在利用时要注意几个技术问题:

(1) 互联网上一般资源的检索方法有两种,即关键词和分类目录。在具体应用时,要注意两个问题:如果要搜索的主题面比较大,采用分类目录比较合适;如果搜索的主题比较窄,采用关键词的形式。关键词采用自然语言,关键词可以选择单词、词组、短语。可以一次输入一个单词,也可以一次输入多个单词,但是输入多个单词要进行词间处理。多数的搜索引擎都支持单词、词组、短语和逻辑检索。

(2) 注意逻辑符的使用。在应用比较熟练以后,采用高级检索比较理想,一般的搜索引擎都有这个功能。在利用高级功能检索时,注意逻辑符的使用,搜索引擎的逻辑符大多数都使用逻辑"与"、逻辑"或"、逻辑"非"。如果对检索结果要求很精确时,就要在检索词的前面加上逻辑符,因为各个网站使用的逻辑符有些不同,所以在利用时要注意打开帮助工具查看。

(3) 在使用逻辑符时,注意逻辑符与两侧的检索词不要留空格,否则搜索引擎会把空格当成分隔符。

(4) 利用国外的搜索引擎,用分类检索时,其类目名称见表 2.3.1。

表 2.3.1

英　语	汉　语	英　语	汉　语	英　语	汉　语
Aerospace	航天	Intrigue	阴谋诡计	Geoculture	地球文化
Agriculture	农业与农艺	Language	语言	Geography	地理学
Applied Science	应用科学	Law	法律	Geology	地质学
Archaeology	考古学	Libraries	图书馆	Government	政府
Art	艺术	Literature	文学	Health	卫生健康
Astronomy	天文学	Magazines	杂志	History	历史
Automobiles	汽车	Mathematics	数学	Hobbies	兴趣爱好
Aviation	航空	Movies	电影	Humanity	人类学
Bizarre	奇观	MUDs	多用户空间	Humor	幽默
Books	图书	Music	音乐	Information Science	信息科学
Business	商业	News	新闻	Intellectual Property	知识产权
Calculators	计算装置	Oceanography	海洋学	Sociology	社会学
Chemistry	化学	Operating Systems	操作系统	Software	软件
Children	儿童	Organizations	组织机构	Space	宇宙空间
Communication	通信	Pets	宠物	Sports and Athletics	体育运动
Computer	计算机	Physics	物理学	Technology	工艺技术
Consumer	消费者	Physiology	生理学	Telephone	电话
Criminal Justice	刑法	Pictures	图片	Television	电视
Earth Science	地球科学	Politics	政治学	Travel	旅行
Ecology	生态学	Programming	程序设计	Trivia	琐事
Economics	经济学	Publication	出版	Unix	计算机
Education	教育	Religion	宗教	Usenet	新闻论坛
Environment	环境	Science	科学	Weather and climate	气象与气候
Finance	金融	Sex	性		
Food and Drink	饮食	Fun	娱乐		
Internet	全球互联网	Games	游戏		

3 网络中文报刊论文数据资源检索

3.1 中国期刊网

3.1.1 简介

中国知识基础设施工程（China National Knowledge Infrastructure，简称 CNKI）是一项涉及社会各个方面的庞大的系统工程。CNKI 建设的总体目标是实现我国知识信息传播扩散的数字化、网络化，知识生产的信息化及创新合作的社会化。1999 年，CNKI 主体工程被列为国家级火炬计划项目。CNKI 采用中心网站与镜像站点相结合的网络结构，分别在中国教育科研网和中公网设立两个中心网站，网址为 www.edu.cnki.net。中心网站上数据实时更新，面向国内外单位与个人用户提供检索服务。下面对几个数据库进行介绍。

1）中国学术期刊全文数据库

中国学术期刊全文数据库是目前世界最大的连续动态更新的中国期刊全文数据库，收录 1979 年至今约 7 200 种核心与专业特色期刊的全文。分九大专辑，126 个专题文献数据库，覆盖理工 A（数理科学）、理工 B（化学化工能源与材料）、理工 C（工业技术）、农业、医药卫生、文史哲、经济政治与法律、教育与社会科学、电子技术与信息科学。网上数据每日更新。CNKI 中的网站及数据库交换服务中心每日更新，各镜像站点通过互联网站卫星传送数据可实现每日更新。

2）中国优秀博硕士学位论文全文数据库

中国优秀博硕士学位论文全文数据库是目前国内相关资源最完备、高质量、连续动态更新的中国博硕士学位论文全文数据库，收录 1999 年至今全国 300 家博士培养单位的优秀博硕士学位论文。至 2005 年 4 月止，已累积博硕士学位论文 19 万余篇。分九大专辑：理工 A、理工 B、理工 C、农业、医药卫生、文史哲、经济政治与法律、教育与社会科学、电子技术与信息科学；121 个专题文献数据库。CNKI 中心网站及数据库交换服务中心每日更新，各镜像站点通过互联网或卫星传送数据可实现每日更新。

3）中国重要会议论文全文数据库

中国重要会议论文全文数据库收录我国 1999 年以来国家二级以上学会、协会、高等院校、科研院所、学术机构等单位的论文集，年更新约 100 000 篇文章。至 2005 年 4 月止，累积会议文献 27 万余篇。覆盖范围九大专辑。CNKI 中心网站及数据库交换服务中心每日更新，各镜像站点通过互联网或卫星传送数据可实现每日更新。

4）中国重要报纸全文数据库

中国重要报纸全文数据库收录中国国内重要报纸刊载的学术性、资料性文献的连续动态更新的数据库。收录2000年6月至今国内公开发行的约1 000种重要报纸,至2005年4月止,已积累文献近400万篇。六大专辑:文史哲、政治军事与法律、经济、教育与社会、科学、恋爱婚姻家庭健康;43个专题文献数据库。CNKI 中心网站及数据库交换服务中心每日更新,各镜像站点通过互联网或卫星传送数据可实现每日更新。

CNKI 的数据库资源可以使用 CAJ 浏览器或 PDF 浏览器阅读和下载,点击镜像站点主页的"浏览器下载",根据向导安装浏览器。数据库提供单库检索和跨库检索两种检索界面。跨库检索,能够在一个界面下对所有选择的数据库进行同时检索,此项功能可了解当前各库中所拥有的数据量、收录年限,同时可浏览数据的详细内容。单库检索,直接点击要检索的数据库名称,进入数据库的检索页。

3.1.2 中国学术期刊全文数据库简介

在数据库列表中找到要检索的数据库,点击其链接,进入所选数据库进行单库检索。例如:进入"中国学术期刊全文数据库"的检索屏见图3.1.1。

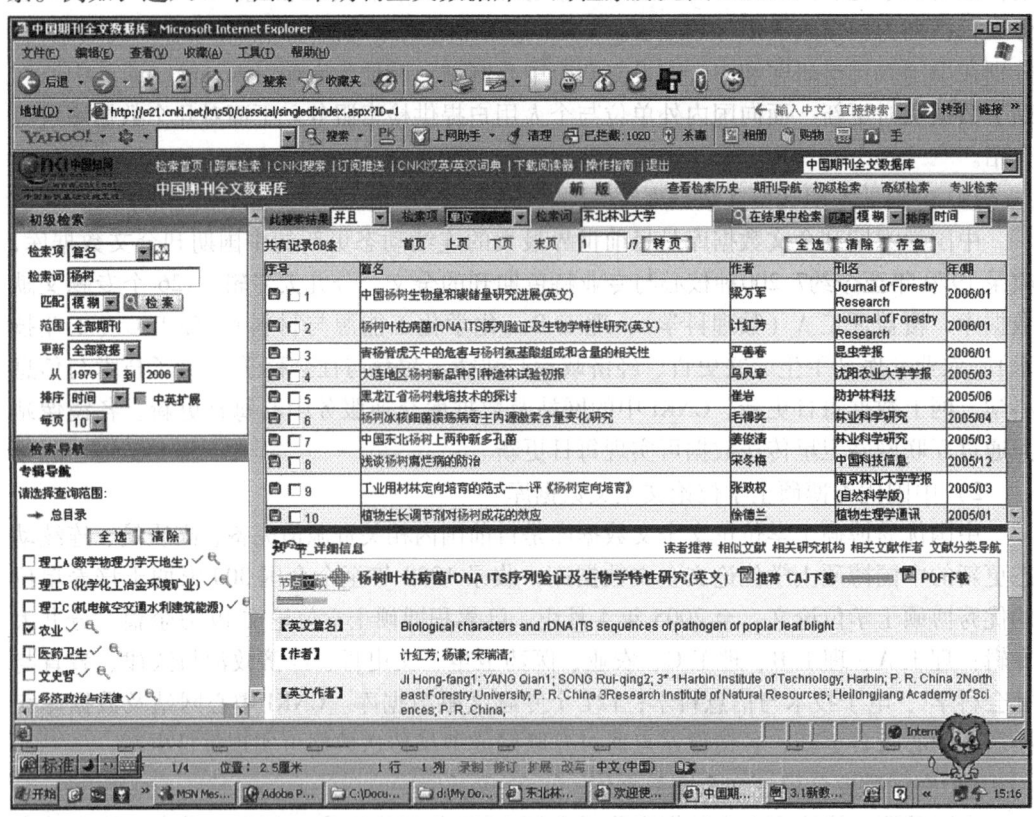

图 3.1.1

(1)检索页左侧为"导航选择区",根据所要查询的内容选择合适的导航分类及选项,可以更快地精确命中记录。在专辑导航中提供了九大专栏目录,逐层点击就可以了解细分的各个学科。

全选：点击"全选"键，选择全部目录。清除：点击"清除"键，清除已选择的目录。可以在类目前面的方框内单选，也可以选择多个类目同时检索，在检索时必须要进行目录的选择。

理工 A 专辑包括的学科范围：数学、力学、物理、天文、气象、地质、地理、海洋、生物、自然科学综合（含理科大学学报）。

理工 B 专辑包括的学科范围：化学、化工、矿冶、金属、石油、天然气、煤炭、轻工、环境、材料。

理工 C 专辑包括的学科范围：机械、仪表、计量、电工、动力、建筑、水利工程、交通运输、武器、航空、航天、原子能技术、综合性工科大学学报。

农业专辑包括的学科范围：农业、林业、畜牧兽医、渔业、水产、植保、园艺、农机、农田水利、生态、生物。

医药卫生专辑包括的学科范围：医学、药学、中国医学、卫生保健、生物医学。

文史哲专辑包括的学科范围：语言、文字、文学、文化、艺术、音乐、美术、体育、历史、考古、哲学、宗教、心理。

经济政治与法律专辑包括的学科范围：经济、商贸、金融、保险、政论、党建、外交、军事、法律。

教育与社会科学专辑包括的学科范围：各类教育、社会学、统计、人口、人才、社会科学综合（含大学学报哲学社会科学版）。

电子技术及信息科学专辑包括的学科范围：电子、无线电、激光、半导体、计算机、网络、自动化、邮电、通讯、传媒、新闻出版、图书情报、档案。

（2）选择检索项。点击检索项的下拉列表框，选择一个字段来检索。

①主题词：检索与主题概念相关的文章。主题词是经过规范化的术语，能够确切地表达文献的主题概念。用主题词检索可以检索出含有同一概念各种表达形式（包括学名、俗名、同义词、近义词等）的文献。

②篇名：检索在文章篇名中出现检索词的文章。

③关键词：检索在文章关键词中出现检索词的文章。

④摘要：检索在文章的文摘中出现检索词的文章。

⑤作者：检索某作者发表的文章。

⑥第一作者：检索以第 1 作者的名次发表的文章。

⑦单位：输入单位名称，检索该单位的作者发表的文章。

⑧中文刊名：检索某中文期刊发表的文章。

⑨参考文献：检索一篇文章作为参考文献的情况。

⑩全文：检索在文章全文（包括文章全部内容）中出现检索词的文章。

⑪智能检索：就是用分词词典、同义词典、同音词典以改善用户的输入，从而达到比较理想的效果。比如输入"计算机"，则通过联想，可以认为与"电脑"相关的信息也可能满足用户的需求，应该出现在最后的结果中。

⑫年：检索某年的文章。

⑬期：检索某期的文章。

⑭基金：检索受基金资助的文章。

⑮中国分类号：输入分类号检索文献。

⑯ISSN：输入国际标准刊号检索某一期刊。

⑰统一刊号：输入统一刊号检索某一期刊，统一刊号即 CN 号。

（3）输入检索词。在文本框中输入所需的检索词。

（4）扩展检索词。点击扩展按钮，弹出与检索词相关的"请选择交叉相关词"的扩展选框，选择你想要扩展的相关词确定即可，系统自动生成新的检索语句。

（5）选择年限、范围，更新匹配，排序及每页记录条数。

选择年限。点击年限下拉列表框，选择起始年份，使其在限定的年份范围内检索。

选择范围。点击范围下拉列表框，选择期刊来源范围（全部：库中收录的全部期刊；EI 来源刊：库中收录的期刊中被 EI 收录部分；SCI 来源刊：库中收录的期刊中被 SCI 收录的部分；核心期刊：库中收录的期刊中被《中文核心期刊要目总览》中收录的部分）。

选择更新。选择全部数据或在最近一周、一月、三月、半年内更新的数据。

选择匹配。选择匹配的方式有精确检索和模糊检索。精确匹配的检索结果完全等同或包含与检索字/词完全相同的词语；模糊匹配的检索结果包含检索字/词或检索词中的词素。

选择排序。选择排序的方式有时间、无、相关度三种方式。时间：按文献入库时间逆序检出；无：按文献入库时间顺序输出；相关度：按词频、位置的相关程度从高到低顺序检出。

选择每页记录条数。点击每页记录条数下拉列表框，选择每页要显示的记录条数（10，20，30，40，50）。

当所有的检索信息都填写完毕后，点击"检索"按钮，执行检索。检索到的结果可以进行二次检索，点击"在结果中检索"按钮，在一次检索结果的范围内，重新设定检索项、检索词，进行逐次逼近检索。

浏览检索记录后，点击题名链接，显示详尽信息，在细览界面中，点击文章题名后面下载图标（选择下载方式 CAJ 格式或 PDF 格式），开始下载。点击"打开"按钮，通过浏览器直接在网上浏览文章的全文原版内容。点击"保存"按钮，将文章的全文原版文件下载到本地计算机中，然后脱机浏览全文。

检索示例：检索北京林业大学教师发表在各期刊上，且篇名中包含"林业经济"的文章。

确定检索所在的专辑为农业辑和经济政治与法律辑；字段选为"篇名"，输入检索词"林业经济"；检索年代设为 1994～2005 年；点击"检索"按钮，检索结果显示在右屏，显示文章总数的统计数据。二次检索，字段选为"机构"，输入检索词"北京林业大学"，点击"二次检索"按钮，检索结果为北京林业大学教师发表在各期刊上且篇名中包含"林业经济"的文章篇数。点击某一文章篇名，进一步了解文摘等详细信息，点击 CAJ 或 PDF 下载，阅读期刊文章全文。

3.1.3 中国优秀博硕士学位论文全文数据库

该数据库的检索方法与中国期刊网检索方法基本相同,但是检索项有所不同,检索项有主题、题名、关键词、摘要、作者、作者单位、导师、第一导师、导师单位、网络出版投稿人、论文级别。在检索时可以选择不同的检索项,从而得到满意的检索结果。另外要注意的是学位论文由于篇幅较长,因此在下载时提供了整篇下载、章节下载和分页下载。

中国重要会议论文全文数据库和中国重要报纸全文数据库的检索方法与中国期刊全文数据库的检索页面及检索方法基本相同。

3.2 维普中文科技期刊全文数据库

重庆维普咨讯有限公司是科学技术部西部信息中心下属的一家大型的专业化数据公司。该数据库是1989年创建的期刊全文数据库,数据库包含了1989年至今的8 000余种期刊,刊载1 000余万篇文献,并以每年180万篇的速度递增。该数据库的范围涵盖了社会科学、自然科学、工程技术、农业、医药卫生、经济、教育和图书情报等学科。维普公司收录中文报纸400种、中文期刊8 000多种、外文期刊5 000余种。已标引加工的数据总量达1 500万篇、3 000万页次。该数据库的分类体系采用《中国图书馆分类法》进行分类,所有文献被分为8个专辑:社会科学、经济管理、教育科学、图书情报、自然科学、农业科学、医药卫生、工程技术。系统网址:http://www.cqvip.com。

检索方法:

维普数据库检索主页设有5个检索途径,即快速检索、传统检索、高级检索、分类检索和期刊导航。5个检索途径提供了不同功能的检索。

1) 快速检索

快速检索是数据库默认的检索途径,直接在主页的快速检索区选择检索的时间范围、检索字段,输入检索词,点击搜索按钮即可。在检索结果页面上提供更多的条件限制检索功能,并且可以进行二次缩小范围的检索。

2) 传统检索

老用户习惯的专业检索风格。根据课题的要求,选择不同的检索字段和输入检索词。检索的步骤是:

(1) 导航选择。

数据库提供专辑导航和分类导航。专辑导航中分为社会科学、经济管理、教育科学、图书情报、自然科学、农业科学、医药卫生、工程技术8个专辑。分类导航以《中国图书馆分类法》(第四版)为依据,分为21个学科类目。每一个学科分类都可以按树形结构展开,点击最底层目录输出该类别下的所有记录。保持检索式输入框空白,直接点击"检索",也可浏览该类别下的所有记录。选中某一目录后,任何检索都仅限于此类别下的检索。

(2) 检索字段选择。

该数据库提供了 11 个检索字段。包括题名或关键词、关键词、刊名、作者、第一作者、机构、题名、文摘、分类号、任意字段和参考文献。

（3）检索式。在检索对话框内输入检索词。

（4）期刊范围的选择。期刊范围的选择分为全部期刊、重要期刊和核心期刊。默认为全部期刊。

（5）年限的选择。

点击"检索"按钮即可实现检索。得到结果后，可利用二次检索功能，在一次检索的检索结果中运用"与、或、非"进行再限制检索，以得到理想的检索结果。

例如，先用"关键词"检索"电脑"，输出结果；选择"刊名"，输入"学报"，在"与、或、非"的可选项中选择"与"，点击"二次检索"，输出的结果就是同时满足刊名为"学报"，关键词为"电脑"的文献。二次检索可以多次应用，以实现复杂检索。

在传统检索中有两个辅助检索功能，即同义词库功能和同名作者功能。

①同义词库的用法：同义词库功能默认关闭，选中即打开（只有在选择了关键词检索入口时才生效）。例如，输入关键词"土豆"，检索时会提示"马铃薯、洋芋"等，同时选中作为检索条件，就可以有选择地扩大检索的命中范围。

②同名作者库的用法：功能与上述类似，默认关闭，选中即打开（只有在选择了作者、第一作者检索入口时才生效）。输入作者姓名检索时会提示同名作者的单位列表，选择想要的单位，点击页底"确定"按钮，即可精确检出结果。

3）高级检索

高级检索提供两种方式：向导式检索和直接输入检索式检索。

（1）向导式检索。

向导式检索为读者提供分栏式检索词输入方法。除选择逻辑运算、检索项、匹配度外，还可以进行相应字段扩展信息的限定，最大限度地提高了检准率。扩展功能中按钮均可以实现相对应的功能。读者只需要在前面的输入框中输入需要查看的信息，再点击相对应的按钮，即可得到系统给出的提示信息。

（2）直接输入检索式检索。

在检索框中直接输入逻辑运算符、字段标识等，进行检索。

例如，输入"K＝电脑＊J＝学报"，可以检索出为"学报"，关键词为"电脑"的文献。

检索词前面的英文字母是各字段的代码，可在检索入口选择框中查看。

本数据库检索式的逻辑关系可以采用逻辑符进行组合。逻辑"与"或"＊"；逻辑"或"或"＋"；逻辑"非"或"－"。在任意字段入口时可按布尔运算的规则编写复合检索式，例如，输入检索式为（CAD＋CAM）＊雷达，检出结果等同于用 CAD 检索后，用 CAM"或"关系二次检索，再用雷达"与"关系二次检索共三步的检索结果。

4）分类检索

采用《中国图书馆分类法》（第四版）的原版分类体系，利用分类导航检索。分类检索的操作步骤：

（1）学科类别选择。在左边的分类列表中按照学科类别逐级点开查找，在目标学科前的方框中打上"√",并点向右按钮将类别移到右边的方框中,即完成该学科类别的选中。

(2)在所选类别中搜索。在选中学科类别以后,在页面下的检索框处选择检索字段,输入对应的检索条件,即可进行在选中学科范围内的检索操作。

5)期刊导航。

(1)期刊搜索。提供刊名和ISSN号的检索入口,ISSN号检索必须是精确检索;刊名字段的检索是模糊检索;期刊搜索提供二次检索功能。

(2)按期刊名的第一个字的首字母字顺进行查找。

(3)期刊学科分类导航。点学科分类名称即可查看到该学科涵盖的所有期刊。按学科分类还可限制"核心期刊""核心期刊和相关期刊",选择"核心期刊"则只能查看到所选学科类别下涵盖的核心期刊。

下载文摘时一次性最大条数限制为100条,用PDF浏览器或记事本方式均可打开。下载全文时点击题名旁边的下载图标即可。

3.3 万方系统数字化期刊数据库

万方检索系统设有期刊数据库,该数据库由中国科技信息所建设。

万方数据——数字化期刊群,属国家"九五"重点科技攻关项目——科技期刊网络服务系统。整个系统以刊为单位上网,保留了刊物本身的浏览风格和习惯。所有期刊按哲学政法、社会科学、经济财政、教科文艺、基础科学、农业科学、医药卫生、工业技术八大类划分,共集纳了70多个类目的2 500多种期刊全文内容上网(其中绝大部分是核心期刊)。可以按学科分类、省市地区分类、期刊名称、期刊字母顺序浏览期刊,也可以进行论文检索、引文检索。

例如:检索"林业科技"方面的期刊论文。

选择"农业"总目录下的"林业"目录,则显示林业学科的期刊名称,点击"山西林业科技",则显示期刊书目信息,点击期数,显示本期文章目录,选择相应文章阅读全文。也可以在检索对话框内输入检索词检索。

3.4 人大复印资料全文数据库

中国人民大学书报资料中心编选的复印报刊资料是国内大型的社会科学、人文科学专题文献资料文献数据库。从全国几千种报刊上精选出人文、社会科学论文的全文,从1995年开始,100多个专题按学科分为:①马列、哲学、政治、法律、社会科学总论类;②经济类;③文化、教育、体育类;④语言文字、文学、艺术、历史、地理及其他类。可跨库检索,提供字段检索和全文检索功能,全文格式为HTML文本格式。每年增加文献约2.5万篇,每篇记录包括文章的题目、正文和参考文献。读者可用任意词检索、高级检索等方式查询数据库,检索结果可复制、转存、自定义、打印。

3.4.1 页面布局

输入东北林业大学图书馆网址（网址：http：//lib. nefu. edu. cn），选择"人大复印资料全文数据库"进入，见图3.4.1。

图 3.4.1

（1）专题目录区：主页面分为3个区域。点击左侧提供的四类专题目录，用浏览的方法从中按年份选择所需要的信息，找到所需要的文章后点开可阅读全文及该篇文章的其他相关信息，例如：原文出处、分类号、作者简介、摘要、关键词等。

（2）资源列表区：显示所登录用户的所有可查询资源。

（3）检索区：输入检索条件，执行检索命令。可以进行查询或高级查询，也可以使用帮助来获得更多信息。

（4）检索结果显示区：用于显示检索结果的区域。在此可进行本次检索范围的再次查询。

3.4.2 检索方法

该数据库提供两种检索方法，即基本检索和高级检索。

（1）简单检索。可选择任意词、标题等进行检索。检索前必须先在左侧四大类中选定检索范围。如检索关于"教育改革"方面的文章，限在教育专题中，例如用标题检索，可在选定标题字段后，输入检索词"教育改革"，检索结果会有如下显示：15 个数据库中共查到 473 条数据及各教育类的数据库中总文献数和此次检索命中的文章数目。见图 3.4.1。点击专题名称或"查阅"按钮，即可打开在这一专题中查到的文章。继续点击文章阅读全文。

（2）高级检索。

先选择资源库后点击"高级检索"按钮，显示检索界面。

①在想要查询的资源前的空格中打√或直接用鼠标点击想要查询的某个资源。

②可以检索的字段有：任意词、原文出处、原文地名、分类号、标题、作者等。在各个字段中输入您想要检索的相应的内容。例如：在原文出处输入"人文地理"；作者中输入"李九全"，将所需信息添加到下面检索栏中，点击查询。

③有些字段输入域后面有"帮助"按钮，表示您可以通过单击这些帮助键来获得更多的信息。您也可以使用逻辑方法进行查询。"与"表示要检索结果同时符合"与"操作符前后的条件；"或"表示要检索结果满足"或"操作符前后条件之一即可；"非"表示检索结果不符合该符号后面的条件。

④如果您需要同时从多个资源中查询内容，可以在左边要选择的资源前打√，再单击"重新显示"。然后在显示字段中输入相应内容，单击"查询"，即可显示从多个资源中检索出来的信息。

⑤当检索完成后，就在检索结果区中可以看到检索的结果。在检索结果区中我们可以看到检索出的记录来源于哪一个数据库中，共有多少条记录。您也可以通过点击"上页、下页、首页、末页、转到页"来进行翻页浏览。

⑥使用多篇显示功能可以同时浏览多篇文章，在结果显示区中对您想要查看的标题前打√，选择完毕后再单击"多篇显示"，就显示您选择的多篇文章。多篇浏览有助于您节省时间。如果您想要浏览一页中所有的记录，可以单击"全选"，则该页所有的文章都被选中，若要撤销再次单击"全选"即可。

4 网络图书数据资源检索

20世纪末，Ebook（电子书）产业因网络与文化的完美结合应运而生。从初始阶段电子书专业网站下载服务的探索到如今数字图书馆的大规模实际应用以及数字版权保护（DRM）技术的不断成熟。Ebook产业的核心技术、商业模式在不断创新中快速发展。截至2003年底，全国已有300多家出版社全面启动网络出版；超过100万册电子书被读者下载阅读；500家图书馆把Ebook作为核心电子资源之一启动数字图书馆建设。这一切对于3年前的IT业、出版业及图书馆业的人们来说可能都是"天方夜谭"。

2003年全球互联网产业浪潮又开始向一个新的波峰前行。其中，数字内容产业无疑是最令人振奋的原动力。在2004年2月10日召开的"2004中国IT市场年会"上的最新研究报告指出：数字内容服务是信息产业与传统的媒体出版、教育、信息服务业融合的基础，其主要产品包括电子出版、无线内容服务、网络游戏、互联网内容服务、在线教育、数字图书馆等需求。而2003年全球数字内容服务的市场总额达到了1 500多亿美元，在中国市场由于2002年在基于无线通信等拉动下，整个市场份额增长率超过了100％。

在网络上阅读图书已经成为现实。目前网络上运行的图书数据库有书生之家数字图书馆、超星数字图书馆、北大Apabi高校教参系统等大型的图书数据库。

4.1 书生之家图书检索

书生公司自1996年创立以来，一直致力于以数字技术取代传统纸张应用，提供相关产品技术和服务。书生网（http：//www.shusheng.cn）是由书生公司建设和运营的网站，是电子书门户网站，是领先的电子书阅读、销售和交流平台。书生网帮助广大读者延续选书、看书的快乐，解决找书、买书的困难，体验全新数字阅读，并在作者、读者、出版机构之间架起了互动交流和沟通的桥梁。书生网还将不断扩充功能和完善产品，为广大用户提供更多、更好、更便利的服务。

输入网址进入主页，进入东北林业大学书生之家镜像站点。首页要求读者登录时要输入用户名和密码。书生之家图书必须使用书生图书阅览器阅读和下载，点击主页的"下载阅读器"，根据向导安装阅览器。

4.1.1 简单检索

根据图书名称、出版机构、作者、丛书名称、ISBN、主题、提要7种途径进行查询。

步骤：（1）点选检索条的下拉框，选择检索字段。如以图书名称为检索字段，用户在下拉框中选择图书名称，在它右边的输入框中输入用户想查找的图书名称，如书名中有"电子商务"的书籍。此检索为模糊检索，即所有书名中含有"电子商务"的图书都将被检索出来，并且显示了这些书的作者、出版机构、开本大小。在检索结果界面提供二次检索功能。

（2）点击某一本书，如"电子商务网站设计原理"，进入此书详细信息。ISBN 7 – 5077 – 0234 – 0 为国际标准书号。由十位数字组成，被三条短横线分为四段。第一段是地区号，由国际 ISBN 中心分配，7 是中国出版物用的代码。第二段是出版社代码，由其国家或地区 ISBN 中分配，出版社规模越大，号码越短。第三段是书序号，由出版社自定，出书越多，序号越大。第十位是电子计算机的校验码。还可看到此书的内容提要介绍，点击"全文"链接，此时阅读器启动，读者就可以实现在线看书。

4.1.2 高级检索

可以实现图书名称、出版机构、作者、丛书名称、ISBN、主题等多条件的限定查询。

4.1.3 分类途径检索

步骤：书生之家将全部电子图书按《中图法》分成 31 个大类，每一大类下又细分共 4 级子类目，用户可逐级检索。比如，用户查找文学艺术 A 类的书籍，可在书生分类下面点击文学艺术 A，其所有子类的图书显示在页面的右边，在文学艺术 A 类共有文学理论、中国文学、世界文学、经典名著四个子类。再点选子类，依次逐级检索，直到最末一级。

4.2 超星数字图书馆

超星公司与广东中山图书馆合作的超星阅览器平台，现已成为一个由全国各大图书馆支持的庞大数字图书展示推广平台——超星数字图书馆，2000 年 6 月，超星入选国家"863"计划中国数字图书馆示范工程，2001 年 11 月超星荣获"中国优秀文化网站"称号。超星数字资源已经积累了 81 万种图书，成为目前全球最大的中文在线图书馆。超星数字图书馆网址 http：//www.ssreader.com。超星公司拥有自主知识产权的专用阅读软件——超星阅览器，点击镜像站点"阅览器下载"，根据向导安装阅览器。

4.2.1 分类导航阅读图书

点击主页上的图书馆分类，例如：点击"文学图书馆"，将显示此类的书目。点击该书目进入阅读状态。

4.2.2 简单检索

利用简单检索能够实现图书的书名、作者、出版社和出版日期等单项模糊查询。对于一些目的范围较大的查询，建议使用该检索方案。例如，查询 Photoshop 学习教程的图书。在"检索内容"对话框中敲入"Photoshop"，在检索范围下拉菜单中选择想要查询的大类"计算机新书",字段选择书名,点击"开始"图标。查询结果会显示出来,从中选择您感兴趣的图书,双击进入就可阅读。

4.2.3 高级检索

利用高级检索可以实现图书的书名、作者、索书号和出版日期等多条件限定查询。对于目的性较强的读者建议使用该方法。

4.2.4 添加个人书签

对于一些阅读频率较高的图书,在超星数字图书镜像站点中可以添加"个人书签",这样就免去了每次检索的麻烦。具体步骤如下:

(1)注册成为登录用户。点击主页中的"新用户注册"进入注册页面,按照提示填入您的个人信息,填写完成后,点击"提交"按钮。注册成功后,在主页用户登录栏中填入您注册的用户名和密码,点击"登录"图标。这个时候,您已经可以添加"个人书签"了。

(2)添加书签。在每一本图书书目的下方有一个"个人书签"的链接,点击一下就可以把此本书添加为自己的个人书签。回到主页刷新一次页面就可以看到此书签。在下次用自己的用户名和密码登录页面时就可以看到以前添加的个人书签。点击该书签就可以直接进入此书的阅读状态。如果想删除该书签,直接点击书签左侧的删除标记即可。

4.2.5 图书内容的复制

在阅读图书时,如果想节选一段的内容,可以在工具条中点击文字识别工具,选择要复制的内容,在弹出的对话框中选择保存的位置。

4.3 电子图书

电子图书数据库是东北林业大学图书馆自己建设的数据库,供全校师生浏览阅读。可以阅读的图书范围:报刊精粹、电脑教程、儿童文学、古典名著、绘画艺术、经济管理、科幻小说、科普哲学、礼品 E 书、历史宗教、漫画幽默、明星写照、时尚生活、网友文集、武侠小说、现代小说、言情小说、英文原版、音乐影视、人物传记。检索方法如下。

4.3.1 输入检索词进行检索

进入图书馆的主页,点击"电子图书资源",进入检索屏。

(1)选择频道。频道中的内容是图书导航目录,也是该库搜集的书目类目,选中某一个类目,例如:科幻小说。

(2)选择检索项。检索项有书名和作者。

(3)检索内容。在检索内容的对话框中输入检索词,进行检索。

4.3.2 利用图书导航目录直接检索

在检索页面的左侧设有导航目录，直接点击某一个类目，显示该类目图书的书名，点击某一本书的名称，可以看到全文。

4.3.3 图书的下载

此数据库的图书可以进行下载阅读。

4.4 Apabi 高校教参系统

北大方正集团公司是北京大学1986年创建的高新技术企业。2001年9月，发布方正阿帕比 Apabi 数字图书馆整体解决方案，与 Calis 高校集团签署协议，建设高校教参信息管理和服务系统。建设的目标是将源源不断的电子书资源与方便、易用的电子书管理平台结合起来助力数字图书馆的建设。在发展的过程中，方正电子始终关注图书馆的需求，听取出版社的建议，不断地改进方正 Apabi 的相关产品和服务，陆续推出方正 Apabi 教参电子书、方正 Apabi 教参管理平台、方正德赛数据库创建及安全发布软件组群、方正德赛论文授权提交系统、方正德赛古籍数字化系统。产品得到了图书馆界的广泛认可。截至2005年9月，与方正合作开展网络出版的出版社达400家，出版电子图书超过16万种。

在阅读图书之前，首先要把浏览软件下载和安装到自己的计算机上。方法：输入网址，进入主页。方正 Apabi 的网站 http：//www.apabi.com，也可以通过本单位的链接进入主页。

4.4.1 浏览软件的下载

在 Apabi 系统阅览图书，首先要下载阅读软件，并要进行注册。在进入主页后，首先在注册中心点击"免费下载 Apabi reader"，下载后再进行安装。安装后再回到注册中心点击"在本系统进行注册"，注册后有使用说明，这样就可以全文阅读图书。

4.4.2 图书检索

检索图书有3种方法：中图法浏览、基本检索和高级检索。在主页上有好书报道、最近新书和下载图书的排行榜。

(1) 中图法浏览。在主页上点击"中图法浏览"显示中图法的各个大类及小类，在检索结果栏内显示命中该类图书的数量。检索时分类的类目可以逐级点击，直到满意为止。

(2) 基本检索。在主页上默认的是基本检索，基本检索有字段的选择，可以选择的字段有：书名、责任者、主题/关键词、摘要、出版社、年份、全面检索。在检索对话框内输入检索词。检索词可以是一个字，也可以是一个单词或词组，也可以是一个完整的书名。

（3）高级检索。高级检索输入方式与基本检索相同，不同的是多了一些限定条件，限定条件可以单选，也可以多选。在限定条件的下方有逻辑"与"和逻辑"或"选择，主要对上面限定条件进行逻辑组配。

4.4.3 检索结果的处理

利用3种方法执行检索后，系统会列出检索结果的总数，可以在结果中进行二次检索。同时显示每一本书的书名、责任者、出版社、出版时间及封面。点击书名可以显示图书的详细记录信息及内容摘要。点击著者可以显示该作者编著的其他作品。点击出版社名称，显示该出版社出版的全部图书名称。

在图书详细信息中有"在线浏览"和"借阅"（或"预约"）的按钮，使用"在线浏览"功能，可以对图书在线浏览60分钟。使用"借阅"功能，可以对此书借阅7天，可同时借阅50本图书。如果"借阅"变为"预约"按钮，说明此书已被其他用户借阅，此时不能阅读，只能预约。

点击"在线浏览"或"借阅"按钮，系统会弹出一个下载的界面，显示下载开始和下载完毕的字样提示，然后在图书下载列表中显示"OK"，标明此书已下载完毕。此时图书已经收藏到了藏书阁里，点击藏书阁，显示下载收藏的全部图书，双击书封面即可以打开图书进行阅览。

4.4.4 版面操作

（1）前翻/后翻：把鼠标移到页面的边缘（左右边都可），待鼠标变成书的形状，单击左键实现后翻，单击右键实现前翻。或者直接点击"向前翻页"和"向后翻页"按钮。

（2）翻到首/末页、最近打开页：单击藏书阁中的书，在右键菜单中选择"最近打开、首/末页打开"。也可以用 Home/End 键来实现翻页，在页面的左面有工具条，可以进行前进翻页、向后翻页、放大、缩小、全页翻、半页翻、书签。

（3）全/半页翻的切换：单击"全页翻/半页翻"按钮即可进行切换。（使用按钮切换到半页翻，阅读窗口自动变为最大化；快捷键全/半页翻切换不能改变阅读窗口的大小。）

（4）所需页面：将鼠标放在界面最下端页面选择区，左右移动鼠标，"换至第几页"位置上的页码将随之变化。到达适当位置，单击即可跳入。或者按"J"键，在弹出的跳转对话框中，输入页码号，点击"翻到"。（页面跳转只支持 CEB 和 PDF 两种格式；输入的页码号和"换至第几页"的页码数是一致的。）

（5）移动页面：在阅读中按住鼠标右键随意拖动，可实现页面的移动。

（6）书签的操作：点击"书签"按钮，选择"添加书签"。您可以选择"显示/隐藏书签"，也可以"删除书签"。或者在"标注"菜单中进行"书签"操作。在下一次打开此书时，就会自动翻到已经做过书签的这一页。

（7）菜单：

①旋转、撤消与恢复操作：点击"菜单→旋转窗口"，可将页面选择90°，再点击

一次，页面恢复。此项功能方便阅读某些表格，也可以使笔记本电脑用户随意选择阅读角度。选择"菜单"中的"撤消"或"恢复"，可回到上一个窗口。

②标注功能。按下鼠标左键选中文字，松开后，在弹出的菜单中选择，可实现画线、批注、查找、书签、加亮、圈注、拷贝文字这几个功能。取消标注的步骤与添加相同定义后即可弹出取消项的菜单。

③批注功能：添加批注。在标注菜单中选择"批注"，打开"批注信息"框添加内容，点击"保存"确定，完成后文中会有黄色批注标记出现。修改、取消批注。双击所做的黄色标记，弹出"批注信息"框。如修改，改动后点击"确定"，如取消，点击"删除"。

④打印。在阅读中，单击"菜单→打印"，进入打印对话框。可以打印未加密的CEB、PDF 格式的文件。如果是已加密的文件，"打印"命令会变灰，表明该文件不可打印。

⑤在菜单中可以进行拷贝。

（8）藏书阁：

①图书分类：新建图书类别，在"我的分类"菜单中右键选择"新建类别"，在"名称"处填入类别，点击"添加"按钮，再点击"确定"。或右键点击已建立的类别，在菜单中选择"新建"，直接输入类别名，点击"新建"，起一个类目名，如小说、名著、英语等，并按"添加"。

②图书归类及删除：选中藏书阁中需要归类的书目，在"图书分类"菜单中选择"图书分类"，移动书目至相应类别可完成图书分类；或直接把书拖动到已建立的分类中；也可以在右键菜单中选择"图书分类"。用鼠标对准一个分类书架，点右键进行删除。

③显示各类书目：点击藏书阁界面上端的"我的书架"，可显示未分类的全部书目和已经分类的书架。点击某一个类别，可显示该类别的书籍。在藏书阁中，单击某一类别时，显示该类别的书，双击某一类别显示子类。

④图书信息：对准图书的封面，点击鼠标的右键，可以进行图书信息的了解，包括图书的书名、作者、出版社、ISBN 号、定价和开本。

⑤借阅信息：包括借出的日期、还书日期和进行续借。

⑥删除图书：把借阅的书删除掉。

（9）书店：打开书店进入书店界面，包括"Ebook"书店、"Ebook"出版社、"Ebook"其他网站，点击某一出版社，可以链接到该出版社的网站。

4.5 馆藏信息资源的检索

某一个图书馆或情报研究机构收藏的文献资料，通过网络检索都可以远程进行访问。有些目录或题录的信息大多数是免费的。

ILAS（Integrated library automatic system）图书馆自动化集成系统，由深圳图书馆开发研制。该系统在 UNIX 操作环境下，可以实现图书馆的图书采访、编目、流通、检索、连续出版物的管理、检索等功能。

要想了解一个图书馆的馆藏，只要输入要访问地点的网址，进入图书馆找到馆藏目录即可。利用 ILAS 系统进行检索的方法如下。

4.5.1 馆藏图书的检索方法

（1）输入网址，进入检索界面。以东北林业大学的馆藏系统为例。进入图书馆的主页 http：//lib.nefu.edu.cn，在图书馆的主页上点击"馆藏目录"进入网上图书馆，点击"书目查询"进入检索界面。可以检索 1980 年后入藏的中文图书信息，以及自建馆以来入藏的中外文期刊的信息。检索界面见图 4.5.1。

（2）选择查找途径。检索途径有题名、责任者、主题词、分类号、国际标准书（刊）号、索取号。其中索取号由图书的分类号和出版年、月组成。

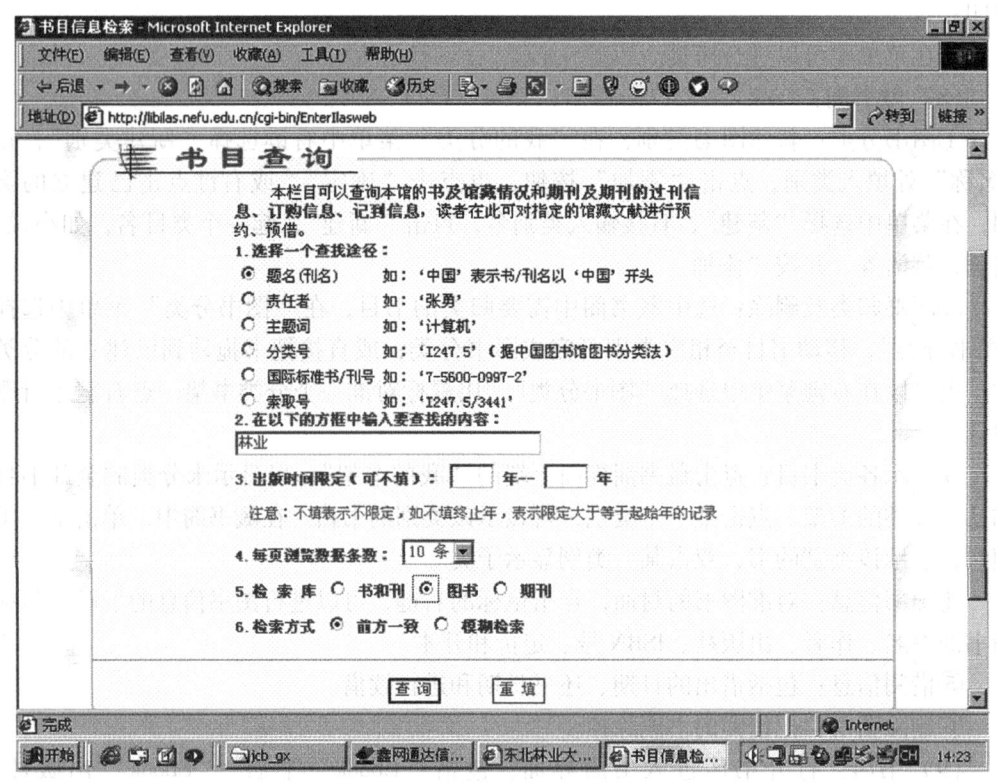

图 4.5.1

（3）在检索输入框内输入检索词。

（4）确定所要查找文献的出版年（可以默认，默认是 1981 年后）。

（5）选择每页浏览的条数，即每页记录显示的条数。

（6）选择数据库。在图书和期刊两库中可同时查询，也可选单独库查询。

（7）确定检索方式。如果选择"前方一致"，检索的结果中一定含有所输入的检索词，如果是"模糊检索"则可检索出与检索词相关的内容。

（8）点击"查询"即可检索到所需信息。
（9）继续查找该文献的详细信息，请点击网页上的"详细信息"，则可得其馆藏情况。

检索举例：

如果选择题名检索一本图书，可以在检索输入框内输入书名中的一个词即可。

如果检索某一位作者编辑的图书，可以选择责任者，在检索词输入框内输入作者的姓名。

如果按分类号检索，选择分类号，在检索词输入框内输入图书的分类号。例如要检索林业类的图书，输入 S7。

如果按国际标准书号检索，在检索词输入框内输入国际标准书号。例如检索 ISBN7－81076－367－9，输入 7－81076－367－9 即可。

4.5.2 馆藏期刊的检索

检索期刊与图书相同，不同的只是在检索库中选择刊库。

例如：要检索《中国林业》期刊馆藏信息。首先选择字段，即刊名（题名）；输入"中国林业"；选择刊库；点击"检索"；刊名中含有"中国林业"的期刊都将显示出来，点击"中国林业"期刊后面的"详细信息"即可以看到馆藏信息。馆藏信息的第一项，即为开始收藏的最早时间，有年、卷、期。

4.6 美国 NetLibrary 电子图书

NetLibrary "网络图书馆"是位于美国科罗拉多州的一个公司，创办于 1998 年 8 月，2002 年被收购成为 OCLC 的分部。NetLibrary 收藏了各种参考文献、学术论文和专业技术方面的电子图书，主要来源于一些世界顶级的大学和商业出版商，这些图书均可通过互联网检索、显示和借阅。目前 NetLibrary 已拥有 5 万多种电子图书的馆藏，并以每天 10～50 种的数量增加，馆藏比例最大的是文学类图书，馆藏特色是商业和经济。NetLibrary 是一个收费的图书馆，但是有一部分约 4 000 种电子图书是向因特网读者提供免费阅读的，只需在 NetLibrary 网上注册就可以。网址：http://www.netlibrary.com。

新用户在使用 NetLibrary 时，要在主页上进行注册，注册后只要输入注册的用户名就可以进行检索。

检索界面有按著者和书名字顺浏览方式，也提供了高级检索方式。高级检索有书名、著者、出版社、出版年等字段。另外还将经典的文学作品如《红与黑》《傲慢与偏见》等在经典推荐的栏目下一一列出。阅读是有专门的 NetLibrary 电子阅读器，需要下载和安装。在阅览时有阅览和下载的按钮，可以在线下载。

4.6.1 检索方法

数据库检索分为基本检索和高级检索，并且可以选择不同语种的检索界面。进入检索屏默认的是基本检索。使用方法介绍如下：

1）Basic Search 基本检索

基本检索提供 4 个检索字段，即关键词、题名、作者、全文，可以选择其中一个字段进行检索。检索词可以选择一个单词、词组、短语等，但是要与检索字段相匹配，同时注意选择具有实质意义的词进行检索。在基本检索界面上点击 List All resources，可以查看数据库提供的全部图书。

2）Advanced Search 高级检索

高级检索提供 4 个检索对话框可以进行逻辑组配检索，检索字段 6 个，即题名 Title、作者 Author、全文 Full Text、关键词 Keyword、主题词 Subject（国会图书馆的主题词表 Library of Congress subject heading）、国际标准书号 ISBN。与基本检索相比增加了限定条件，主要有时间的限定、出版商、语种、文献类型（电子图书、电子期刊）、检索结果显示排序。

3）原文阅读

输入检索词，点击检索按钮，显示命中的文献结果总数。每本书的著录格式如下：

The 2002 World Forecasts of Essential Oils, Concretes, Absolutes, and Resinoids Export Supplies（eBook）①

by Parker, Philip M ②

Publication：San Diego, Calif. Icon Group International, Inc, 2002 ③

View this eBook ｜ Show Details ｜ Add to My List ④

①图书名称；②作者；③出版地、出版商、出版时间；④浏览图书、显示详细信息、添加到列表。

4.6.2 检索技术

（1）布尔逻辑符。使用逻辑"and"、逻辑或"or"、逻辑非"not"进行组配检索。

例如：history and European

　　　　forest or agriculture

　　　　nursing not home

（2）使用双引号进行精确检索。例如"civil rights"。

（3）截词符。使用 * 号，进行检索词后截断的检索。

例如：cook * 可以检索出 cook, cooks, cooking, cookery, and cookbook

该数据库的图书不能全书下载，可以使用工具条进行段落选取，部分复制。

5 特种文献数据资源检索

5.1 专利数据资源检索

我国于1985年4月1日颁布了第一部《中华人民共和国专利法》，同年9月10日出版我国自己的第一批专利文献。随着国际交流的增加和激烈的国际竞争，人们对知识产权的保护意识不断增强，提高专利意识和普及专利检索知识已经迫在眉睫。

世界上已发布的专利文献目前已达3 000多万件，而且正以每年100多万件的速度增加。国外企业特别重视专利检索，一个大型跨国公司每年申请的专利几乎相当于我国企业一年的申请量，形成巨大的技术优势。

专利检索的首创性、侵权、专利保护期和保护地域、技术引进、行业技术评价与预测是专利检索的主要应用。企业进行技术开发、产品开发或引进技术，都要进行专利的检索。比如，一些技术开发者埋头苦干、绞尽脑汁搞出技术"发明"，往往在申请专利时却发现别人已捷足先登，所有努力化为乌有。而运用这种"发明"进行产品开发，还可能吃侵权官司。美的集团1995年开发的一款新型柜式空调产品，被日本三洋指控侵权，不得不付出245万元的专利使用费。

技术引进时不进行专利审查，就可能不明不白地多花钱甚至白花钱。由于不知道所引进的日本彩电生产线工艺中含有美国RCA的专利，我国数家企业每台销往美国的彩电，都得付出不菲的专利提成费。青岛某锅炉厂与瑞典方合资公司的注册资本中，包含了369万元的专利、技术及商标使用费。经专利检索才发现外商的12项"专利"根本没在中国申请，在其他国家的申请也已经或即将过保护期，锅炉厂本可以无偿或付出少许费用即运用专利开发国际国内产品，但由于合同已签订，锅炉厂还得如数如期缴纳专利使用费。

在科研中检索专利文献可以节省60%的研究时间和40%的费用，在决策、研发、生产和销售的全过程中，专利检索为发明者和企业提供最新信息支持。国外企业尤其是大中型企业特别重视专利检索的作用。日本三菱公司的"专利情报中心"有30人，专门从事专利文献与信息的检索、统计、研究工作。日立、奔驰、飞利浦、IBM等大型跨国公司每年分别成功申请专利数千乃至上万件，几乎相当于我国企业一年的全部申请量，形成巨大的技术优势和产品优势。海尔集团1998年就建立起企业内部专利文献库，多年来，他们"靠文献，开发产品以占领市场；靠文献，创新技术以控制市场"形成自己的特色。美的集团也吸取教训，1999年委托广东省专利信息中心建立起广东省首家"中外专利信息系统"，每天有20人左右登录了解到全世界的相关最新技术动态。中兴、科龙、TCL、广东电力等也建立起专用专利数据库。专利数据库的使用是专利信息检索最常用的检索渠道。

5.1.1 专利基础知识

1）知识产权

知识产权是一种无形财产权。它指的是通过智力创造性劳动所获得的成果，并且是由智力劳动者对其成果依法享有的一种权利。这种权利包括人身权利和财产权利，也称为精神权利和经济权利。

知识产权包括：

（1）版权与邻接权；

（2）商标权；

（3）地理标志权；

（4）工业品外观设计权知识产权；

（5）专利权；

（6）集成电路布图设计（拓扑图）权；

（7）未披露过的信息专有权（实际指"商业秘密"的保护，也包括对 know – how 的保护）。

2）专利的概念

专利指受法律保护的新发明。我国专利保护的类型有三种，即发明专利、实用新型专利、外观设计专利。世界大多数国家的专利保护都分为这样三种，美国多一种动植物的新品种。专利权是由国家专利主管机关依据专利法授予申请人的一种实施其发明创造的专有权。专利权具有独占性、时间性、地域性。

发明专利是指对产品、方法或者改进所提出的新的技术方案。产品发明包括一切工业制成品。方法发明指的是具体的处理和解决方式，如污水的处理方法、空气的净化方法等。方法发明只能申请发明类的专利。

实用新型专利是对产品的形状、构造或者其结合所提出的适于实用的新的技术方案。与原有的技术相比要具有先进性，在技术上要有明显的进步。

外观设计专利也就是工业品的式样。它与发明或实用新型完全不同，即外观设计不是技术方案。我国专利法实施细则第二条中规定："外观设计，是指对产品的形状、图案或者其结合以及色彩与形状、图案的结合所作出的富有美感并适于工业应用的新设计。"可见，外观设计专利应当符合以下要求：

（1）外观设计是指形状、图案、色彩或者其结合的设计；

（2）外观设计必须是对产品的外表所做的设计；

（3）外观设计必须富有美感。

另外外观设计专利的申请应考虑到它能在工业上普遍应用的要求。

我国专利法规定发明专利批准以后有效期为从申请日起 20 年，实用新型和外观设计专利的有效期为从申请日起 10 年。

3）申请专利的决策

申请专利的发明必须具备专利性，就是许多人常常提及的"三性"，即"新颖性、创造性和实用性"。如果发明不具备专利性，就不必提出专利申请。否则，为申请专利所花的大量精力、财力都将付之东流，一无所获。所以，不管是单位、公司还是个人，至少在申请专利之前应该对其发明做必要的文献检索，以判定发明是否具备专利性，是否有必要提出专利申请。在现实生活中，作为一个企业、一所大专院校或者研究院所，在确定科研课题或者确定新产品开发项目之前，就应该做出命题文献检索，防止不必要的大量的人力、物力、财力的投入。其实作为一个个人发明家，为了避免盲目地选定发明创造的方向，亦应在确定个人发明选题之前做必要的检索。

还应指出，并非世上一切发明创造都可以申请专利。比如赌博工具、宣传封建迷信的用具，以及用于违法犯罪活动的器具，如用于盗窃的工具、吸食毒品的用具等都不授予专利权。《专利法》第五条明确规定："对违反国家法律、社会公德或者妨害公共利益的发明创造，不授予专利权。"除此之外，《专利法》第二十五条明确规定不授予专利权的五项内容：①科学发现，如反物质的发现；②智力活动的规则和方法，如一种新式军棋的对弈方法；③疾病的诊断和治疗方法；④动物和植物品种；⑤用原子核变换方法获得的物质。

4）国际申请简介

我国已经加入国际专利合作条约（PCT），我国申请人自1994年1月1日起可以利用PCT途径申请外国专利。对于希望获得外国专利保护的中国个人和单位来说无疑是一个喜讯。什么情况下适宜提出国际申请，按照PCT规定的方式提出的申请称为国际申请。一般说来，国际申请是一个PCT缔约国的居民或者国民为得到几个缔约国的保护而提出的专利申请。

我国加入PCT之前，申请人只能按巴黎公约原则向外国提出专利申请；我国加入PCT之后，申请人也可以利用PCT途径提出国际申请。当申请人希望以一项发明创造得到多个国家（一般在5个国家以上）保护时，利用PCT途径是适宜的。因为通过PCT途径仅需向中国专利局提出一份国际申请，而免除了分别向每一个国家提出国家申请的麻烦。

我国加入PCT之后，中国个人和单位仍然可以按照巴黎公约原则向外国提出国家申请，特别是在申请人仅需向一个国家或者少数几个国家申请专利时，利用巴黎公约途径是适宜的。提出国际申请的步骤如下：

（1）首先提出中国专利申请。

中国个人或单位做出发明创造后可以先向中国专利局提出国家申请。然后，在12个月优先权期限内提出国际申请，并要求优先权。这样，申请人就有12个月的时间考虑是否有必要向外国申请专利，通过什么方式提出申请，以及为提出申请进行必要的准备。根据有关规定，中国个人或单位做出发明创造之后也可以直接提出国际申请，但是必须在该申请中指定外国的同时也指定中国。

（2）准备申请费用。

向外国申请专利需要向外国专利局和专利代理人支付数目可观的费用，并且是以美元结算的。按专利代理机构的实践，目前平均每向一个国家申请专利需要支付4 000～5 000美元。若以5个国家计算需准备2万～2.5万美元。

申请人提出国际申请同样需要支付上述费用（但支付的时间可推迟8个月至18个

月)。而且还要支付 PCT 国际阶段的费用,该费用包括中国专利局征收的传送费、检索费和国际初步审查费约 2 100 元(人民币)和国际局征收的基本费、指定费和手续费约 1 150 元(美元)。如果是中国的个人提出的国际申请,国际局征收的费用可减少 75%。

(3) 委托专利代理机构。

申请人提出国际申请必须委托规定的专利代理机构。该专利代理机构将帮助申请人填写各种表格、修改申请文件,并由该机构向中国专利局递交申请文件、缴纳费用和办理各种手续。

5.1.2 专利检索知识

1) 国际专利分类法

我国专利采用的专利分类工具书是《国际专利分类表》(International Patent Classification,简称 IPC) 1968 年 9 月 1 日生效,由世界知识产权组织每 5 年修订一次。

(1) IPC 的分类体系。

IPC 共分为 8 个部,分别用英文字母 A~H 表示,见表 5.1.1。

表 5.1.1

部	类目名称	分部类目名称
A 部	人类生活必需(农、轻、医)	农业;食品、烟草;个人或家用物品;保健;娱乐;
B 部	作业;运输	分离、混合;成型;印刷;交通运输
C 部	化学;冶金	化学;冶金
D 部	纺织;造纸	纺织或未列入其他类的柔性材料;造纸
E 部	固定建筑物(建筑、掘进、采矿)	
F 部	机械工程;照明;采暖;武器;爆破	发动机或泵;一般工程;照明;加热;武器;爆破
G 部	物理	仪器;核子学
H 部	电学	

IPC 分类由大类、小类、主组、分组组成。一个完整的专利分类号的表达方式有两种,发明专利和实用新型专利,如:A43L9/02(绘图用的圆规),外观设计专利分类号,如:14-99(光盘盒)。

发明专利与实用新型专利分类使用《IPC》,外观设计专利分类采用《国际外观设计分类表》,此表类目如下:

01 类 食品

01-01 烘制食品、饼干、面制点心、通心粉及其他谷类食品、糖果类、巧克力、冰冻食品

01-02 水果和蔬菜

01-03 奶酪、黄油和黄油代用品、其他奶制品

01-04 鲜肉(包括猪肉制品)、鱼

01-99 其他杂项

02 类　服装和服饰用品
02 – 01　内衣、女内衣、妇女紧身胸衣、乳罩睡衣
02 – 02　服装
02 – 03　帽子
02 – 04　鞋、短袜和长筒靴袜
02 – 05　领带、围巾、头巾和手帕
02 – 06　手套
02 – 07　零星服饰和服装附件
02 – 99　其他杂项

（2）专利分类的辅助性工具

《IPC official Catchword Index》IPC 指导词索引，可以利用主题词检索出 IPC 的基本类号，实际应用时在此书中检索出部和大类号，然后再到《IPC》分类法中进一步检索。详见下例：

FORESTRY[①]　　　　　A01G 23/00
Fighting forest fires　　　A62C　/02[②]
FORGES　　　　　　　B21J 17/00

注：①关键词；②IPC 号。

2）专利说明书

专利说明书是专利申请人向各国专利审批机构递交的一种说明其发明创造的技术内容及指明权利要求的书面文件。说明书应当包括下列内容：

（1）技术领域：写明要求保护的技术方案所属的技术领域；

（2）背景技术：写明对发明或者实用新型的理解、检索、审查有用的背景技术，并引证反映这些背景技术的文件；

（3）发明内容：写明发明或者实用新型所要解决的技术问题以及解决其技术问题采用的技术方案，并对照现有技术写明发明或者实用新型的有益效果；

（4）附图说明：说明书有附图的，对各幅附图作简略说明；

（5）具体实施方式：详细写明申请人认为实现发明或者实用新型的优选方式；必要时，举例说明；有附图的，对照附图。

5.1.3　中国专利信息网

http://www.patent.com.cn　中国专利信息网。由国家知识产权局专利检索咨询中心承建，该中心可以检索我国 1985 年以来的所有中文专利信息。免费注册用户可以检索到专利文摘和说明书的第一页。检索界面使用方便，容易掌握。

该系统设有专利检索、项目转让、投资广场、发明园地、专家在线等。并链接世界以及一些国家专利组织的网站，有世界知识产权局网站、欧洲专利局专利数据库、美国专利商标局、日本工业产权数字图书馆、WIPO 知识产权组织、STN 国际联机检索系统。除此之外专利网还提供专利知识问答、世界专利网站、国家知识产权局、专利检索咨询、广告服务等服务项目。下面介绍中国专利信息网的检索方法。

1）检索方法及步骤

中国专利网为用户提供了最准确、全面、快捷的专利信息文本，检索界面有简单检索、逻辑组配和菜单检索。单击所有的检索结果都可以显示相应的著录项、文摘，并可以浏览专利全文。新用户要进行免费注册。输入网址，点击"专利检索"，输入用户名及密码进入检索界面开始检索。

（1）简单检索。

简单检索有两种方法：

一种可以在主页的"中国专利数据库检索"的对话框中输入要检索专利的主题，然后点击"检索"按钮。

另一种方法是点击栏目中的"专利检索"选择"简单检索"，出现检索的对话框，见图5.1.1。

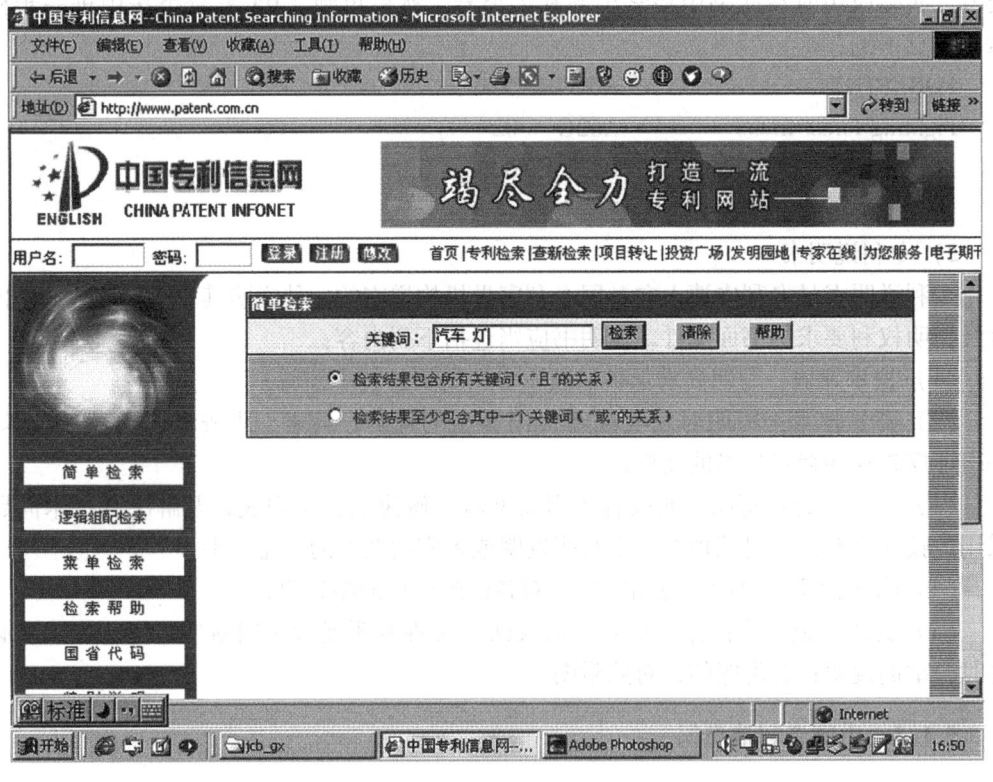

图5.1.1

在对话框内输入关键词，各关键词之间用空格隔开，然后选择框下的选项，简单检索默认关键词之间的逻辑关系是"且"的关系，最后单击"检索"按钮。系统会在新打开的窗口中列出检索结果。如果选择"或"的关系，则检索出的专利文献的题录信息中至少包含一个关键词；如果选"且"的关系，则检索出的结果包含全部关键词。

（2）逻辑组配检索。

逻辑组配检索见图5.1.2。

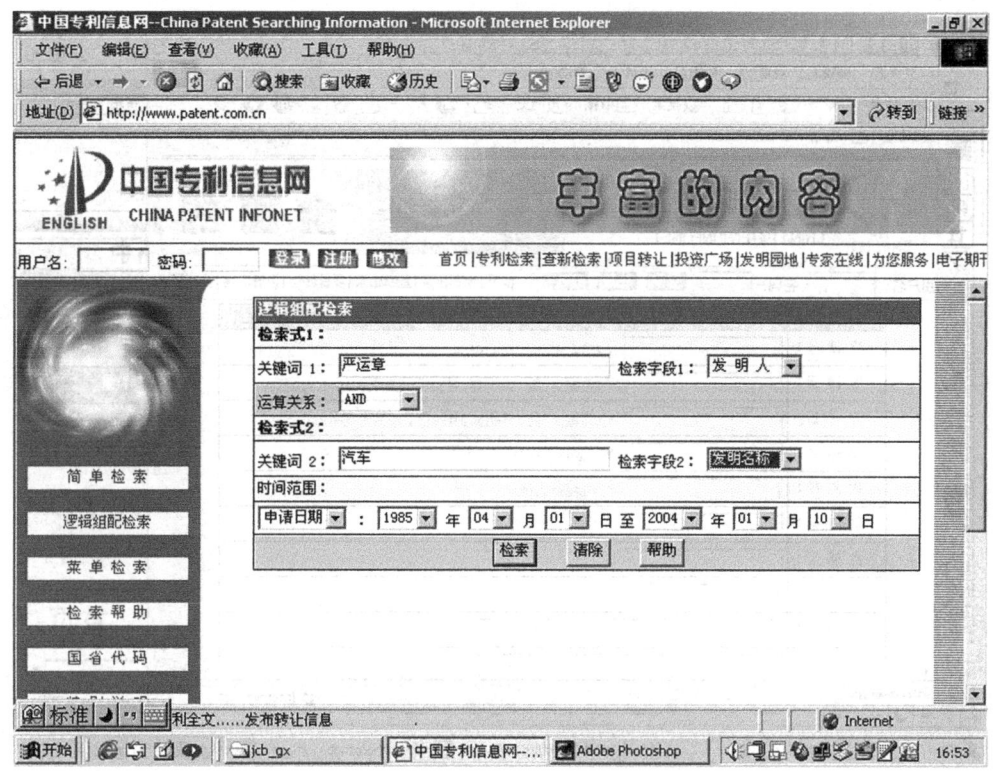

图 5.1.2

"检索式 1"和"检索式 2"是检索提问输入框，分别可以输入多个关键词并可以进行组配。"检索式 1"和"检索式 2"之间的逻辑组配关系可通过中间的逻辑关系选项（AND、OR、NOT）选择。在"检索式 1"和"检索式 2"的下方给出了可供选择的检索字段，默认为全部字段中进行检索。如果用户要将检索限定在特定字段，则可在检索式字段下拉菜单中进行选择。例如，要检索严运章发明的有关汽车方面的专利，可以在"检索式 1"中输入"严运章"，检索字段选择"发明人"，在"检索式 2"中输入"汽车"，检索字段选择"发明名称"，两检索式运算关系选择"AND"。

（3）菜单检索。

该功能可以提供多字段的检索，各字段之间的逻辑组配关系为 AND，键入各项相应的内容，然后点击"检索"按钮，即可以检索到结果，见图 5.1.3。

在专利数据库查询结果页面中继续查找信息，有两种选择：重新检索、在结果中检索。

2）逻辑符的使用

"且"的关系：空格、逗号、*、& 这四个符号（支持半角和全角）及"AND"都可以表示"且"的关系。例如，图 5.1.4 表示的运算关系为：（汽车 AND 雾灯）OR（汽车 AND 雾灯），表示在两个不同字段中检索。

"或"的关系：+、|、OR 都表示"或"的关系。

图 5.1.3

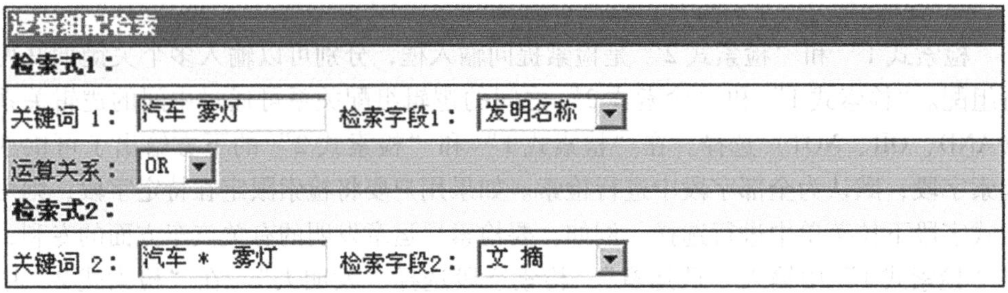

图 5.1.4

图 5.1.5 表示的运算关系为：（汽车 OR 卡车）OR（汽车 OR 卡车）第一个括号在发明名称中检索，第二个括号在文摘中检索。

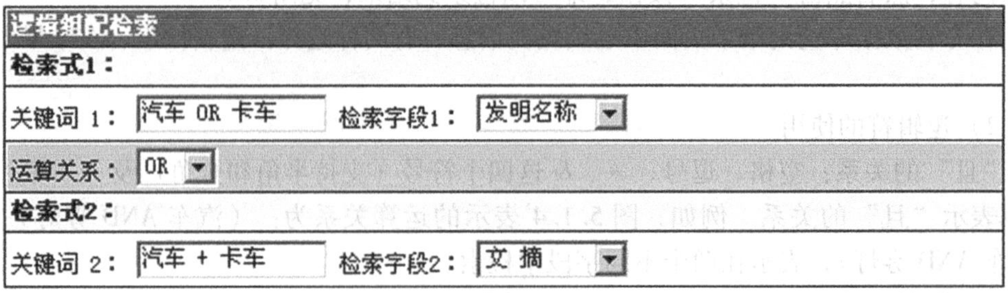

图 5.1.5

"非"的关系：减号（支持全角和半角）、"NOT"都表示"非"的关系。

图 5.1.6 表示的运算关系为：（燃油 NOT 柴油）AND（添加剂 OR 清洁剂）。

其中，"检索式 1"和"检索式 2"均在所有字段即全部字段中检索，然后"检索式 1"和"检索式 2"再进行"AND"运算。检索的结果列出的是从全部字段中不包含"柴油"的"燃油"，并且这些"燃油"中含有"添加剂"OR"清洁剂"。

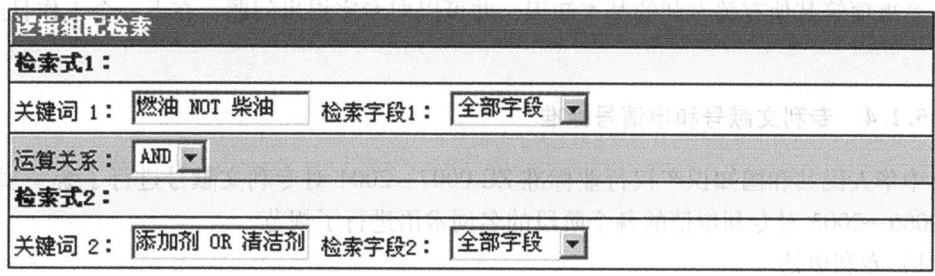

图 5.1.6

3）检索专利题录信息

在检索框内输入检索词后，显示检索命中的专利信息，点击专利名称，显示专利题录信息，见图 5.1.7。

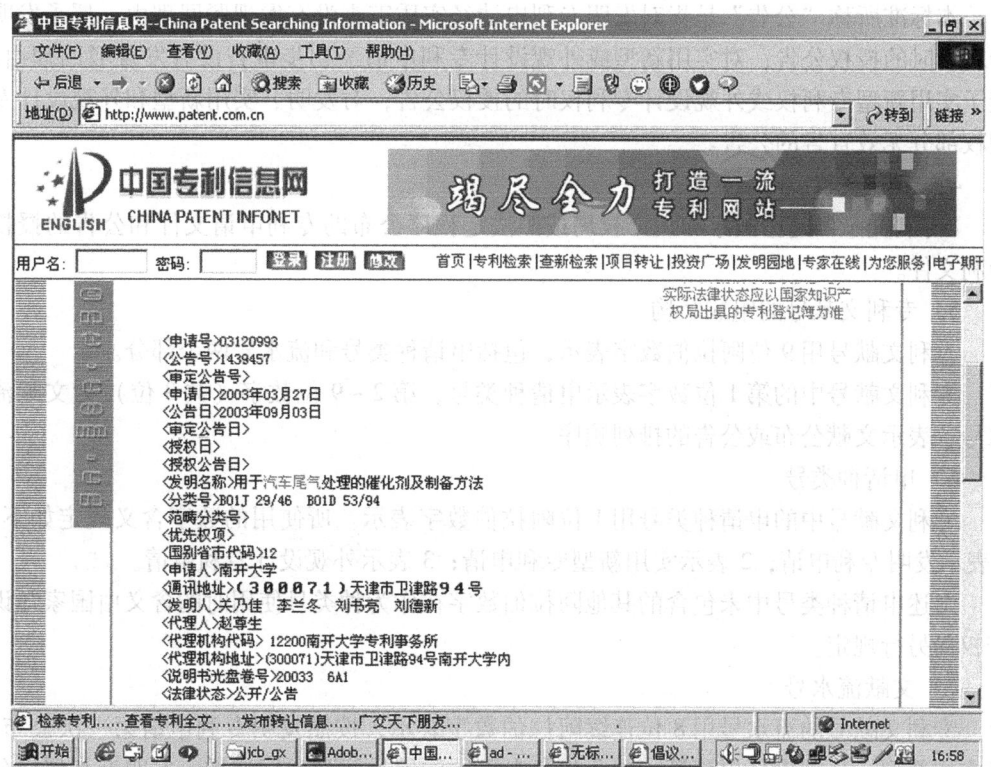

图 5.1.7

4）浏览专利文摘或全文

点击"专利名称"弹出"中文专利题录"或"文摘信息"界面，点击该界面上方的"浏览专利全文"按钮即可以调出该专利的全文，用户可以进行浏览和打印。

特别要注意在专利网页的下面有"专利知识问答"的链接，其内容包括专利的申请程序、专利申请表、IPC 大类号、收费标准、如何进行国际专利申请、申请费用、申请注意事项等其他有关专利的基本知识，并可以向专家提出问题，在下一个工作日给予答复。

5.1.4 专利文献号和申请号标准

中华人民共和国知识产权行业标准 ZC 0007—2004 对专利文献号进行了统一规范。ZC 0006—2003 对专利申请的各个阶段的名词术语进行了规范。

1）专利申请

"专利申请"包括发明专利申请、实用新型专利申请和外观设计专利申请。

2）公布

"公布"是指发明专利申请经初步审查合格后，自申请日（或优先权日）起 18 个月期满时的公布或根据申请人的请求提前进行的公布。

3）公告

本标准所称"公告"是指对发明专利申请经实质审查没有发现驳回理由，授予发明专利权时的授权公告；对实用新型或外观设计专利申请经初步审查没有发现驳回理由，授予实用新型专利权或外观设计专利权时的授权公告；对发明、实用新型和外观设计专利权部分无效宣告的公告。

4）专利文献

"专利文献"是指国家知识产权局按照法定程序公布的专利申请文件和公告的授权专利文件。

5）专利文献号的组成结构

专利文献号用 9 位阿拉伯数字表示，包括申请种类号和流水号两个部分。

专利文献号中的第 1 位数字表示申请种类号，第 2~9 位数字（共 8 位）为文献流水号，表示文献公布或公告的排列顺序

6）申请种类号

专利文献号中的申请种类号用 1 位阿拉伯数字表示。所使用的数字含义规定如下：1 表示发明专利申请；2 表示实用新型专利申请；3 表示外观设计专利申请。

上述申请种类号中未包含的其他阿拉伯数字在作为种类号使用时的含义由国家知识产权局另行规定。

7）文献流水号

专利文献号的流水号用 8 位连续阿拉伯数字表示，按照发明专利申请第一次公布，或实用新型、外观设计申请第一次公告各自不同的编号序列顺序递增。发明专利授权公告号沿用该发明专利申请在第一次公布时被赋予的专利文献号。

8）专利文献号与中国国家代码 CN，以及专利文献种类标识代码联合使用

中国国家代码 CN 和专利文献种类标识代码均不构成专利文献号的组成部分。然而，为了完整地标识一篇专利文献的出版国家，以及在不同程序中的公布或公告，应将中国国家代码 CN、专利文献号、相应的专利文献种类标识代码（参见 ZC 0008—2004《专利文献种类标识代码标准》）联合使用，联合使用的具体内容参见本标准附录。排列顺序应为：国家代码 CN、专利文献号、专利文献种类标识代码。如果需要，可以在国家代码 CN 与专利文献号、专利文献号与专利文献种类标识代码之间分别使用 1 位单字节空格。如下所示：

CN ××××××××× A
CN ××××××××× B
CN ××××××××× C
CN ××××××××× U
CN ××××××××× Y
CN ××××××××× S

（注：A、B、C、U、Y、S 为专利文献种类标识代码）

9）发明、实用新型、外观设计专利文献号

发明专利申请公布说明书申请公布号，例如：CN 1 00378905 A。不同专利申请应顺序编号，例如：CN 1 00378906 A。

发明专利申请公布说明书（扉页再版），例如：CN 1 00378905 A8。同一专利申请沿用首次赋予的申请公布号。

发明专利申请公布说明书（全文再版），例如：CN 1 00378905 A9。

发明专利说明书授权公告号，例如：CN 1 00378905 B，同一专利申请的授权公告号沿用首次赋予的申请公布号发明专利说明书（扉页再版），例如：CN 1 00378905 B8。

发明专利说明书（全文再版），例如：CN 1 00378905 B9。

发明专利权部分无效宣告的公告（第 1 次），例如：CN 1 00378905 C1。

发明专利权部分无效宣告的公告（第 2 次），例如：CN 1 00378905 C2。

实用新型专利说明书授权公告号，例如：CN 200364512 U，不同专利申请应顺序编号，例如：CN 200364513 U。

实用新型专利说明书（扉页再版），例如：CN 200364512 U8，同一专利申请的授权公告号沿用首次赋予的授权公告号。

实用新型专利说明书（全文再版），例如：CN 200364512 U9。

实用新型专利权部分无效宣告的公告（第 1 次），例如：CN 200364512 Y1。

实用新型专利权部分无效宣告的公告（第 2 次），例如：CN 200364512 Y2。

外观设计专利授权公告授权公告号，例如：CN 3 00123456 S。

不同专利申请应顺序编号，例如：CN 3 00123457 S。

外观设计专利授权公告（全部再版），例如：CN 3 00123456 S9，同一专利申请的授权公告号沿用首次赋予的授权公告号。

外观设计专利权部分无效宣告的公告（第 1 次），例如：CN 3 00123456 S1。

外观设计专利权部分无效宣告的公告（第 2 次），例如：CN 3 00123456 S2。

10) 专利申请号和校验码

专利申请号是指国家知识产权局受理一件专利申请时给予该专利申请的一个标识号码。校验位是指以专利申请号中使用的数字组合作为源数据经过计算得出的1位阿拉伯数字（0至9）或大写英文字母X。专利申请号用12位阿拉伯数字表示，包括申请年号、申请种类号和申请流水号三个部分。

按照由左向右的次序，专利申请号中的第1~4位数字表示受理专利申请的年号，第5位数字表示专利申请的种类，第6~12位数字（共7位）为申请流水号，表示受理专利申请的相对顺序。专利申请号中使用的每一位阿拉伯数字均为十进制。例如：200421290770。

专利申请号中的申请种类号用1位数字表示，所使用数字的含义规定如下：1表示发明专利申请；2表示实用新型专利申请；3表示外观设计专利申请；8表示进入中国国家阶段的PCT发明专利申请；9表示进入中国国家阶段的PCT实用新型专利申请。上述申请种类号中未包含的其他阿拉伯数字在作为种类号使用时的含义由国家知识产权局另行规定。PCT（Patent Cooperation Treaty）从名称上可以看出，专利合作条约是专利领域的一项国际合作条约。自采用巴黎公约以来，它被认为是该领域进行国际合作最具有意义的进步标志。但是，它主要涉及专利申请的提交，检索及审查以及其中包括的技术信息的传播的合作性和合理性的一个条约。PCT不对"国际专利授权"：授予专利的任务和责任仍然只能由寻求专利保护的各个国家的专利局或行使其职权的机构掌握（指定局）。PCT并非与巴黎公约竞争，事实上是其补充。它是在巴黎公约下只对巴黎公约成员国开放的一个特殊协议。建立一种国际体系，从而使以一种语言在一个专利局（受理局）提出的一件专利申请（国际申请）在申请人在其申请中（指定）的每一个PCT成员国都有效；PCT的目的是：①可以由一个专利局，即受理局对国际申请进行形式审查。②对国际申请进行国际检索，并出具检索报告说明相关的现有技术（与过去的发明相关的已出版的专利文献），在决定该发明是否具有专利性时可以参考该报告；该检索报告应首先送达申请人，然后公布。③对国际申请及其相关的国际检索报告，进行统一的国际公布并将其传送给指定局。④提供对国际申请进行国际初步审查的选择，供专利局决定是否授予专利权，并为申请人提供一份包含所要求保护的发明是否满足专利性国际标准的观点的报告。

11) 专利申请号与中国国家代码CN的联合使用

可以将中国国家代码CN与专利申请号联合使用，以表明该专利申请是由中国国家知识产权局受理。代码CN应位于专利申请号之前，如果需要，可以在CN与专利申请号之间使用1位单字节空格。

5.1.5 中华人民共和国国家知识产权局数据库

http://www.sipo.gov.cn，由中华人民共和国知识产权局建设。进入主页在屏幕的左侧设有导航栏目，内容有专利申请、专利审查、专利保护、专利代理、PCT专栏、集成电路、文献服务、图书期刊、信息产品、知识讲座、信息中心。

1) 输入检索词检索

(1) 输入网址,进入主页,点击"专利检索"中的高级检索,进入检索屏,见图 5.1.8。

图 5.1.8

(2) 选择专利类型。

可以分别选择三种专利类型进行检索,也可以全选。

(3) 在检索字段列表中输入检索词。例如:在发明名称中输入"雪橇",点击"确定",即可以执行检索。检索字段可以单选,也可以多选。三种专利类型检索命中的数量分别显示统计数据,在统计数据的下方列出记录号、申请号、专利名称。

(4) 点击任意一件专利的名称,可以显示此件专利的详细信息。

(5) 显示原文。在显示屏左面的导航目录中有"说明书全文共 N 页",点击即可以看到专利说明书的全文。

2) 用 IPC 分类号检索

进入主页点击"高级检索"后,在检索屏的右面点击"IPC 分类检索",显示 IPC 的八个部,点击其中的一个部,会显示部下面的大类,经过选择后依次点击,直到满意为止。也可以输入分类号检索,可实行模糊检索,模糊部分位于分类号起首或中间时应使用模糊字符"%",位于分类号末尾时模糊字符可省略。

检索实例:

已知分类号中包含 15/16,应键入"%15/16"。

已知分类号前三个字符和中间三个字符分别为 G06 和 5/1，应键入 "G06％5/1"。

已知分类号中包含 06 和 15，且 06 在 15 之前，应键入 "％06％15"。

以上介绍的是部分中国专利的检索系统，目前在网上可以免费检索的国外专利系统也较多，主要有：

http：//ep. espacent. com　欧洲专利局专利信息网。主要提供 EPO 和其 18 个成员国的国家专利局提供的专利信息。

http：//delphion. com　该检索系统是美国 IBM 公司和美国资本集团公司联合建设的 Delphion 公司，总部设在美国的芝加哥。目前可以提供免费检索的专利数据库包括：美国专利数据库、欧洲专利和专利申请数据库、PCT 专利申请数据库、日本专利文摘数据库、INPADOC 同族专利数据库和 IBM 技术披露通告。其中 INPADOC 同族专利数据库是世界上最大的综合性专利数据库，通过 INPADOC 同族专利和法律状态链接可以了解同一件专利在不同国家申请情况。这对于开展国际贸易工作带来非常重要的信息。

http：//www. uspto. gov/patft/index. htmi　由美国专利商标局建立，包括 1970 年以来的美国专利，每周二为专门公布日对当天数据库进行更新，提供美国专利检索，免费全文检索。

http：//www. uspto. gov/tmdb/index. html　提供美国商标检索，免费全文检索。

http：//www. ipdl. jpo – miti. go. jp　由日本专利局提供的日本专利数据库，收录 1994 年以来的公开的日本专利的题录和文摘，提供日语和英语两种检索界面，可以选择语种得到相应的文摘。

http：//patents1. ic. gc. ca　由加拿大专利局提供，收录 1975 年以来的加拿大专利，可以检索专利原文。

5.2　标准数据资源检索

标准为在一定范围内获得最佳程序，对活动或其要规定共同和重复使用的规定、指南或特性的文件。该文件经协商一致制定并经一个公认机构的批准。

标准是以科学技术和经验的综合成果为基础，并以促进最大社会效益为目的。标准是科学技术和各项管理研究工作成果的一种表现形式。标准文献以科学技术和实践经验为基础，经有关方面协商同意，由公认的机构批准，以特定的形式发布，其目的是获得最佳秩序和社会效益。它不仅是各项工作的依据，在进出口贸易的设备检验、装配维修，配制零部件等有着关键性的参考价值，也是国际贸易合作、商品检验的依据。它反映了一个国家、一个行业、一个部门的生产和管理工作的水平，通过对标准的分析，可以预测一个国家或某行业和发展水平及动向，是很重要的一个情报源。我们国家加入 WTO 后，我国的产品能否打入国际市场，标准的采用将起到决定性的影响。因此无论是科研单位、企业还是每一个人都要有强烈的标准意识，用国际的先进标准组织各项管理、各项生产，使各项事物的管理科学化、规范化、国际化。

国家标准的年限一般为 5 年，过了年限后，国家标准就要被修订或重新制定。此外，随着社会的发展，国家需要制定新的标准来满足人们生产、生活的需要。因此，标准是种动态信息。

5.2.1 标准基本知识

1) 标准的作用

(1) 标准化为科学管理奠定了基础。所谓科学管理，就是依据生产技术的发展规律和客观经济规律对企业进行管理，而各种科学管理制度的形式以标准化为基础。

(2) 促进经济全面发展，提高经济效益。标准化应用于科学研究，可以避免在研究上的重复劳动；应用于产品设计，可以缩短设计周期；应用于生产，可使生产在科学和有秩序的基础上进行；应用于管理，可促进统一、协调、高效率等。

(3) 标准化是科研、生产、使用三者之间的桥梁。一项科研成果，一旦纳入相应标准，就能迅速得到推广和应用。因此，标准化可使新技术和新科研成果得到推广应用，从而促进技术进步。

(4) 随着科学技术的发展，生产的社会化程度越来越高，生产规模越来越大，技术要求越来越复杂，分工越来越细，生产协作越来越广泛，这就必须通过制定和使用标准，来保证各生产部门的活动，在技术上保持高度的统一和协调，以使生产正常进行，所以我们说标准化为组织现代化生产创造了前提条件。

(5) 促进对自然资源的合理利用，保持生态平衡，维护人类社会当前和长远的利益。

(6) 合理发展产品品种，提高企业应变能力，以更好地满足社会需求。

(7) 保证产品质量，维护消费者利益。

(8) 在社会生产组成部分之间进行协调，确立共同遵循的准则，建立稳定的秩序。

(9) 在消除贸易障碍，促进国际技术交流和贸易发展，提高产品在国际市场上的竞争能力方面具有重大作用。

(10) 保障身体健康和生命安全，大量的环保标准、卫生标准和安全标准制定发布后，用法律形式强制执行，对保障人民的身体健康和生命财产安全具有重大作用。

2) 标准文献的特点

(1) 标准文献的审批、颁布都有严格的程序。它是在科学实践的基础上，经过科学研究和反复论证提交到专业分技术委员会审核，再经过专业主管技术委员会审批，然后上报国家主管部门批准和颁布。经过颁布的标准具有法律的约束力。我国在1988年12月颁布了《中华人民共和国标准法》。

(2) 我国的标准趋于统一，走向国际化。

(3) 标准文献的检索工具和原文自成体系，单独发行。

(4) 标准文献具有时间性。一般的标准在3~5年重新修订，以保持其先进性。

3) 标准的类别

按使用的内容范围进行划分有三类：

(1) 技术标准。

对标准化领域中需要协调统一的技术事项所制定的标准。包括6个方面的内容：

①基础标准：指在一定范围内作为其他标准的基础并普遍使用，具有广泛指导意义

的标准。如：为统一技术语言而制定的名词、术语、符号、代号、标志、方法、齿轮模数、公差配合、形位公差、基本参数、系列型谱等。

②产品标准：指为保护产品的使用性，对产品必须达到的某些或全部要求所制定的标准。包括品种、技术要求、试验方法、检验规则、包装、标志、运输、贮存。

③方法标准：指以试验检查、分析、抽样、统计、计算、测定、作业等各种方法为对象而制定的标准。

④卫生标准：保护人的健康，为食品、医药及其他方面的卫生要求而制定的标准。

⑤环境保护标准：为保护环境和有利于生态平衡对大气、水质、土壤、噪声、震动等环境质量、污染源、检测方法及其他事项制定的标准。

⑥安全标准：以保护人和物的安全为目的而制定的标准。

（2）管理标准。

指对标准化领域中需要协调统一的管理事项所制定的标准。包括基础管理、经济管理、生产管理、技术管理、质量管理、物资管理、安全管理、环境保护管理、行政管理等。具体内容包括管理的术语、符号、图形、代码、生产率与利润、计划与核算、财务与审计、工时定额、生产组织等。

（3）工作标准。

指对标准化领域中，需要协调统一的各类人员的工作事项所制定的标准。包括基础工作、工作质量、工作程序、工作方法等。

4）标准的分级及代号

按采用范围可划分为以下几种：

（1）国际标准。

国际标准是指国际标准化组织（ISO）、国际电工委员会（IEC）和国际电信联盟（ITU）所制定的标准，以及 ISO 为促进《关贸总协定——贸易技术壁垒协议》即标准守则的贯彻实施所出版的《国际标准题内关键词索引（KWIC Index）》中收录的其他国际组织制定的标准。ISO 希望该索引能作为执行 GWTT/TBT 标准守则的国际标准的权威性目录予以接受，尽可能接受该目录作为成员国本国国家标准和技术法规的基础。所列国际组织，根据 ISO 第 2 号指南的定义，均属于国际标准化机构，但它们所发布的文件并不一定都可作为国际标准，只有经 ISO 认可并收入 KWIC 索引中的标准文件才被确认为国际标准。

1983 年 3 月出版的 KWIC 索引（第一版）中共收录了 24 个国际组织制定的标准 7 600 个，其中 ISO 标准占 68%，IEC 标准占 18.5%，其他 22 个国际组织的标准共 968 个，占 13.5%。1989 年出版的 KWIC 索引（第二版）共收录了 ISO 与 IEC 制定的 800 个标准，以及其他 27 个国际组织的 1 200 多条标准。

国际标准的代号例如：

ISO 312—98　　　　IEC 108—99

IEC 代表的标准内容范围是电工类，其他所有的标准都在 ISO 所辖范围内。国际标准化组织（International Organization for Standardization）成立于 1946 年 10 月 14 日，负责国际标准的制定，协调国际标准及国家标准，是联合国的甲级咨询组织，目前有 88

个成员国。ISO 国际标准化组织下设有 TC266 个技术委员会，SC747 个分技术委员会，WG2 500 个工作组。IEC 的工作涉及电工技术的各个领域，共有 44 个成员国，下设 79 个技术委员会（TC）和 127 个分技术委员会（SC）负责协调和制定标准。国际标准每 5 年将重新审定一次。我国于 1978 年 9 月加入 ISO 组织。

（2）国家标准。

国家标准由国务院标准化行政主管部门制定的需要全国范围内统一的技术要求，称为国家标准。国家标准的代号由大写汉字拼音字母构成，强制性国家标准代号为"GB"，推荐性国家标准的代号为"GB/T"。国家标准的编号由国家标准的代号、标准发布顺序号和标准发布年号，四位数组成，示例如下：

①强制性国家标准。

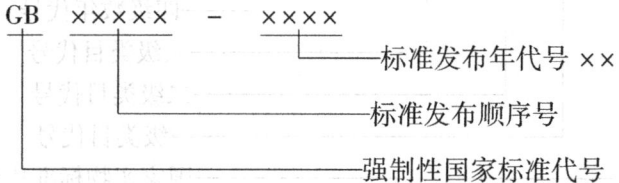

强制标准范围主要是保障人体健康，人身、财产安全的标准和法律、行政法规规定强制执行的标准。对不符合强制标准的产品禁止生产、销售和进口。根据《标准化法》之规定，企业和有关部门对与其经营、生产、服务、管理有关的强制性标准都必须严格执行，任何单位和个人不得擅自更改或降低标准。对违反强制性标准而造成不良后果以至重大事故者由法律、行政法规规定的行政主管部门依法根据情节轻重给予行政处罚，直至由司法机关追究刑事责任。

强制性标准是国家技术法规的重要组成，它符合世界贸易组织贸易技术壁垒协定关于"技术法规"定义，即"强制执行的规定产品特性或相应加工方法的包括可适用的行政管理规定在内的文件。技术法规也可包括或专门规定用于产品、加工或生产方法的术语、符号、包装标志或标签要求"。为使我国强制性标准与 WTO/TBT 规定衔接，其范围要严格限制在国家安全、防止欺诈行为、保护人身健康与安全、保护动物植物的生命和健康以及保护环境五个方面。

②推荐性国家标准。

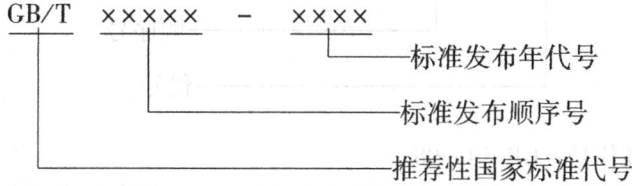

推荐性标准是指导性标准，基本上与 WTO/TBT 对标准的定义接轨，即"由公认机构批准的，非强制性的，为了通用或反复使用的目的，为产品或相关生产方法提供规则、指南或特性的文件。标准也可以包括或专门规定用于产品、加工或生产方法的术语、符号、包装标准或标签要求"。推荐性标准是自愿性文件。

推荐性标准由于是协调一致文件，不受政府和社会团体的利益干预，能更科学地规定特性或指导生产，《标准化法》鼓励企业积极采用，为了防止企业利用标准欺诈消费者，要求采用低于推荐性标准的企业标准组织生产的企业向消费者明示其产品标准水平。

③国家实物标准（样品），由国家标准化行政主管部门统一编号，编号方法为国家实物。

标准代号（为汉字拼音大写字母"GSB"）加《标准文献分类法》的一级类目、二级类目的代号及二级类目范围内的顺序、四位数年代号相结合的办法，如：

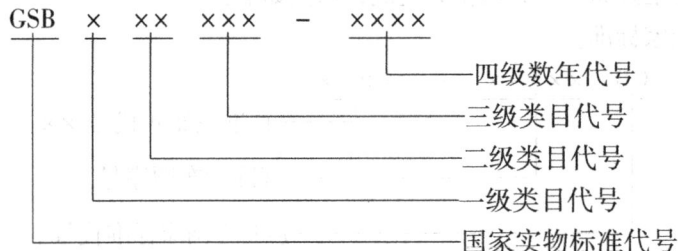

④标准化指导性技术文件。

标准化指导性技术文件是为仍处于技术发展过程中（为变化快的技术领域）的标准化工作提供指南或信息，供科研、设计、生产、使用和管理等有关人员参考使用而制定的标准文件。

符合下列情况可判定指导性技术文件：

Ⅰ．技术尚在发展中，需要有相应的标准文件引导其发展或具有标准价值，尚不能制定为标准的；

Ⅱ．采用国际标准化组织、国际电工委员会及其他国际组织的技术报告。

国务院标准化行政主管部门统一负责指导性技术文件的管理工作，并负责编制计划、组织草拟、统一审批、编号、发布。

指导性技术文件编号由指导性技术文件代号、顺序号和年号构成。

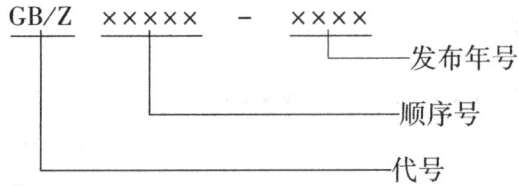

中国国家标准代号：GB214—98

美国国家标准代号：ANSI D 209—78（R1980） D 代表标准的分类号，R1980 表示在 1980 年重新确认

英国国家标准代号：BS 301—97

日本国家标准代号：JIS A 322—96

全俄国家标准代号：ГOCT 187—98

法国国家标准代号：NF B 232—97
德国国家标准代号：DIN 333—94

（3）行业标准。

由国务院各有关行政主管部门提出其所管理的行业标准范围的申请报告，国务院标准化行政主管部门审查确定并正式公布该行业标准代号。已正式公布的行业代号见表5.2.1。

表 5.2.1

序号	行业标准	行业标准代号	序号	行业标准名称	行业标准代号
1	教育	JY	30	金融系统	JR
2	医药	YY	31	劳动和劳动安全	LD
3	煤炭	MT	32	民工民品	WJ
4	新闻出版	CY	33	核工业	EJ
5	测绘	CH	34	土地管理	TD
6	档案	DA	35	稀土	XB
7	海洋	HY	36	环境保护	HJ
8	烟草	YC	37	文化	WH
9	民政	MZ	38	体育	TY
10	地质安全	DZ	39	物资管理	WB
11	公共安全	GA	40	城镇建设	CJ
12	汽车	QC	41	建筑工业	JG
13	建材	JC	42	农业	NY
14	石油化工	SH	43	水产	SC
15	化工	HG	44	水利	SL
16	石油天然气	SY	45	电力	DL
17	纺织	FZ	46	航空	HB
18	有色冶金	YS	47	航天	QJ
19	黑色冶金	YB	48	旅游	LB
20	电子	SJ	49	商业	SB
21	广播电影电视	GY	50	商检	SN
22	铁路运输	TB	51	包装	BB
23	民用航空	MH	52	气象	QX
24	林业	LY	53	卫生	WS
25	交通	JT	54	地震	DB
26	机械	JB	55	外经贸	WM
27	轻工	QB	56	海关	HS
28	船舶	CB	57	邮政	YZ
29	通信	YD			

行业标准代号，如 LY123—98

国际上有一些著名的行业标准被许多国家采用，如：

美国测试与材料协会标准代号：*ASTM D 1636—75a

*号表示此标准已被美国国家标准采用；a 表示在 1975 年第二次修改；d 或 c 表示在第三次或第四次修改；在年代后加 T，表示在当年公布的暂行标准；在年代后加括号注新的年代，表示此标准于括号所加年代被正式确认，如 ASTM A34—70（1976）。

美国测试与材料协会标准在世界上享有盛名，主要制定各种材料的性能和试验方法的标准。从 1973 年起，扩大了业务范围，开始制定关于产品、系统和服务领域的试验方法标准。除此之外，美国还有一些标准，如 ASME 是美国机械工程师协会为发展机械工程及有关领域的科学技术制定的机械规范和标准；IEEE 是美国电气电子工程师学会制定的电气与电子设备、试验方法、元器件、符号、定义及测试方法等标准；UL 是美国保险商实验所制定的安全标准，这是一个美国具有权威的保险机构，UL 标准的 3/5 为 ANSI 采用。

（4）企业标准。

企业标准是企业生产的产品没有国家标准、行业标准和地方标准，由企业制定的作为组织生产的依据的相应的企业标准，或在企业内制定适用的严于国家标准、行业标准或地区标准的企业（内控）标准，由企业自行组织制定的并按省、自治区、直辖市人民政府的规定备案（不含内控标准）的标准，称为企业标准。

代号：QB/企业代码 12—98　　企业代码可以自行规定

（5）地方标准。

地方标准是没有国家标准和行业标准而又需在省、自治区、直辖市范围内统一的工业产品的安全、卫生要求，由省、自治区、直辖市标准化行政主管部门制定并报国务院标准化行政主管部门和国务院有关行业行政主管部门备案的标准，称为地方标准。适用范围仅限地方内。

代号：DB/地区代码 12—97　　地区代码要查国家标准

这几类标准主要是适用范围不同，不是标准技术水平高低的分级。

5.2.2　标准文献检索

1）中国国家标准检索

1978 年 5 月成立国家标准局，1988 年国家的标准局、计量局、国家经委质量局合并成立国家技术监督局，主管全国标准化工作。从 1980 年起在全国建立了各专业的技术委员会和分技术委员会，分头负责本专业领域的标准化技术组织与归口工作。表 5.2.2 是部分与林业有关的技术委员会和分技术委员会的代号和负责单位。

表 5.2.2

TC	SC	委员会名称	秘书处所在地
TC41	SC1	木材	中国林业科学研究院
	SC2	木材基础	黑龙江省林业科学院研究所
	SC3	原木　锯材	

续表 5.2.2

TC	SC	委员会名称	秘书处所在地
TC61	SC1	林业机械	哈尔滨林业机械研究院
	SC2	便携式林业机械	南京林业大学
	SC3	自行式林业机械	东北林业大学
TC66		人造板机械	北京林业机械研究院
TC84		木工机床及刀具	福州木工机床研究院

中国国家标准的检索步骤：

已知课题内容→标准分类（检索出分类号）→标准检索工具（检索出 GB 号）→标准原件。

（1）标准分类。

检索标准首先要在《中国标准文献分类法》一书中找出分类号。我国标准文献分成 24 个大类，每个类目用大写的英文字母表示，小类用数字表示。例如，B70 表示人造板的标准分类号。中国国家标准分类中的一级分类见表 5.2.3。

表 5.2.3

A	综合	N	仪器、仪表
B	农业、林业	P	工程建设
C	医药、卫生、劳动保护	R	公路、水路运输
D	矿业	Q	建材
E	石油	S	铁路
F	能源、核技术	T	车辆
G	化工	U	船舶
H	冶金	V	航空、航天
J	机械	W	纺织
K	电工	X	食品
L	电子元器件与信息技术	Y	轻工、文化与生活用品
M	通信、广播	Z	环境保护

（2）标准检索工具。

标准的检索工具是按分类号排序。已知分类号后，在检索工具书中检出 GB 号。检索工具书要用最新版本的。目前出版的几种书都可以利用。

《中华人民共和国国家标准目录总汇》，是报道我国标准文献的检索工具。可以从此书中检索出标准号。

《中华人民共和国强制性国家标准目录》，可以检索国家强制性标准号。

《中国标准化年鉴》，由国家技术标准局编，1985 年创刊，每年一本。

无论哪种检索工具，其著录格式基本相同，要利用最新版本进行检索。标准检索工具的著录格式见表 5.2.4。

表 5.2.4

专业分类	标准号	中文名称	标准类别	标准水平	采用关系	标准属性
A22	GB7093.1—86	图形符号表示规则总则	TJ	B	ISO3461-76 NEQ	ST

标准类别代码的含义：
CP 产品标准　　　　　CF 产品方法标准　　　CJ 产品基础标准
CZ 产品质量标准　　　TA 通用安全标准　　　TW 通用卫生标准
CA 产品安全标准　　　CW 产品卫生标准　　　CQ 产品其他标准
TJ 通用基础标准　　　TF 通用方法标准　　　GL 管理标准
HB 环保标准　　　　　JG 建设工程标准　　　QT 其他工程标准

标准水平代码的含义：
A 国际先进标准　　　B 国际一般标准　　　C 国内先进标准

标准属性代码的含义：
QB 强制性标准　　　ST 推荐性标准　　　HB 经清理整顿降为行业标准

采用关系代码的含义：
IDT 表示等同关系　　EQV 表示等效标准　　NEQ 表示非等效标准

(3) 获取标准文献原件。

检索出 GB 号后，在《中国国家标准汇编》中查出原文。《中国国家标准汇编》一书收集了公开发行的全部现行国家标准，由中国标准出版社出版，从 1983 年起每年出版数册，连续编号。每一本书按标准序号的大小编排。如果知道标准号就可以直接检索出原文。我国的标准每 5 年重新审定一次，修改后的标准，其标准号的序号不变，年代改变，如：

GB128—85

GB128—90

在检索修改后的标准原件时，一定要注意利用修订本，修订本单独出版。另外我国报道标准原件的工具书还有一些按特定需要编辑出版的汇编，如《公共信息总汇》集中了所有公共信息的标准图示、《机床标准汇编》收集了机床的标准原文、《林业标准汇编》收集了林业标准的原文。

2) 国际标准的检索

(1) 国际标准的检索工具。《ISO Catalogue》国际标准目录，有英文版和中译本。在检索工具书中检索出 ISO 号。国际标准目录按类编排，国际标准分类中的一级类目见表 5.2.5。

《Catalogue of IEC Publications》国际电工委员会出版物目录，主要检索 IEC 标准号，由 IEC 中央办公室以英、法两种文字编辑出版，年刊。此书有目次表，按 TC 号顺序编排，TC 号后面列出标准的名称和页码。正文后面附有主题索引，著录有标准号和说明语,再利用"IEC 出版物顺序表"可以检索出标准的名称和内容。

《IEC Yearbook》IEC 年鉴,由 IEC 中央办公室以英、法两种文字编辑出版。

《IEC 国际电工标准目录》中译本。

IEC 标准号有几种书写格式,如下:

IEC 253-1—1998 其中 1 表示第一部分

IEC234A—1990 其中 A 表示补充标准

(2)国际标准原文的获取。《国际标准汇编》是检索国际标准原文的工具书。

表 5.2.5

01 综合、术语、标准化	53 材料储运设备
02 社会学、服务、公司(企业)的组织和管理、行政、运输	55 货物的包装和调运
07 数学、自然科学	59 纺织和皮革技术
11 医药卫生技术	61 服装技术
13 环境和保健、安全	65 农业
17 计量学和测量、物理现象	67 食品技术
19 实验	71 化工技术
21 机械系统和通用部件	73 采矿和矿产品
25 机械制造	75 石油及相关技术
27 能源和热传导工程	77 冶金
29 电气工程	79 木材技术
31 电子学	81 玻璃和陶瓷技术
33 电信	83 橡胶和塑料工业
35 信息技术、办公设备	85 造纸技术
37 成像技术	87 涂料和颜料工业
39 精密机械、珠宝	91 建筑材料和建筑物
43 道路车辆工程	93 土木工程
45 铁路工程	95 军事工程
47 造船和海上建筑物	97 服务业、文娱、体育
49 航空器和航天器	

5.2.3 中国标准网

中国标准网免费向社会开放,有着丰富的信息资源。有中国国家标准、国际标准信息的检索,还有与 11 个国际标准网站的链接。网站的信息资源具有权威性和完整性,保证标准信息的时效性。标准文本的服务方式有文本复印、文本传真、电子文本传输、标准文本邮寄。中国标准网 http://www.zgbzw.com。

1)检索方法

(1)输入网址进入主页,点击"高级检索"进入检索屏,见图 5.2.1。

(2)在对话框内输入检索词。

(3)点击"查询",显示检索命中的标准名称和标准号。

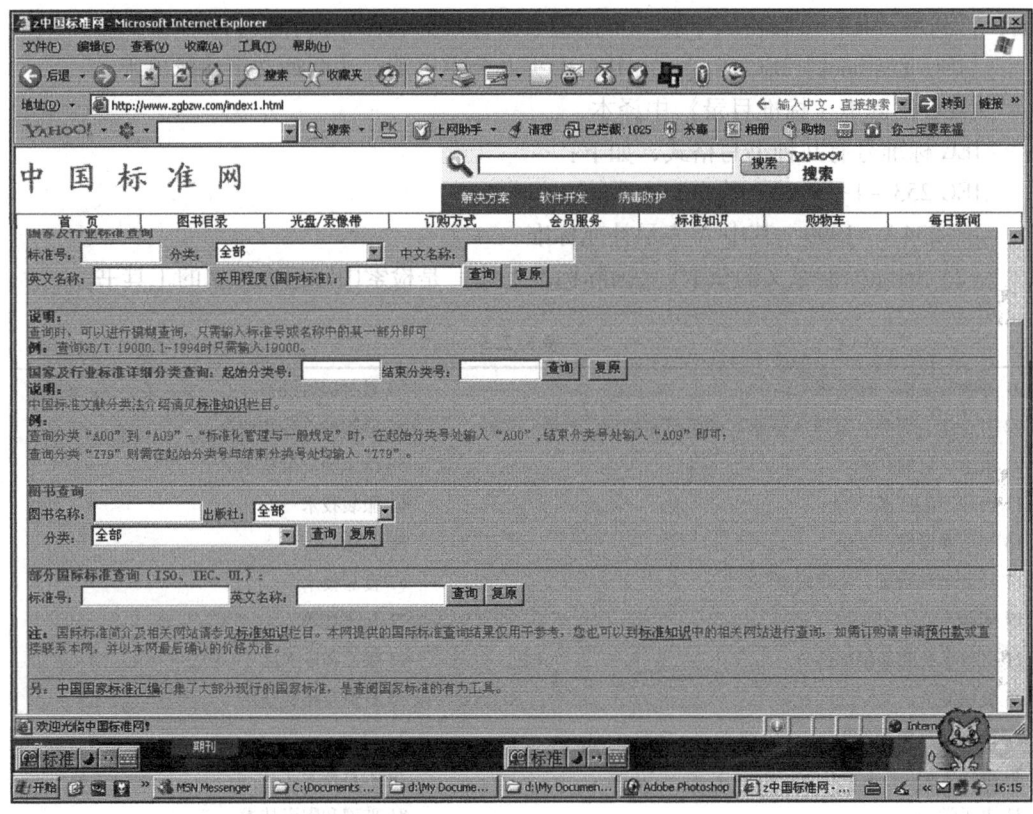

图 5.2.1

(4) 点击"标准号",可以看到详细信息,但是没有原文,原文要与数据库中心联系,请求复印检索屏有四个检索区:

第一个检索区可以用 GB 号和关键词进行检索;

第二个检索区可以用分类号进行检索;

第三个检索区可以检索标准的图书;

第四个检索区可以用 ISO 号和关键词检索国际标准。

2) 检索技术

(1) 用 GB 号或关键词检索。

利用第一个检索区进行检索,需要选择检索的学科范围,把下拉的目录打开,选择一个学科,然后输入关键词检索。

例如,检索 GB/T 19000.1—1994 标准的详细内容,只要在标准号检索对话框内输入 19000 点击"查询"。

检索"林业机械"的标准,首先选择学科"林业",然后在标准名称对话框内输入"林业机械",点击"查询"。

(2) 用分类号检索。

标准的分类号可以在网上检索,点击"标准知识"——查看中国标准文献分类法,点击"查看详细分类",选择标准所属的类目。然后利用第二个检索区进行检索。

例如：检索环境保护类的国家标准共有多少件，可以检索出环境保护类的标准分类号是 Z00～Z79，在检索对话框内起始分类号输入 Z00，在结束分类号中输入 Z79，点击查询。

（3）用 ISO 号或英文主题词检索。

在第四个检索区的对话框内输入 ISO 号。例如：检索 ISO203—1998 标准，在输入框内输入 203 即可。

检索国际标准要输入英文的主题词，例如：检索"tools"国际标准，点击"查询"即可以检索出相关的国际标准。

5.2.4 中国标准标志网

在某些情况下需要检索一些图形标志，包括颜色，可以利用中国标准标志网。检索方法如下：

（1）输入网址：http：// www. china_ gb_ bz. com；

（2）点击"国家标准标志"，进入检索屏，见图 5.2.2；

图 5.2.2

（3）页面左面有标准标志分类检索目录，直接点击即可进行分类检索，也可以在对话框内输入检索词检索。

5.2.5 中国标准服务网

中国标准服务网由中国标准化研究院标准馆管理和维护，全面提供国内外标准化信息，并依托中国标准化研究院标准馆丰富的馆藏资源和人力资源，向用户提供标准信息查询服务、标准全文提供服务、标准图书销售和订购服务以及各类咨询服务。

中国标准化研究院标准馆是国家重点支持、面向全国的国家级标准文献服务中心，是国家科技图书文献中心标准分站点，是全国最大的标准收藏中心，其标准文献收藏量为全国之最。经过近半个世纪的充实和发展，建立了规模浩大、门类齐全的标准文献资源中心。藏有60多个国家、70多个国际和区域性标准化组织、450多个专业协（学）会的成套标准以及全部中国国家标准和行业标准，收集了160多种国内外标准化期刊和7 000多册标准化专著，并与30多个国家及国际标准化机构建立了长期、稳固的标准资料交换关系，还作为一些国外标准出版机构的代理，从事国外及国际标准的营销工作。同时拥有一支长期从事标准收集、加工、研究和咨询服务的专家队伍，不仅拥有丰富的标准化工作经验，而且了解标准化发展的最前沿信息。

中国标准服务网采用网员制服务形式。如果您不注册成为本网站的网员，将只能浏览部分信息和检索部分标准数据库。该系统网址 http：//www.cssn.net.cn。

1) 数据库内容

中国标准服务网提供用户检索查询的数据库有：国家标准（GB），国家建设标准（GBJ），中国70余个行业标准，台湾地区标准，技术法规；国际标准（ISO），国际电工标准（IEC），国际电信联盟标准（ITU），欧洲标准（EN），欧共体法规（EC），欧洲计算机制造商协会标准（ECMA），欧洲电子元器件协会标准（CECC）；德国标准（DIN），英国标准（BS），法国标准（NF），日本工业标准（JIS），美国标准（ANSI），澳大利亚国家标准（AS），加拿大标准协会标准（CSA），加拿大通用标准局标准（CGSB）；美国铝协会标准（AA），美国国家公路与运输商协会标准（AASHTO），美国船舶局标准（ABS），美国音频工程协会标准（AES），美国煤气协会标准（AGA），美国齿轮制造商协会标准（AGMA），美国航天工业协会标准（AIA），美国航空与航天协会标准（AIAA），美国信息与图像管理协会标准（AIIM），美国核协会标准（ANS），美国国家标准协会标准（ANSI），美国石油协会标准（API），美国空调与制冷学会标准（ARI），美国航空无线电设备公司标准（ARINC），美国声协会标准（ASA），美国加热、制冷与空调工程师协会标准（ASHRAE），美国机械工程师协会标准（ASME），美国质量控制协会标准（ASQ），美国卫生工程协会标准（ASSE），美国材料与试验会标准（ASTM），美国焊接协会标准（AWS），美国建筑小五金制造商协会标准（BHMA），美国冷却塔学会标准（CTI），美国电子工业协会标准（EIA），美国通用汽车标准（GM），美国照明工程学会标准（IEEE），美国连接电子学工业协会标准（IPC），美国仪器、系统与自动化协会标准（ISA），美国阀门及配件工业制造商协会标准（MSS），美国全国腐蚀工程师协会标准（NACE），美国电气制造商协会标准（NEMA），美国国家信息标准协会标准（NISO），美国全国卫生基金会标准（NSF），美国制管学会标准（PFI），美国电阻焊接机制造商协会标准（RWMA），美国机动工程师协会标准（SAE），美国电影与电视工程师协会标准（SMPTE），美国钢结构油漆委员标准（SSPC），美国保险实验室协会标准（UL），美国联邦军用标准（DOD），美国军用标准（MIL）及德国 工程师协会标准（VDI）。

2）检索方法

进入系统点击标准检索，该数据库提供 6 种检索途径，即标准分类检索、标准高级检索、电子资源检索、地方标准库检索、期刊检索、图书检索。

（1）标准分类检索。

分类检索包括 ICS 和中标检索。ICS 检索是以国际标准分类号作为入口点进行检索，国际标准分类号是从 01 大类到 97 大类，共设三级类目。点击其中某一大类显示该类目下的二级类目，点击二级类目显示三级类目，在三级类目下显示该类目所属的全部标准号和中英文名称。中标检索是以中国标准分类号作为检索入口点进行检索。中国标准分类号是从 A 大类到 Z 大类共设 24 个大类。检索方法同 ICS 相同，不用输入检索词，逐层点击即可。

（2）标准高级检索。

高级检索分为现行库和作废库，可以进行选择。检索屏是菜单式。

检索步骤是首先进行数据库的种类选择，包括国内标准、国际标准和全部标准。国内标准包括国家标准和行业标准。然后在不同的字段中输入检索词，各检索对话框可以进行逻辑"与"和逻辑"或"的组配。该检索界面可以进行国家标准和国际标准的分类检索。检索方法是在中标分类对话框右侧点击"请选择"按钮，显示中国国家标准的分类号，选择其中一个类目，即可以进行检索。同样在国际分类号的右侧点击"请选择"按钮，显示国际标准的分类号，选择其中一个类目即可以进行检索。

（3）地方标准库检索。

地方标准库首先进行选择地区名称，然后选择其中的标准号、中文标题、被替代标准、采用关系、中标分类号等 5 个不同的字段进行选择检索。

除上面介绍的检索途径外，还可以进行有关标准期刊和标准图书以及标准电子资源的检索。该数据库提供的检索途径和可以检索的字段比较全面，提供的数据覆盖了各类标准。

（4）其他标准信息检索。

除上面介绍的三种检索方法以外，该系统还设有电子资源检索、期刊检索和图书检索。这些资源都是中国标准化研究院标准馆搜集的标准化期刊、标准化专著以及国外交换的标准资料。

5.2.6 中国强制性标准全文总库

以上介绍的标准检索系统在网络上都不提供原文，可以预订或购买。在获取标准原件时要利用图书馆的《中国国家标准汇编》进行查找。东北林业大学图书馆的主页上设有中国强制性标准全文总库，可以检索到部分标准的原文。

中国强制性国家标准全文检索总库是一套新编的，大型强制性国家标准汇编数据库。该库汇编收集了国家质量监督检验检疫总局确认的全部 3 000 多项强制性国家标准。

其检索系统具有方便强大的检索功能，提供两种检索方式即初级检索和高级检索。初级检索适用于快速的、单一条件的检索，高级检索提供多条件详细查询。两种检索方式可以通过系统右上角的"初级检索"、"高级检索"链接进行切换。

数据库分为 4 个区，即分类导航区、检索区、显示结果区和详细记录并打开原文区。

1）初级检索方法

（1）分类导航区。

分类导航区按标准分类法中的 24 个类目进行导航，在检索时不用输入检索词，可以直接点击某一个类目，即可以显示该类的全部标准名称目录，点击某一个标准名称，在页面的下方即显示其该标准的详细记录，点击 PDF 全文，即可以在线打开全文。

（2）检索区。

检索区设有检索项、检索词、时间选择、记录数和排序。检索项是必选项，包括篇名、标准编号、全文、颁布日期、实施日期和颁布部门。常用的是篇名（即标准名称）和标准编号（即标准号）。检索词是必填项，按所选择的检索项输入检索词。其他项目可以默认也可以根据需要进行选择。

（3）显示结果区和打开原文。

检索结果显示的是标准名称和颁布时间，点击某一标准名称，在显示屏下方显示该件标准的详细记录，点击"PDF 全文"链接，系统弹出一个新窗口，里面显示标准的全文。在全文显示页面中可以对原件进行复制、拷贝、剪切等。原文中的 UDC 是国际标准的分类号。

检索实例：搜索所有标准的名称中含有"食品"的标准，年份设定在 1999 年到 2004 年期间，首先，从检索项下拉框中选择"标准名称"，在检索词中写入"食品"，然后在年份的第一个下拉框中选择 1999，在第二个下拉框中选择 2004，然后在下方的标准库里点击"全选"，表示选择所有标准库，再点击"检索"按钮，即可检出所需要的标准。

2）高级检索

如果想多个条件的详细查询，可以使用高级检索。点击"高级检索"链接，切换到高级检索界面，高级检索可进行多个条件联合检索。在逻辑选框中可以选择"并且""或者""不包含"的逻辑关系。填写完条件后，按"检索"按钮进行检索。检索结果列表和初级结果相似。

5.3 会议信息检索

会议文献指由各学术团体、学术机构召开的学术会议发表的论文。许多学科中的新发现、新进展、新成就以及所提出的新研究课题和新设想，都以会议论文的形式首次在学术会议上发布。会议信息是国内外情报学界公认的重要情报源之一。会议信息主要包括会议预报性信息和会后出版物的信息。检索会议信息可以利用检索工具书，也可以利用光盘数据库和 Internet 网络数据库检索。

5.3.1 World Meetings 检索工具的利用

1）概述

《World Meetings》世界会议由美国世界会议情报中心股份公司编辑，该书主要报道两年内将要召开的国际学术会议消息。是会议预报性检索工具。报道的内容范围有自然科学、工程技术、医学、社会科学，目前出版四个分册，为季刊。四个分册如下：

（1）《World Meetings：United States & Canada》，1963 年创刊。主要报道美国和加拿大召开的会议消息。

（2）《World Meetings：Outside United States & Canada》1968 年创刊。报道美国和加拿大以外国家召开的会议消息。

（3）《World Meetings：Medicine》1978 年创刊。报道医学会议消息。

（4）《World Meetings：Social & Behavioral Science Education & Management》1971 年创刊。报道社会与行为科学、教育与管理。

2）编排结构与著录格式

《World Meetings》全书由索引和正文两大部分组成。其编排顺序为：Keyword Index、Date Index、Location Index、Publication Index、Deadline Index，这五个索引编在全书的前面，然后是正文，正文后面有 Sponsor directory and Index。

（1）Keyword index 该索引按关键词的英文字顺编排，如果用会议的主题词来检索会议的消息，可以用此索引。例如检索"计算机"方面的会议消息，利用关键词索引首先找出文摘号，然后到正文中看详细内容。关键词索引的著录格式如下：

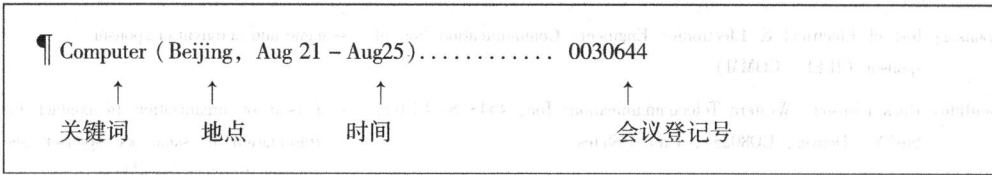

索引中有两个符号：¶ 表示此次会议消息首次报道；
§ 表示会议消息有变化；
无标记：表示正常收录的会议消息。

（2）Date Index 会议日期索引按年、月、日顺序编排，如果要检索 2000 年 8 月将要在北京召开的会议消息，可以利用日期索引，按日期的顺序，再阅读会议召开的地址。其著录格式如下：

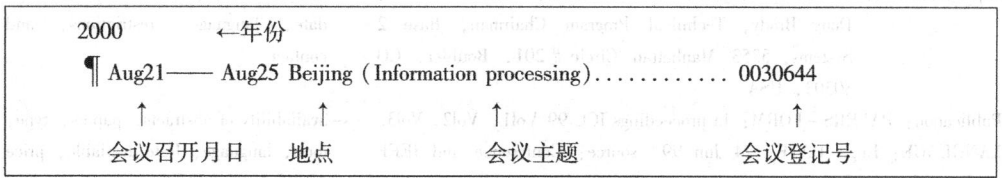

（3）Location Index 地点索引按国家代码的英文字顺排列，同一个国家再按城市地名字顺排列。如果要检索将要在北京召开的会议消息，可以利用此索引检索，其著录格式如下：

```
              ↓ 地点
              Beijing
                ¶ Information processing, Aug21 ——Aug25 . . . . . . . . . . 0030644
                            ↑ 关键词            ↑ 时间              ↑ 登记号
```

（4）Publication Index 出版物索引按关键词字顺排列，并在关键词后面注明出版物出版的形式。如果没有出版物，在此索引中不作报道。

```
                § Information processing（papers & proceedings）. . . . . . . . . . . . 0030552
                     ↑关键词           ↑论文与会议录                  ↑登记号
```

（5）Deadline Index 截止日期索引按提交论文或文摘的截止日期的顺序排列，其著录格式如下：

```
                 2000    ←年份
                   ¶ Jul 13 Information processing . . . . . . . . . . . . . . . 0030644
                     ↑月日     ↑关键词                        ↑登记号
```

（6）Main Entry Section 正文按会议登记号顺序编排，其后面注有详细内容，著录格式如下：

992005：	1999 Int Conf on Communications（ICC99）Denver（Colorado），United States：Denver Tech Ctr, Hyatt & Sheraton Hotels 23 – 26 Jun 99	← registry number; meeting title location meeting date
Sponsor：	Inst of Electrical & Electronics Engineers Communication Soc of sponsor（IEEE – COMM）	← name and acronym of sponsor
GenInfo：	Russ Johnson, Western Telecommunications Inc, 4643 So Ulster, Ste400, Denver, CO80237, United States	← person or organization to contact for information if same as sponsor see sponsor directory for address
Content：	Communications software; communications switching; communications System engineering; communication theory; computer communications; including topics, data communications; network operation and communications; multimedia systems; transmission systems, etc（324 papers in Eng）	← meetingdescription including topics, types of sessions , number of papers, and language of presentation
Attendance：	1500. RESTRICTIONS：None	← estimated attendance, restrictions, Registration dates and fees
Paper Deadlines：	12 Oct 98（papers）. LANGUAGES：Eng. CONTACT：Doug Brady, Technical Program Chairman, Base 2 Systems, 5353 Manhattan Circle # 201, Boulder, CO 80303, USA	←abstract and paper deadlines – includes date, language restrictions, and contact
Publication： LANGUAGE：	PAPERS – FORM：In proceedings ICC 99 Vol1, Vol2, Vol3. Eng. DATE：24 Jun 99. source：Conference and IEEE New Yoek Headquarters	←availability of abstracts, papers, type, form, language, Date available, price And source
Exhibit 30.	CONTACT：Herb Bass, Herb Bass Associates, 5225 N 51 proceeding – includes Street, Boulder, CO 80301, USA	←Number and type of exhibits, including contact

(7) Sponsor Directory and index 主办单位索引按主办单位名称的字顺排,其后著有联系人、联系人地址、会议登记号。

Chinese Institute of Electronics (CIE), Sun Jun Ren,
press, Box 165, Haidian District, Beijing 100036, China
Phone: 86-1-812-779   ←联系人地址
0030644   ←会议登记号

5.3.2 会议数据库信息资源

目前在网络上有大量的会议信息发布,用户检索有两种方法。可以通过搜索引擎进行检索。输入关键词即可以进行检索,会议的关键词一般有 Proceedings 会议录、Conference meeting 讨论会、Symposium 座谈会。也可以直接利用会议数据库检索,利用数据库检索比较可靠。

1) 中国会议网:http://www.chinameeting.com

该网由中国科学院网上新闻中心建设,主要内容是会议消息。首页目录有:发布展览、会议、培训消息、培训报名、国内外展销、展览公司、企业展示等。涉及范围包括各个领域。

检索当年的会议消息,可以在主页上点击相应的会议名称,即可以显示详细的信息。

2) 上海数字图书馆 http://www.digilib.sh.cn

1995 年与上海图书馆合并的上海科技情报所,将入藏的各种科技会议文献上网,提供网上服务,目前已形成了专业收藏。现提供 1986 年至今 40 余万件资料网上篇名检索服务,以后每年新增数据 4 万条。读者可以利用篇名、作者、会议名、会议地名、会议时间等进行检索,并且提供全文复印服务。

检索方法:输入网址,点击科技会议录,输入检索词,选择检索字段,即可以执行检索,检索结果有题名,点击题名有详细的书目信息。原文的获取要与上海科技情报所联系。

3) 中国学术会议论文全文数据库

中国学术会议论文数据库是由万方资源系统提供,是国内最具权威性的学术会议文献全文数据库。收集国家级学会、协会、研究会组织召开的全国性学术会议论文。每年涉及 600 余个重要的学术会议,每年增补论文15 000余篇。数据范围覆盖自然科学、工程技术、农林、医学等所有领域,收录论文十几万篇。学术会议全文数据库既可以从会议信息,也可以从论文信息进行查找,是了解国内学术动态必不可少的帮手。其检索方法具体见本书5.7节。

4) 中国重要会议论文数据库

中国重要会议论文全文数据库是由中国知识基础设施工程提供,其检索方法具体见

第 3.1 节。

5.4 学位论文数据库

学位论文是大学生或研究生为获得学位而提交的学术研究论文,各国的学位论文一般分为三级,即学士、硕士和博士。一般数据库搜集的学位论文指硕士和博士论文。由于硕士和博士论文的研究水平较高,所以在科学研究中有很好的参考价值。他的信息资源和信息价值越来越受到重视。我国学位论文数据库的建设也在不断地加强,许多高校已经把自己本校的学位论文建成了数据库,提供网上服务。由于学位论文不公开发行,所以在原文的获取上有些困难,但是各高校图书馆都提供原文的服务工作,各数据检索系统已经逐步开始了学位论文原文的网上服务。

5.4.1 中国优秀博士、硕士论文数据库

该数据库是设在中国期刊网上的一个全文数据库。收录部分优秀博士、硕士论文。题录版在 CNKI 网站上可以免费检索,而全文版要付费。数据库回溯的时间到 1999 年,检索方法与期刊论文的检索方法相同,只是检索字段不同。可以利用学科进行检索,也可以利用各字段进行检索。论文的全文可以分章节下载,也可以打印。具体检索方法参见本书第 3 章。

5.4.2 CALIS 高校学位论文数据库

高校学位论文是反映高校特点和水平的文献。建设高校学位论文数据库的目的是通过对分散在各大学中各类学科的学位文献信息的收集、整理、建库、上网,使原始的论文信息获得升值,为国内外希望获取高校学术信息的用户提供一个方便的查询途径,起到推动高校教学、科研交流和促进发展的作用。

高校学位论文数据库收录包括北京大学、清华大学等全国著名大学在内的 83 个 CALIS 成员馆的硕士、博士学位论文,到目前为止收录加工数据 70 000 条。

1)数据库 BASIC 基本检索界面

输入网址 http：//opac.calis.edu.cn 登录到 CALIS 联机公共数据库查询系统主页,选择学位论文数据库。在该页面上系统提供两种进入数据库的途径,即 IP 登录和用户登录,CALIS 参建单位可以通过 CERNET 直接访问,点击 IP 登录直接进入检索界面。

(1) 选择检索字段。包括题名、论文作者、导师、作者专业、作者单位,根据检索词的匹配方式可以在一个或在所有字段里进行全面检索。

(2) 输入检索词。检索词可以是单个或多个检索词,多个检索词之间用空格分开,输入检索词可以使用截词符"*"或"?"。

(3) 确定检索词的匹配模式。选择包含表示检索词出现在检索内容的任意位置,选择开头为表示与检索词前方一致,选择结尾为表示与检索词后方一致,严格等于表示与检索词精确匹配,模糊匹配是指与检索词基本相同但不完全等于的一种匹配方式。

(4) 检索词组配方式的选择。如果要进行多个检索条件的复合检索,根据检索词

组配方式，选择精确匹配、逻辑与、逻辑或。

（5）检索时间限制。如果对检索的论文有时间限制，可以在限制性检索条件中输入起止年代并选择月份。

（6）点击"查询"按钮，显示命中论文的总数，点击某一论文的题名，显示文摘。

举例：检索题名开头为"科学"的文章，在第一个列单中选择"题名"字段，在第二个列单里可以选择"开头为"，在输入框里输入"科学"，在限制性检索条件中输入起止年代"1999"和"2001"，点击"查询"按钮。

2）ADVANCED 高级检索界面

检索界面包括 4 个输入框，可以进行最多 4 个检索词的复合检索。

（1）选择检索字段。包括题名、论文作者、导师、作者专业、作者单位，根据检索词的匹配方式可以在一个或在所有字段里进行全面检索。

（2）在多个检索输入框内分别输入检索词。同一个检索框内可以输入一个检索词也可以输入多个检索词，同一个框内多个检索词之间用空格分开，输入检索词可以使用截词符"*"或"?"。

（3）确定检索词的匹配模式。选择包含表示检索词出现在检索内容的任意位置，选择开头表示与检索词前方一致，选择结尾表示与检索词后方一致，严格等于表示与检索词精确匹配，模糊匹配是指与检索词基本相同但不完全等于的一种匹配方式。

（4）选择检索框之间的逻辑关系。如果要进行多个检索条件的复合检索，根据检索词组配方式，可以选择精确匹配、逻辑与、逻辑或，目前数据库只支持精确匹配。

点击"查询"按钮，执行检索后，如果有命中的结果，屏幕首先显示命中结果的数目并显示简要记录的列单，包括题名、论文作者、导师、作者单位。每页显示记录数目为 20 条，点下一页可向下翻页。点击想要查看的记录，系统显示文献的详细信息，并显示 CALIS 院校的馆藏信息。

除上面介绍的两个数据库以外，还有万方数据资源系统的学位论文数据库，它收录各高等院校、研究生院及研究所向中国科技信息研究所送交的我国自然科学领域的硕士、博士和博士后的论文。专业范围包括自然科学的各个领域，检索方法在本书 5.7 节进行了介绍。

5.4.3 ProQuest Digital Dissertations 博硕士论文数据库

ProQuest 公司是世界上最早及最大的博硕士论文收藏单位和供应商，该公司的学位论文数据库（ProQuest Digital Dissertations，简称 PQDD）收集有 170 万篇国外高校博硕士论文的文摘索引。目前"ProQuest 学位论文全文中国集团"在高校已建立了两个镜像站，您可以在学校图书馆的主页上登录该数据库，可下载博士论文的 PDF 全文，系统采用 IP 地址控制访问权限，读者无须花费国际网络通信费。PQDD 是世界著名的学位论文数据库，收录有欧美 1 000 余所大学文、理、工、农、医等领域的博士、硕士学位论文，是学术研究中十分重要的信息资源。

网上浏览期刊全文（PDF 格式）需要使用 Acrobat Reader 软件，如果您的计算机上尚未安装，可从 Acrobat Reader 下载。利用 Acrobat Reader 可以将阅览到的全文直接打印和存盘。

目前在东北林业大学图书馆上可以检索的有两个数据库：一个是 PQDD B 博硕士论文文摘数据库，文摘数据库包括自然科学和社会科学；另一个是 PQDD B 博硕士论文全文数据库，东北林业大学师生可以看到部分全文数据库的内容，其内容是东北林业大学教师提供的。下面分别介绍其检索方法。

1）PQDD B 博硕士论文全文数据库检索

全文数据库可以检索出论文的原文，检索方法是在图书馆主页上点击 PQDD B 博硕士论文全文数据库进入检索界面，检索方法有基本检索和高级检索。

（1）基本检索。

基本检索提供三个检索对话框，在对话框内输入检索词，选择检索字段，三个对话框之间有逻辑组配功能。例如：输入检索词 plant growth，选择字段：题名，点击即可以打开文摘进行阅读。注意：检索界面及对话框是汉化的，在检索时要输入英文的检索词。还可以进行二次缩小范围检索，方法是在二次检索对话框内输入检索词，继续进行检索。读者在检索时最好先预选一个检索词输入，然后阅读一下检索结果，从检索结果的文献中继续选择适合课题最相关的词继续检索，这样可以做到选词准确。二次检索也有字段的选择要注意使用。

（2）高级检索。

高级检索要进行逻辑组配编写检索提问式，方法是在检索对话框内输入检索词，选择字段，点击"增加"按钮。可以多次输入检索词和选择不同的检索字段进行多次增加。例如：输入 forest，选择文摘字段，点击增加；输入 ph.d，选择学位字段，点击"增加"，多次输入的内容自动形成检索提问式显示在检索框内。

（3）利用学科分类表检索。

学科分类表列出了学科分类的三级目录，点级各级类目右侧的文献数量，将显示文献的结果。

2）PQDD B 博硕士论文文摘数据库

该数据库收录的是博硕士论文文摘数据，没有全文，检索方法是在图书馆的主页上点击 PQDD B 博硕士论文文摘进入检索界面。点击"Enter"进入检索界面。检索方法有基本检索 BASIC 和高级检索 ADVANCED 两种，也可以通过学科进行浏览。

（1）BASIC 基本检索。

基本检索有三个检索对话框，可以分别输入三个检索词，选择检索字段，用逻辑符进行连接。点击检索按钮，执行检索。

（2）高级检索 ADVANCED。

高级检索在对话框内输入检索词选择检索字段，进行逻辑组配，点击"ADD"按钮。编写好的提问式自动显示在检索框内，点击检索按钮，执行检索。

例如检索提问式：AB（global and warming）or TI（forestry）or KEY（Europe），表示在文摘中检索 global and warming；在题目中检索 forestry；在关键词中检索 Europe。

（3）通过学科进行浏览。

方法是在基本检索或高级检索界面上点击"浏览"按钮，显示学科目录导航，点击"学科名称"(每个学科右面列出了文献的数量),显示该学科的二级类目,点击二级类目右侧"文献的篇数",进入检索界面,在检索对话框自动生成代码,执行"检索"按钮,显示文献的检索结果。

3) 检索技术及实例

全文数据库和文摘数据库使用的逻辑符和算符都是相同的,使用方法如下:

(1) 布尔逻辑符。

逻辑与用"AND"符号、逻辑或用"OR"、逻辑非用"NOT"符号,支持大小写。

例如:biology and plants

title (biology) and school (michigan state university)

(2) 截词符。

截词符用"?"表示检索出同词干的所有词,是后截断。

例如:title (biolog?) 可以检索出 biology 和 biological。

keyword (librar?) 可以检索出 library librarie librarian librarians lbrarianship。

(3) 位置符。

W/n 表示前后顺序可以颠倒,前后两个词相隔 n 个词之内;例如:intelligent W/10 buildings 可以检索出"intelligent buildings"与"buildings that are intelligent"。

PRE/1 表示两词相邻,前后顺序不能颠倒;例如:military PRE/1 weapons 仅检索出"military weapons"。

PRE/n 表示两词相邻,前后顺序不能颠倒;相隔最多不超过 n 个词。

(4) 精确短语检索。

将各个词用空格分开,例如:检索题目中含有 arid regions 的文章。

提问式:title (arid regions) 将返回在文章题目中两词 arid regions 相连的文章。

keyword (nordic or cross country) and keyword (skiing) 将返回"nordic skiing" and "cross country skiing"的文章。

5.4.4 中国学位论文数据库

中国学位论文数据库资源由国家法定学位论文收藏机构中国科技信息研究所提供,并委托万方数据加工建库,收录了自 1977 年以来我国自然科学领域博士、博士后及硕士研究生论文,其中文摘已达 38 万余篇,首次推出最近 3 年的论文全文 10 万多篇,并年增全文 3 万篇,制成中国学位论文全文数据库,非常适合各所大学及科研机构研究使用。检索方法见本章第 7 节。

学位论文是一种特殊的文献,它是一种非卖品。收藏在授予学位的学校图书馆,一些院校已经把学位论文建成了数据库,放到了图书馆的主页上。东北林业大学硕士和博士论文的全文在图书馆主页上可以进行检索。

5.5 国务院发展研究中心信息网

国务院发展研究中心信息网,简称"国研网"。创建于 1998 年 3 月,是国务院发展研究中心信息中心主办、北京国研网信息有限公司承办的大型经济类专业信息网络服务平台，于2002年7月通过ISO9001：2000质量管理体系认证。

国研网以国务院发展研究中心丰富的信息资源和强大的专家阵容为依托，与海内外众多知名研究机构和经济资讯机构紧密合作，全面汇集、整合国内外经济金融领域的研究成果和经济信息，是集理论研究、形势分析、政策解读、数据发布、辅助决策于一体的专业经济信息平台。国研网以"专业性、权威性、前瞻性、指导性、包容性"为原则，凭借先进的网络技术平台和独到的专业视角，为各级政府部门、海内外投资机构、经济研究机构及其研究人员、高等院校等高级人才培养机构提供关于中国经济、金融政策等方面深入、权威的研究成果。

5.5.1 国研网的信息资源

国研网可以检索的信息资源包括：

关于中国经济改革、开放、发展及其主要影响因素长期、系统的分析判断；

关于国民经济支柱行业运行态势、发展趋势、产业政策动态、行业机会与风险全面、细致的描述剖析；

关于国民经济及其主要领域运行态势准确实用的财经数据。

用户透过国研网，可以对中国整体经济及其重要领域的发展现状、趋势有全面、深入、及时、准确的了解和把握。国研网组建了强大的专业研究队伍，从事信息的深加工和重大经济课题的跟踪研究，满足广大用户渴望对宏观经济、金融、行业领域焦点、热点、难点问题的解析需求。国研网是国内少有的独立研究机构并拥有大量独家研究成果的信息服务商。

目前国研网提供一个综合版两个专业版。综合版提供10个数据库。包括国研报告、宏观经济、金融中国、财经数据、行业经济、企业经济、区域经济、世经评论、高校参考、基础教育。此外，针对金融机构和高校用户的需求特点国研网还开发了两个专业版产品，即金融版和高校版。这些数据库和专版赢得了政府、企业、金融机构、高等院校等社会各界的广泛赞誉，成为他们在政策设计、经济研究、人才培养、投资决策过程中的重要辅助工具。

5.5.2 综合版专题内容

1）国研报告

国研报告是国务院发展研究中心专家不定期发布的有关中国经济和社会诸多领域的调查研究报告，内容丰富，具有很高的权威性和预见性。

报告内容：中国宏观经济政策走向及其对经济发展的影响；中长期发展战略和区域经济发展政策；产业及技术经济的发展动态；中国对外开放的战略与对策；企业改革和发展的重大问题；农村改革等诸多经济热点问题。

报告特点：具有权威性。国务院发展研究中心是国务院直属的政策研究和咨询机构，以对国民经济和社会发展问题的权威性、前瞻性研究而享有国际声誉。前瞻性：报告涉及国家重大战略决策的前期调研，是重要的决策参考依据。深入性：长期跟踪中国经济发展动态，洞悉中国经济发展历程，捕捉投资热点。

报告价值：了解中央决策智囊机构的观点；把握当前我国经济形势和未来经济走势；获得可靠的行业经济情况及国家政策动向信息。

2）宏观经济

宏观经济是多视角展示中国经济发展的转型氛围和内外部环境的深度研究报告。

报告内容：要闻综述、数据平台、运行指标分析、形势判断与趋势预测、报告撷英、专题聚焦。要闻综述主要报道经济动态，政策趋向。精选每月经济领域时事要闻和高层观点，实时跟踪、分析经济发展脉络的重大事件和重要政策举措。数据平台提供的数据翔实，图表直观。每月第一时间提供翔实、准确的经济运行数据，强调数据组织形式，注重时间序列化和图表化，全面直观反映经济运行状况。运行指标分析是宏观进行经济形势判断和趋势预测。国务院发展研究中心专家从专业视角分析评述经济运行数据，揭示经济规律，提供经济形势调研报告，预测经济走势。报告撷英是权威的论述和专家的点评。定期提供其他研究机构、学术团体、个人或海外有关经济形势的研究报告，并由专家进行点评。专题聚焦是剖析热点，围绕中国经济发展的重大问题、侧重决策部门和投资者关注的热点、难点，以专题论坛的形式，展示专家的精彩论述。

报告特点：以经济运行数据为组织核心和分析基础，分析现状，揭示走势，真正实现数据和分析报告的无缝连接。深层加工和综合分析来自不同机构的研究报告，全面把握权威研究机构对形势判断的共识及差异。辅助决策，研究报告来自权威机构，并从专业角度进行综合分析，为用户进行形势判断、经济走势预测提供了全面、准确的信息支持。

报告价值：准确了解政府最高决策咨询机构对当前经济形势的判断。实时跟踪经济发展脉络的重大事件和重要政策举措。把握数据后面隐含的经济规律，及时准确地了解经济运行动态。认识和把握热点的形成、发展和趋势。洞察经济大势，把握投资机会。

3）金融中国

金融中国是对我国金融整体运行状况和政策导向进行跟踪分析的深度研究报告。通过对各阶段金融运行指标以及焦点问题的跟踪和分析，帮助投资者进行投资决策。是对我国金融整体运行状况和政策导向进行跟踪分析的深度研究报告。通过对各阶段金融运行指标以及焦点问题的跟踪和分析，帮助投资者进行投资决策。

报告内容：精选国内外金融领域的重大事件及政策，对影响经济形势和金融市场的政策进行综合点评。数据翔实，图表结合。提供主要金融指标及金融市场交易情况数据，以图表形式反映这些数据随时间变化的趋势，直观反映金融市场走势。对数据平台上各项指标的变化情况进行点评和专业分析，揭示金融运行规律，预测国内、国际金融市场走势。政府官员和专家学者以独特视角，就金融政策、市场、体制等方面阐述自己的观点、见解。选择金融热点问题，研究历史脉络，揭示当前影响，亮出各家观点，阐述独到见解，预测未来趋势。

报告特点：强强联手——依托国务院发展研究中心，融合诸多权威金融研究机构的信息与专家资源，撷取众家之精华凝练而成。以数据为本，对金融运行的主要指标变化趋势进行分析，或者对多个指标进行相关性分析，从而揭示金融运行规律和指标之间的内在联系。对信息资料进行深度整合，对金融运行数据进行加工整理，形成独具特色的数据指标体系，对重要指标进行跟踪分析，揭示指标变化的深层原因。汇集并点评权威专家与研究机构对金融形势、政策的判断、分析与预测性的研究成果。决策支持，对不同信息内容和不同层次的分析分别对投资者的短期、中期、长期投资决策提供强有力的支持。

报告价值：了解国内外金融领域的重大事件及金融当局的重要政策与举措。荟萃专家观点，帮助读者了解金融运行的内在原因，把握金融市场运行态势。揭示金融政策制定的深层含义与金融体制变革的长远意义，把握政策动向。全面、系统、连续的运行数据，为投资者进行指标分析提供原始信息。帮助投资者认清热点问题的本质，把握先机。

4）财经数据

财经数据是以权威数据为基础，集合了中国经济运行的各种数据指标，对国民经济发展以及运行态势进行立体、连续、深度展示，是中国经济量化信息最为丰富和权威的数据库之一。提供最权威的经济分析、最可靠的决策咨询。

内容包括：宏观数据、金融数据、行业数据、进出口商品数据、企业排行榜、财经辞典。其中数据部分以图、表和深度分析相结合全景式描述了当前经济形势。

报告特点：具有权威性。基础数据来源权威，加工方法科学，并已被权威机构和权威经济人士所使用。分类科学，检索方便，数据丰富，阅读直观。

报告特点：财经数据库很好地遵照数据库的标准，保持该库的"系统性、连续性、及时性和可扩展性"等特点，是经济决策、研究、投资和企业决策的有力助手。

5）行业经济

该报告以行业经济运行数据为基础，以权威研究报告为核心，对大量的行业经济信息进行深层研究，为相关行业运营行为提供辅助决策。

内容包括：提供了9大行业的经济运行研究，即信息产业、房地产业、汽车行业、石油化工、冶金行业、能源行业 、交通运输、生物医药 、服务行业、其他行业。

6）企业胜经

该报告包括的内容有：改革与发展 、经营管理、战略管理、市场营销 、人力资源、财务管理 、案例研究、企业风云录8个方面的研究报告。

该报告为企业的改革、经营合作的益处和风险、企业战略发展模式及障碍、企业市场决策以及人力资源的合理开发等与企业密切相关的问题进行了分析和研究，这些研究为企业的发展提供了可靠的发展依据和决策。

7）区域经营

区域经营包括的内容有：经济动态、权威视点、经济分析、决策参考、发展数据、比较借鉴6个专题研究报告。报告涉及全国各省市的经济数据、经营问题、发展中问题的动态探讨等数据和研究。这些数据和研究为各省市和区域的发展提供了很好的参考资料。

8）世经评论

世经评论包括的内容有：世界经济、世界金融、环球产业 、中国聚焦、理论探讨5

个专题研究报告。报告纵览世界经济金融局势，揭示相关问题最新动向。提供丰富的数据资料和研究成果。开辟了用户了解"外面的眼睛如何看世界"的窗口。充分体现海外专家严谨的分析思路和专业研究方法。对把握世界经济脉动，抢占投资决策先机提供了很好的参考资料。

9）高校参考

该报告的内容包括：要闻要事、校长论坛、高校博览、网络教育、教育与市场、外国教育、理论研究等专题研究报告。为高校的教育发展和决策提供了参考资料。

10）基础教育

基础教育研究报告包括的内容有：校长论坛、教师发展、海外看台、信息平台等专题研究报告。汇集了教育权威资讯，为中小学教育、学校的品牌建设提参考资料。

5.5.3 检索方法

国研网的网址 http//www.drcnet.com.cn，用户可以登录其网站进行检索，有些报告如果带有小锁标志的不能提供原文。东北林业大学的用户可以在图书馆主页上直接登录，不用输入密码。检索方法有两种，即直接点击检索和输入检索词检索。

1）直接点击专题数据库检索

该系统有10个专题数据库，用户直接选择某一个数据库，在选择的数据库中列出了专题研究报告，直接点击专题报告，将显示报告名称，点击报告名称即显示全文。

2）输入检索词检索

进入系统的主页，点击检索课题所在的数据库，将提供检索区对话框。在检索对话框中输入检索词，然后选择检索字段，该系统提供四个检索字段，即标题、关键词、作者名、全文。检索字段选择框后面可以进行数据库的选择。

例如，要在国研报告数据库中检索汽车能源战略问题。检索的步骤是：首先点击国研报告数据库，然后输入检索词"汽车能源"，再选择检索字段为"标题"，点击搜索按钮。在检索结果的记录中阅读文摘，选中相匹配的文章，打开原文即可。

5.5.4 检索技术

该系统在检索时要注意检索词的选择，尽量避免短语或较长字符串的检索，可以选择单字、词组作为检索词。如果检索的课题内容复杂，需要多个检索词才能实现课题的要求时，可以用系统提供的逻辑符进行组配，编写检索提问式。同时由于该系统提供信息资料的特殊性，以提高检索结果的准确性，所以在选择检索字段时注意同时在标题和全文中分别检索，因为有些资料和数据不一定出现在标题中。逻辑符的使用如下：

1）表示"与"的关系

同时匹配多个关键词的内容。使用空格、"+"或"&"。例如，想查询关于北京市金融的文章，则输入关键词"北京 金融"或"北京+金融"或"北京&金融"。

2）表示"非"的关系

查询某个关键词的匹配内容，但又不包含其中的一部分。使用字符"-"。例如想查找基础设施方面文章，但不包含北京，输入关键词"基础设施-北京"。

3）表示"或"的关系

使用字符"｜"。例如想查询关于金融或股票方面的文章，则输入关键词"金融｜股票"。"｜"符号输入时要同时使用键盘"shift"键和键盘上的"\"键。

4）表示表达式是一个整体单元

使用字符"（）"。

5.6 中国高等教育文献保障系统

中国高等教育文献保障系统（China Academic Library & Information System，简称CALIS），是经国务院批准的我国高等教育"211工程"总体规划中两个公共服务体系之一。作为国家经费支持的中国高校图书馆联盟，CALIS的宗旨是在教育部的领导下，把国家的投资、现代图书馆理念、先进的技术手段、高校丰富的文献资源和人力资源整合起来，建设以中国高等教育数字图书馆为核心的教育文献联合保障体系，实现信息资源共建、共知、共享，以发挥最大的社会效益和经济效益，为中国的高等教育服务。

"九五"期间设在北京大学的CALIS项目管理中心联合各参建单位，建设了文理、工程、农学、医学四个全国文献信息中心，华东北、华东南、华中、华南、西北、西南、东北七个地区中心和一个东北地区国防信息中心，发展了152个高校成员馆，建立了一系列国内外文献数据库，其中包括联合目录数据库、中文现刊目次库等自建数据库和引进的国外数据库。采用独立自主开发与引用相结合的道路，开发了联机合作编目系统、联机公共检索（OPAC）系统、馆际互借与文献传递系统等，形成了较为完整的CALIS文献信息资源服务网络。在此基础上开展了公共目录查询、信息检索、馆际互借、文献传递、网络导航等网络化、数字化文献信息服务，对保障"211工程"、各高校的重点学科建设、培养高层次人才、支持科研创新等发挥了重要的作用。

5.6.1 CALIS资源数据库概况

CALIS中文资源数据库目前包括31个专题。其中全文数据库有7个。如果检索钱学森特色数据库，直接点击"目录名称"，即可以逐层打开，直至看到结果。该系统引进的外文数据库目前共有56个，其中全文数据库有20个。

进入系统，点击"中文资源导航或西文数据库导航"，可以看到全部数据库的名称，打开一个库即可以进行检索。

5.6.2 CALIS公共目录检索系统

CALIS联合公共数据库是全国"211工程"100所高校图书馆馆藏联合目录数据库，是CALIS在"九五"期间重点建设的数据库之一。它的主要任务是建立多语种书刊联合目录数据库和联机合作编目、资源共享系统，为全国高校的教、学、科研提供书刊文献资源网络公共查询，支持高校图书馆系统的联机合作编目，为成员馆之间实现馆藏资源共享、馆际互借和文献传递奠定基础。

网址：http://www.calis.edu.cn

检索方法有基本检索和高级检索。

1）基本检索

（1）检索界面包括 3 个输入框，可以进行最多 3 个检索词的复合检索。检索字段包括题名、著者、丛编题名、主题、订购号、ISBN、ISSN 等或在所有字段里进行全面检索。

（2）确定检索词的匹配模式。选择开头为表示前方一致，选择结尾为表示与检索词后方一致，选择包含表示检索词出现在检索字段的任意位置，严格等于表示与检索词精确匹配，模糊匹配是指与检索词基本相同但不完全等于的一种匹配方式。

（3）在输入框里输入检索词。

（4）如果要进行多个检索条件的复合检索，要选择逻辑关系。

（5）点击"查询"按钮。

例 1 查鲁迅的著作。

在第一个列单中选择著者字段，在第二个列单里可以选择严格等于，以排除著者项可能是鲁迅研究室、鲁迅博物馆等包含鲁迅的团体著者，在相应的输入框里输入"鲁迅"，点击"查询"按钮。

例 2 查鲁迅的散文集《朝花夕拾》。

先选择著者字段，输入"鲁迅"，然后选择题名字段，输入"朝花夕拾"。

2）高级检索

高级检索与基本检索相比多了一些限定条件。

（1）限定资料类型。下拉菜单有如下选项：文字资料印刷品、文字资料手稿、乐谱印刷品、测绘资料印刷品、测绘资料手稿、放映视频资料、非音乐性录音资料、二维图形、电脑存储介质。

（2）限定语言。有如下选项：汉语、英语、法语、德语、日语、西班牙语、俄语。

（3）限定出版年。在输入框里指明年代。

3）显示结果

执行检索后，如果有命中的结果，屏幕首先显示命中结果的数目并显示简要记录的列单，包括题目、作者、出版年。每页显示记录数目为 20 条，点下一页可向下翻页。点击想要查看的记录，系统显示详细书目信息，并显示 CALIS 院校的馆藏信息。

5.6.3 其他数据库的使用

由于 CALIS 系统采用的检索平台是统一的，因此检索方法相同。包括高等学校论文数据库、学术会议论文数据库、中文现刊目次数据库等。在主页上其他数据库列出的可以直接点击进行检索。标注有全文的可以看到全文。

5.7 万方数据资源系统

5.7.1 万方系统简介

万方数据股份有限公司是国内第一家以信息服务为核心的股份制高新技术企业,它所提供的万方数据资源系统(http://www.wanfangdata.com.cn)是建立在因特网上的大型科技、商务信息平台。1997年8月面向社会各界开放,以其巨大的信息量和方便的检索查询功能成为我国信息界的知名品牌。

万方数据主要资源(科技信息子系统和商务信息子系统)建立在万方数据庞大的数据库群之上。迄今为止,万方数据自有版权以及与合作伙伴共同开发的数据库总计110多个,归属于9个类别,内容涉及自然科学和社会科学各个专业领域,收录范围包括期刊、会议、文献、数目、题录、报告、论文、标准、专利、连续出版物和工具书等,用户既可以单库、跨库检索,也可以在所有数据库中检索,同时还可以实现按行业需求的检索功能。

目前万方数据资源系统被整合为科技信息子系统、商务信息子系统和数字化期刊子系统三个部分,面向不同用户群,为客户提供全面的信息解决方案。

5.7.2 科技信息子系统

用户进入主页(见图5.7.1),点击"科技信息",即可进入首页。

科技信息子系统是万方数据资源系统重要的组成部分。本系统汇集中国科研机构、中国科研成果、中国科技名人、中外标准等近百个数据库为一体,学科齐全,专业范围广泛,形成国内唯一完整的科技信息群;本系统数据更新快,许多栏目每日更新数据,年数据更新量可达60万条以上,用户能够及时地看到最新的数据;本系统服务功能齐备,为用户提供直观、友好的操作界面,一次登录即可在系统中各处漫游,为科研机构和科技工作者提供全方位的科技信息服务。

科技信息子系统的数据资源共分十大部分。

1)学位论文数据库

"中国学位论文文摘数据库"始建于1995年,收录了我国自然科学和社会科学各领域的硕士、博士及博士后研究生论文的文摘信息,内容包括:论文题名、作者、专业、授予学位、导师姓名、授予学位单位、馆藏号、分类号、论文页数、出版时间、主题词、文摘等字段信息。从侧面展示了中国研究生教育的庞大阵容以及中国科学研究的整体水平和巨大的发展潜力。

2)会议论文数据库

"中国学术会议论文全文数据库"是国内最具权威的学术会议论文全文数据库,主要收录1998年以来国家级学会、协会、研究会组织召开的全国性学术会议论文,数据范围覆盖自然科学、工程技术、农林、医学等领域,是掌握国内学术会议动态必不可少的资源。

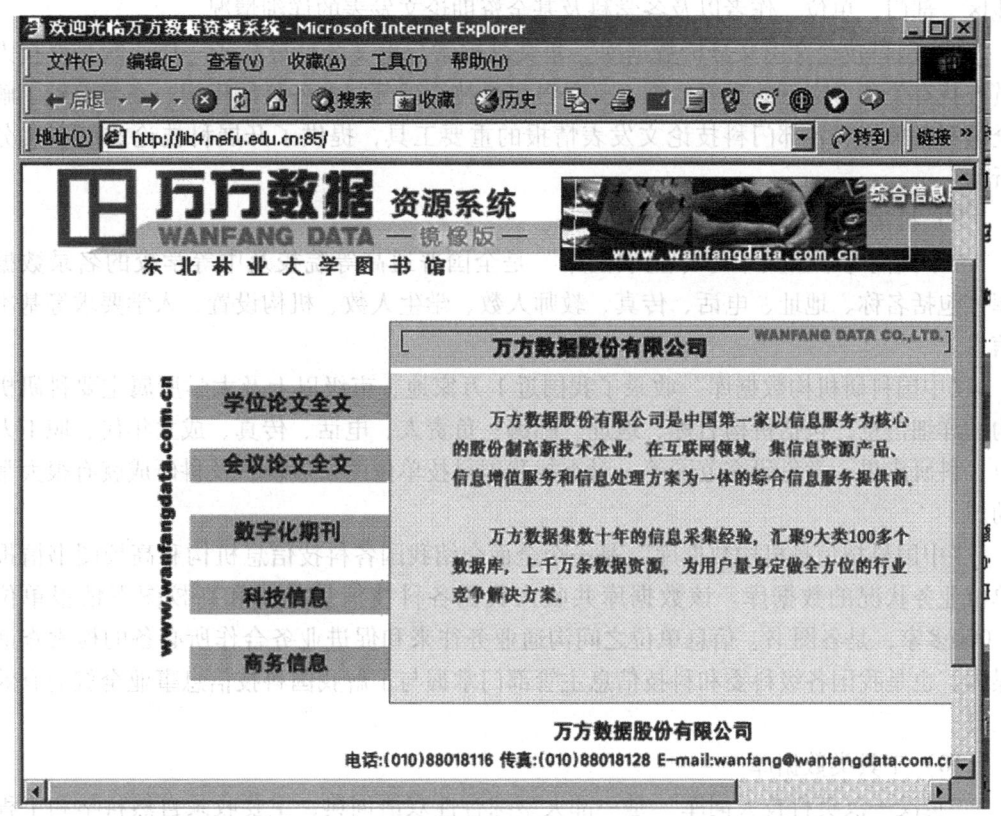

图 5.7.1

3）科技成果数据库

"中国科技成果数据库"是国家科技部指定的新技术、新成果查新数据库，其收录范围包括新技术、新产品、新工艺、新材料、新设计，涉及自然科学各个学科领域及部分社会科学领域。该库已成为我国最具权威的技术成果宝库。

4）专利技术数据库

专利技术数据库由国家知识产权局提供的 1985 年至今的全部专利信息。

5）台湾数据库

台湾数据库共包括 24 个数据库，内容为台湾地区的科技、经济、法规等相关信息。

6）中外标准数据库

中外标准数据库共包括 16 个数据库，内容为国家技术监督局、建设部情报所提供的中国国家标准、建设标准、建材标准、行业标准、国际标准、国际电工标准、欧洲标准以及美、英、德、法国国家标准和日本工业标准等。

7）科技文献数据库

科技文献数据库共包括会议文献、专业文献、综合文献和英文文献等 22 个数据库。

8）论文统计数据库

"中国科技论文统计分析数据库"集文献检索与论文统计分析于一体。主要功能是查找国内发表的重要科技论文；了解历年来中国科技论文统计分析与排序结果；了解各地区、部门、单位、作者以及各学科及基金资助论文发表的详细情况。

"中国科技论文引文分析数据库"集文献检索与论文统计分析于一体，既是科技人员查找有关参考文献的重要依据，又是各级科技管理部门和各科研机构、高等院校了解全国和各单位、各部门科技论文发表情报的重要工具，提供了开展科技论文的引文分析。

9）机构数据库

"中国高等学校及中等专业学校库"是全国普通高等院校及中等学校的名录数据库，包括名称、地址、电话、传真、教师人数、学生人数、机构设置、入学要求等基本信息。

"中国科研机构数据库"收录了我国近1万家地、市级以上及大学所属主要科研机构的详细信息，包括机构名称、地址、邮编、负责人、电话、传真、成立年代、职工人数、科研成果、学科研究范围等。对查找我国科技单位的发展现状及科研成就有很大帮助。

"中国科技信息机构数据库"是一个全面介绍我国各科技信息机构和高校图书情报单位业务状况的数据库。该数据库共收入我国各科技信息单位和高校图书情报单位2 000多家，是各图书、信息单位之间沟通业务往来和促进业务合作所必备的检索查询媒体，也是我国各级科委和科技信息主管部门掌握与了解我国科技信息事业全貌的有效工具。

10）工具类数据库

"英汉—汉英科技大词库"是一部大型综合性双语词典，主要收录自然科学和工程技术方面的基本术语和常用词汇，并选收一定数量的经济和法律方面的词汇。该词库设置了约200个学科范畴，并在每个英文词的中文释义后标出所属范畴，以便准确使用。收词52.5万，是一部可供理、工、农、医和生物等各学科专业人员、工程技术人员以及高等院校师生使用的常备工具书。

5.7.3 数据库检索方法

用户可以按照需要，选择相应的数据库进行检索。点击数据库名称后，进入该数据库检索页面，显示内容包括该数据库的简要介绍、记录样例以及检索对话框。

1）基本检索

（1）选择字段。每个数据库的检索字段是不同的，根据检索不同的文献类型，选择需要的字段。见图5.7.2。

（2）检索对话框。在检索字段后面的检索对话框内输入检索词，检索词可以是一个字，也可以是一个词或词组。在万方检索平台上所有的数据库检索都提供两个对话框，两个对话框之间有逻辑关系的组配。

（3）逻辑符选择。根据课题的要求，进行逻辑组配，即逻辑"与"、逻辑"或"、逻辑"非"。

2）高级检索

高级检索适合专业人员使用，在检索中使用一些特定的符号。

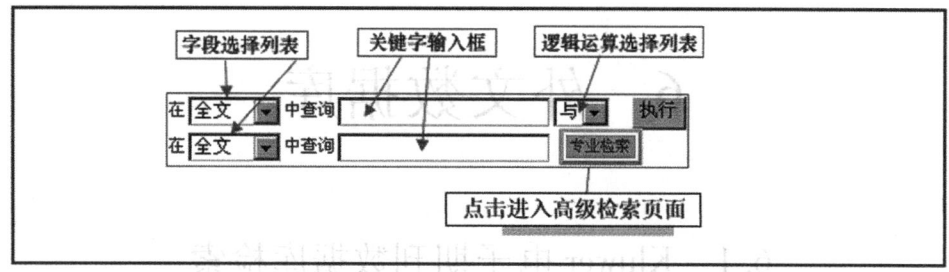

图 5.7.2

5.7.4 检索实例

例 1 检索东北林业大学李坚校长指导的"木材"方面的学位论文。

(1) 选择数据库：选取"科技信息"栏目的"中国学位论文"数据库。

(2) 确定检索方式，输入检索词：在检索提问表单的字段列表框中按下拉箭头，出现"全文、题名、作者、分类号、导师姓名"选择字段，确定检索入口。在第一个列表框中选择"题名"，关键词输入框中输入"木材"；在第二个列表框中选择"导师姓名"，关键词输入框中输入"李坚"；在第三个列表框中选择"授予学位"，关键词输入框中输入"东北林业大学"。

(3) 确定词间关系：在逻辑运算选择列表中确定两个检索词间的关系。"与"检索结果中同时包含所输入的两个关键词；"或"检索结果中同时包含两个关键词或只包含其中的一个；"非"检索结果中包含第一个关键词但不包括第二个关键词。本例选择"与"。

(4) 执行检索：点击"执行"，用户的检索要求提交系统。在结果页面上部显示命中记录条数和二次检索提问表单，用户可在一次检索结果中进行优化检索。

5.7.5 数字化期刊子系统

用户进入主页后，点击"科技信息子系统"即可进入首页。检索方法见本书 3.3 节。

5.7.6 商务信息子系统

商务信息子系统面向企业用户推出工商资讯、经贸信息、成果专利、商贸活动、咨询服务等栏目，提供全面的商务信息和解决方案。万方数据最新推出企业热线，它是架构于万方数据拳头产品——中国企业、公司及产品数据库（CECDB）之上的综合性商业交易平台、进行网上洽谈、发布商务业信息，而且可以通过其独有的自动撮合功能进入一种全新的电子商务模式。

6 外文数据库

6.1 Kluwer 电子期刊数据库检索

Kluwer Academic Publisher 是荷兰具有国际性声誉的学术出版商，它出版的图书、期刊一向品质较高，备受专家和学者的信赖和赞誉。目前，由 CALIS 管理中心研制开发，系统面向正式参加集团购买的院校提供服务。Kluwer Online 本地服务已在北京大学图书馆建立并开通使用，通过该镜像站用户可以使用 Kluwer Acdemic Publisher 的 805 种电子期刊，并可以检索、阅览和下载全文，并免付 Internet 网络费。

Kluwer Online CALIS 镜像站网址：http://kluwer.calis.edu.cn。

6.1.1 Kluwer Online 电子期刊可以检索的内容

Kluwer Online 电子期刊共有 805 种刊，覆盖 24 个学科，其学科分类如下：

Biological Sciences（73 种）　　　　Law（59 种）
Medicine（71 种）　　　　　　　　Psychology（57 种）
Physics（14 种）　　　　　　　　　Philosophy（35 种）
Astronomy（7 种）　　　　　　　　Education（22 种）
Earth Sciences（18 种）　　　　　　Linguistics（8 种）
Mathematics（33 种）　　　　　　　Social Sciences（37 种）
Computer Sciences（35 种）　　　　Business Administration（15 种）
Engineering（19 种）　　　　　　　Operations Research/Management Science（4 种）
Electrical Engineering（13 种）　　　Archaeology（5 种）
Materials Sciences（13 种）　　　　 Humanities（2 种）
Environmental Sciences（8 种）　　　Chemistry（23 种）

6.1.2 检索方式与功能

1）期刊浏览与检索

登录到 Kluwer 电子期刊检索系统的首页，系统默认的是刊名检索，检索方法有如下三种：

（1）按字母浏览：在检索页面上有字母表，点击相应的字母，将所有期刊按字母顺序排列起来，用户可以按刊名逐卷逐期地直接阅读自己想看的期刊。

（2）按学科浏览：将期刊按 24 个学科类目分类，点击每一学科类目，将按本学科的刊名字母顺序排列。学科类目有：材料科学、地球科学、电气电子工程、法学、工程、工商管理、化学、环境科学、计算机和信息科学、教育、经济学、考古学、人文科学、社会科学、生物学、数学、天文学、天体物理学、空间科学、物理学、心理学、医学、艺术、语言学、运筹学、管理学、哲学。

（3）刊名检索：可以在检索条件输入框中输入刊名关键词，按刊名进行简单检索。点击期刊，按卷期浏览。

2）简单检索

点击简单检索按钮，进入篇目检索。

（1）检索词输入框。简单检索有一个检索词输入框和选择检索字段的下拉框，确定一个或几个检索词输入到该文本框中，不必考虑词序和区分大小写。词与词之间默认的逻辑关系是 AND。

（2）字段的选择。简单检索的检索字段包括：篇名、作者、文摘、刊名等。

（3）限制检索。通过限制出版日期、限制文献种类，可以把检索结果限制在一定范围内，从而达到快速查准的目的。点击相应的下拉箭头进行选择，文献种类包括论文、目次、书评、索引及其他，如果不改变这两项设置，系统默认的检索范围是全部文献。

（4）二次检索。执行检索之后，在显示结果页面有一个检索条件输入框，允许在检索结果中直接进行二次检索，或者选择重新检索。

3）复杂检索

（1）检索词输入框。复杂检索有多个检索条件输入框，可以输入一个检索条件进行简单查询或输入多个检索条件实现多个检索字段的组合检索。

（2）检索字段的选择。可检索字段和简单检索基本相同，增加了国际统一刊号（ISSN）、作者关键词（指作者给出的关键词，即文中的关键词部分 keywords，与某些数据库或电子期刊的全文关键词检索不同）、作者单位三个检索入口。

（3）逻辑关系选择。多个检索条件默认的逻辑关系为 AND，表示检索必须同时满足多个检索条件。点击相应下拉框，可以根据需要改变为 OR、NOT。

（4）检索条件限制。

限制出版日期。

限制文献种类。可以把检索结果限制在一定范围内，从而达到快速查准的目的。点击相应的下拉箭头进行选择，文献种类包括论文、目次、书评、索引及其他，如果不改变这两项设置，系统默认的检索范围是全部文献。

学科类别限制。点击要检索的学科。

4）按作者检索

如果能够确定作者的姓名，输入格式是姓氏在前，名字在后，中间加逗号间隔。如：White, Robert 表示检索姓 White、名 Robert 的作者。系统将逗号前面确定为姓，逗号后面确定为名。这样可以快速准确地查询特定的作者姓名。

如果没有检索结果，或没有相关作者，也可以用模糊检索。比如输入一个字，如 Robert，只要姓名中出现 Robert，无论是姓还是名，都可以检索出来。

输入两个或以上的字，中间不加逗号，如 Robert White，只要姓名中 Robert 和 White 同时出现，无论姓 Robert 还是姓 White，都检索出来。

复姓及有前缀的姓名，中间不加逗号，如 J. P. Van der Meer 只要每个字同时出现在姓名里,即检索出来。

复姓及有前缀的姓名,中间加逗号,如 Van der Meer , J. P. 确定为 Van der Meer 为姓,J. P. 为名。姓名中间允许加 * 表示截断,如输入 M * Smith 或 Smith, M * ,将把 Mark Smith, Michcale Smith, M. L. Smith 检索出来。

6.1.3 检索技术

(1)布尔逻辑 Boolean。

在同一检索字段中,可以用两个逻辑算符 AND、OR 来确定检索词之间的关系。如果没有算符,系统默认各检索词之间的逻辑关系为 AND。不同检索字段之间的默认关系为 AND,同时也可以设定为 OR、NOT。

(2)截词检索。允许使用 * 作为截词符,如 micro * 可以检索 microscope、microcomputer 等一系列以 micro 开始的词。

(3)词组、短语检索。系统默认的是字检索(word),连续输入多个检索词,系统将同时把包含所有检索词的文章检索出来,忽视检索词的位置和顺序。如果要检索一个词组或短语(phrase),就必须使用引号" "。系统查找与引号内指定顺序的检索词的文章。例如,键入 "air pollution" 检索结果只包含这个词;如果键入的是 air pollution,没有引号,检中的结果则分别包括 pollution... air 或 air... pollution。

6.1.4 禁用词表 stop words

下列词语属于不被检索的范围:

A ABOUT AFTER ALL ALSO AN AND ANY ARE AS AT BE BECAUSE BEEN BETWEEN BOTH BUT BY CAN COULD DO EACH EVEN FIRST FOR FROM HAD HAS HAVE HE HER HIS HOW I IF IN INTO IS IT ITS JUST LAST LIKE MANY MAY MORE MOST MUCH NEW NO NOT NOW OF ON ONE ONLY OR OTHER OUR OUT OVERS(复数)SAID SAYS SHE SHOULD SO SOME SUCH THAN THAT THE THEIR THEM THERE THESE THEY THIS THOSE THREE THROUGH TO TWO UP USE WAS WE WELL WERE WHAT WHEN WHICH WHILE WHO WILL WITH WOULD YOU

6.1.5 检索结果显示、标记、下载、打印

检索后,首先显示的是检索结果的数量和篇名目录页,每一条记录包括篇名、作者、刊名、ISSN 号、出版年月、卷期、起止页码以及连到全文的链接。

点击篇名后,将显示该篇目的详细内容,包括作者单位和文摘。点击作者,系统自动检索数据库中同一作者的所有相关文章。点击刊名,显示该期刊同一卷期的篇名目录。

在每篇文章篇名的前面允许标记记录,以便只选择想要的篇目进行打印和下载,标记结束后,点击页尾的"浏览",仅出现标记过的记录;若检索结果不止一个页面,可以逐页标记,最后在任一页点击页尾的"浏览";进入标记记录浏览后,可用浏览器的"后退"功能返回检索结果页面,增选记录,再点击页尾的"浏览",已标记过的不需

重选；浏览格式可以选择简单格式（只包括篇目的基本信息）和详细格式（显示文摘）。利用 IE 浏览器的保存和打印功能进行下载或打印。注意：标记多篇文章一次性显示、保存、打印的功能只适用于文章篇目。文章的全文部分只能逐篇显示、保存、打印。

Kluwer 电子期刊的文件全部采用 PDF 文件格式，可以存盘、打印，但使用前必须下载 Adobe Acrobat Reader 软件。

6.2 EBSCO 公司数据系统

6.2.1 EBSCO 公司业务概况

EBSCO（Elton B. Stephens Company）公司是美国的一家私人公司，创建于 1943 年。1963 年开设图书馆服务办公室，为全球文献资料收藏者提供完整的文献服务解决方案。包括期刊订购服务、参考文献数据库和网络电子期刊等。1986 年开始发展电子信息产品，1994 年开始在 Internet 上提供在线服务。EBSCO 公司是全球最早推出全文在线数据库检索系统的公司之一，该系统主要资源有两大类：学术期刊数据库和商业资源数据库。学术期刊数据库包括生物科学、工商经济、咨询、科技、通讯传播、工程、教育、艺术、医药学等领域的 2 700 种期刊，其中 1 240 种有全文。SCI 与 SSCI 收录的核心期刊为 993 种（全文有 350 种）。

商业资源数据库包括经济学、经济管理、金融、会计、劳动人事、银行以及国际商务等领域的约 2 000 种期刊，其中 1 600 余种有全文。SCI & SSCI 收录的核心期刊为 398 种（全文有 145 种）。网址是：

http：//search. china. epnet. com（无需付国际网络通信费）

http：//search. epnet. com（需付国际网络通信费）

http：//search. global. epnet. com（需付国际网络通信费）

EBSCO Information Services 包括 EBSCO Subscription Services 和 EBSCO Publishing。EBSCO Subscription Services 在 21 个国家拥有 32 家分公司，是全世界最大的期刊代理商，帮助有不同需求的文献收藏者获取和管理他们的文献。出版物检索、订购、催缺、各种文献的有效利用等需求都是他们的服务范围。EBSCO 还致力于使缺损的文献更容易获得。EBSCO Missing Copy Bank，一个免费提供给客户的服务项目，保存有 2 000 余种期刊最近 1~2 年的过刊。EBSCO Publishing 是世界上为高校图书馆、科研图书馆、公共图书馆、医学图书馆和中小学图书馆和企事业单位出版、发行电子全文参考文献数据库的主要公司之一。近年来，由于数据库技术提供了简捷实用的获取信息的渠道，这个公司得以快速发展。EBSCO 可通过光盘和互联网（通过 EBSCOhost）提供综合性的全文数据库。EBSCO Publishing 的数据库包括 8 000 多种著名期刊的摘要和 6 000 余种期刊的全文，其中 1 000 余种期刊可提供图片。同时 EBSCO 还代理发行许多世界知名出版商出版的广为使用的二次文献数据库。

该数据库的特点：融一次文献和二次文献为一体，能根据文献线索直接获取到原文；为用户设立了较多的检索点，可以从不同的角度检索到需要的文献；采用自然语言进行标引,可以检索到可贵的学科边缘信息,一般的数据库只标引主要的概念,这样会遗漏边缘信息;支持多文档检索;提供了工商企业名录、图片和华尔街金融词典等特色检索。

6.2.2 EBSCO 数据库的内容介绍

EBSCO 数据库目前有 8 个数据库,其中全文数据库有 5 个,文摘数据库有 3 个。

全文数据库有:Academic Search Premier 多学科学术期刊
　　　　　　　Business Source Premier 商业、管理、财经
　　　　　　　Professional Development Collection 教育学
　　　　　　　Newspaper Source 综合性报纸
　　　　　　　World Magazine Bank 综合性杂志

文摘数据库有:Medline 医学
　　　　　　　ERIC 教育学
　　　　　　　Econlit 经济学

1) Academic Search Premier

该数据库是当今全世界最大的多学科学术期刊全文数据库。专为研究机构所设计,提供丰富的学术全文期刊资源。Academic Search Premier 提供的许多文献是无法在其他数据库中获得的。这个数据库提供了 7 876 种期刊的文摘和索引;3 990 种学术期刊的全文;其中 100 多种全文期刊回溯到 1975 年或更早;大多数期刊有 PDF 格式的全文;很多 PDF 全文是可检索的 PDF(Native PDF)或是彩色的 PDF。这个数据库几乎覆盖了所有的学术研究领域,包括:社会科学、人文科学、教育学、计算机科学、工程学、物理学、化学、语言学、艺术、文学、医学、种族研究等。

2) Business Source Premier

这个数据库是为商学院和与商业有关的图书馆设计的。收录了 3 048 种学术性商业类全文期刊,文摘和索引的收藏更超过 3 851 种期刊。学科领域包括:管理、市场、经济、金融、会计、国际贸易等。Business Source Premier 包括世界上最著名的商业类期刊,特别是在管理学和市场学方面,如:Harvard Business Review, California Management Review, Administrative Science Quarterly, Academy of Management Journal, Academy of Management Review, Industrial & Labor Relations Review, Journal of Management Studies, Journal of Marketing, Journal of Marketing Research (JMR), Journal of Marketing Management, Journal of International Marketing, Journal of Advertising, Journal of Personal Selling & Sales Management 等。这个数据库还包括 EIU, DRI – WEFA, ICON Group 和 CountryWatch 的国家经济报告。EBSCO 正在与出版社合作制作的 300 种著名商业学术期刊的全文回溯数据也包括在这个数据库中。其中 200 种期刊有 PDF 格式的全文。这些回溯期刊可回溯到 1965 年或期刊创刊年,其中部分期刊更可提供过去 50~100 年的全文。Business Source Premier 的用户可查阅由 Datamonitor 所提供的 5 000 家公司的概况和 1 600 个产业报告。

3) MEDLINE

美国国家医学图书馆(National Library of Medicine)制作的医学文献数据库。收录

4 600余种现刊的索引和摘要,包含 Index Medicus、International Nursing Index、Index to Dental Literature、PREMEDLINE、AIDSLINE、BIOETHICSLINE 和 HealthSTAR。提供 MeSH（Medical Subjet Headings）检索。EBSCO 的 Premier 版数据库用户可通过 MEDLINE 连接到1 150种期刊的全文。

4）ERIC

ERIC（Educational Resource Information Center）是由美国教育部、国家教育图书馆和教育研究与发展办公室资助的国家信息系统。ERIC 提供2 200个文摘和来自于1 000多种教育学和与教育有关的期刊的索引和摘要。EBSCO 的 Premier 版数据库用户可通过 ERIC 连接到500 种期刊的全文。

5）Professional Development Collection

Professional Development Collection 是为专业教育人员提供的高度专业化的电子信息。此数据库包括：从儿童健康与发育到教学理论及其实践的各个方面。全文包括：Chronicle of Higher Education，Educational Leadership，Journal of Education，Journal of Learning Disabilities，Theory Into Practice 等 500 多种专业期刊、167 种教育手册和即将提供的教育学专著。

6）Newspaper Source

Newspaper Source 包含217 种国际性知名报刊的摘要、索引、全文及专栏文章。这个数据库完整收录了包括 The Christian Science Monitor、USA Today、The Times（London）在内的报纸；部分收录了 Boston Globe、Detroit Free Press、Houston Chronicle、Miami Herald、San Jose Mercury News 等报纸。另外还包括由 CBS News，FOX News，NPR 等新闻机构提供的广播和电视新闻稿。

7）World Magazine Bank

World Magazine Bank 广泛收录来自于澳洲、新西兰、英国、南非、亚洲、北美及欧洲总共 424 种杂志之索引与摘要，其中 269 种为全文期刊。

8）Econlit

Econlit 是美国经济协会电子书目数据库，是世界最早的经济学参考文献数据库。其质量得到 Journal of Economic Literature（JEL）的读者的广泛认可，而且是 1969 年以来经济学研究领域最主要的引文和文摘来源。学科领域包括：会计学、资本市场、经济计量学、经济预测、法规制定、劳动经济学、货币理论、城市经济学等。Econlit 包括六类文献信息：期刊论文、图书、论文集、学位论文、剑桥大学出版社出版的 Abstracts of Working Papers in Economics 和 Journal of Economic Literature 出版的书评，共825 000条记录。EBSCO 的 Premier 版数据库用户可通过 Econlit 连接到 265 种期刊的全文。

6.2.3 EBSCOhost 检索方法

进入检索系统，点击 EBSCOhost Only（速度较快）进入检索屏。

1）选择数据库。

在欲检索的数据库前面的方框内单击，当方框内显示"√"时即为选中，再单击则"√"消失，表示不选。对单个数据库进行检索时，除用上述选择方法外，还可用鼠标直接点击这个数据库的名称。对多个数据库检索，则在所有欲同时检索的数据库前的方框内点选。注意：同时对多个数据库进行检索可能会影响某些检索功能或数据库的使用。由于多个数据库使用了不同的主题词表，则无法使用主题检索功能。

数据库选择完毕后，点击"继续"按钮进入数据库检索页面，然后选择检索方法。

2）选择检索方法。

检索方法有两种，即基本检索（Basic Search）和高级检索（Advanced Search）。

基本检索和高级检索都提供6个检索途径，即关键字检索、出版物检索、主题检索、索引、参考检索、图像检索。系统默认的是关键词检索。

（1）高级检索。

关键词检索（Keyword Search）。高级关键词检索提供更多的检索方式和检索选项，适合有更多需求的读者。使检索更加便捷、准确。提供三个检索对话框，每个对话框提供17个可以选择的检索项，各个对话框之间需要进行逻辑组配。同时提供精确检索结果的限定条件和检索结果扩展条件。

精确检索限制结果有：全文、参考、学术（同行评审）、期刊、出版日期、出版物、出版物类型、页数。

扩展条件有：可以搜索相关的关键词，相关词指同义词，如bike和bicycle；可以在文章的全文范围内检索；自动"And"检索词语。

搜索历史记录。在关键词检索中提供历史记录的功能，帮助使用者记忆检索过程，方便表达式构建，是进行复杂检索的有效工具。

出版物检索（Journal Search）。具体期刊名称的检索，了解某一期刊的大概情况。检索结果是：期刊名称、刊号、出版周期、出版者、刊物报道范围等。出版物检索有两种检索方法。第一种方法是在检索词对话框内输入检索词，然后选择三种不同的检索功能，即按字母顺序、按主题和说明、匹配任意关键词。第二种检索方法是直接点击26个英文字母，将显示刊名首字母与之相同的期刊列表。

规范化主题检索（Subject Search）：利用规范化主题词检索，检索效率高，相关性大。主题不是任意自定，需用系统规定的主题。因此首先要检索系统的相关主题后再实施正式检索。输入检索词后，检索结果有三项限定选择，即词语的开始字母、词语包含和相关性排序。

主题词表的使用。在主题语浏览对话框内输入主题词，例如输入：forest，限定结果为词语的开始字母。将显示一个符合条件的词表。

FOREST administrative districts 使用 FOREST districts

FOREST animals 使用 FOREST fauna

FOREST archaeology

FOREST biological diversity

FOREST biomass

单击词语以显示详细资料。词语间有使用说明。各个主题词之间可以使用逻辑组配功能。

索引（Index）。索引设有18个选项。功能是选择其中的一项，输入检索词，将显示与该词有关的列表，再进行选择。例如选择作者，输入一位作者的姓，smith 系统显示与该词相同的所有作者的姓名。选择多位作者可以进行逻辑组配。其他选项使用方法相同。

引文检索（Cited References）。该途径是检索引文。提供被引作者、被引文献、被引文章题目、被引年和引用的字段。

图片检索（Image Collections）。提供的选项有图像、人物照片、自然科学照片、地点照片、历史照片、地图和标志，如果不作选择，则在全部图片库中检索。检索方法是输入检索词，选择照片库，检索结果可以进行 And 扩展。

(2) 基本检索。

基本检索仅提供一个检索对话框，其他使用方法与高级检索相同。在检索对话框内输入检索词，在对话框下方可以对检索检索结果进行扩检。

6.2.4 EBSCO 检索技术

在检索课题时，关键问题是组织逻辑表达式（检索式）。逻辑表达式主要由关键词、逻辑运算符、截词、位置符、括号构成。逻辑表达式适用于基本检索和高级检索。

(1) 逻辑运算符。算符为 and，or，not。关键词必须同时出现用"and"，可以出现任意一个或多个用"or"，不能出现用"not"。

(2) 优先级。在默认情况下，逻辑运算的优先级次序是"not""and""or"。如果要改变默认的优先级次序则需使用（ ），括号可以嵌套。

(3) 通配符。通配符使用"?""*"。用于关键词中，"?"用来代替任何一个字母或数字，"*"用来替代多个字母或数字，但是通配符替代的字母或数字仅限于一个关键词内。

6.3 OCLC FirstSearch 基本组数据库

6.3.1 OCLC FirstSearch 系统介绍

1) OCLC 简介

OCLC（Online Computer Library Center, Inc，即联机计算机图书馆中心）是一个有国际影响的非营利性质的信息服务机构之一，总部在美国俄亥俄州的都柏林。作为世界上著名的图书馆领域的研究机构与服务机构，OCLC 始终致力于促进世界各国图书馆的合作，实现世界范围内的资源共享。

OCLC 创建于 1967 年，目前在世界范围内的用户已达 86 个国家和地区的 43 559 个图书馆。OCLC 研究、开发了整套联机计算机系统，它的多项产品广泛用于世界各地的教育机构和图书馆。FirstSearch 就是 OCLC 在网络环境下推出的一个网络联机检索服务系统。1999 年 8 月，OCLC 又推出了新的 New FirstSearch 检索系统。该系统在原来的基础上增加了许多新的功能。

新版的 FirstSearch 实现了和 OCLC 的联机电子出版物数据库 ECO（Electronic

Collection Online 联机电子出版物）的完全整合。增强了联合编目数据库 Worldcat 的馆藏信息，实现了各库间的联机全文共享。

2）FirstSearch 数据库介绍

当前利用该系统可检索到 75 个数据库，其中有 30 多个数据库可检索到全文。这些数据库大多数由美国的一些国家机构、联合会、研究院、图书馆和大公司提供。数据库的内容包括文献信息、馆藏信息、索引、名录、文摘和全文。文献类型包括图书、期刊、报纸、胶片、计算机软件、音频资料、乐谱等。目前可以免费检索的有 13 个数据库。

（1）Articlelst——16 000 多种期刊的目次页所列文章的索引（OCLC 创建）。

Articlelst 数据库收录了 16 000 多种学术期刊的文章引文以及目录索引，主题覆盖了工商、人文学、医学、科学、技术、社会学和大众文化等。虽然大多数期刊是英文资料，但也有部分其他语言的期刊。该库覆盖了 1990 年到现在的资料，每天更新。

（2）Clase Periodica——有关科学和人文领域中的拉丁美洲期刊索引（Universidad Nacional Autonoma de Mexico（UNAM）创建）。

Clase Periodica 数据库由 Clase 和 Periodica 两部分组成，其中 Clase 索引了在拉丁美洲期刊中发表的社会科学和人文学科方面的文献；Periodica 收录了科技方面的期刊。该库提供对以西班牙文、葡萄牙文、法文和英文出版的 2 600 种学术期刊的检索（Clase：1 200 种；Periodica：1 400 种），总计达 40 多万条书目引文。Clase 收录的期刊从 1975 年开始至今；Periodica 收录的期刊从 1978 年开始至今，数据库每季度更新一次。

（3）Ebooks——世界各地图书馆的联机电子书的 OCLC 目录（OCLC 创建）。

Ebooks 收录了参加 WorldCat 联合编目的 OCLC 成员馆收藏的联机电子书，共计 21 万多种，其中也包括 OCLC 的 netlibrary 电子书。用户可以检索所有这些电子书的书目，并可链接到已订购且包含在 WorldCat 数据库中的电子书进行阅读。数据库每天更新。

（4）ECO——联机电子学术出版物（CALIS 集团仅订购了书目信息）（OCLC 创建）。

ECO 是一个全部带有联机电子全文文章的期刊数据库，主题范畴广泛，可检索到书目、文摘信息和全文文章。目前收录的期刊来自 70 多家出版社，总计 5 300 多种，200 多万篇。数据库中的文章都以页映像的格式显示，包括了文章的全部原始内容和图像。该库收录的期刊大多从 1995 年开始，每天更新。OCLC 提供了 1 691 种期刊可按篇购买。

（5）ERIC——教育方面的期刊文章和报告（c/o Computer Sciences Corporation ERIC Project 创建）。

ERIC 包括发表在月刊 Resources in Education（RIE）上的非期刊资料和发表在月刊 Current Index to Journals in Education（CIJE）上的期刊文章的评注参考。它囊括了数千个教育专题，提供了最完备的教育书刊的书目信息，覆盖了从 1966 年到现在的资料，记录每月更新。现在，ERIC 包括 1 000 多种期刊，同时还包括一个 ERIC 叙词表。

（6）GPO——美国政府出版物（由美国政府出版署创建）。

GPO 包含 50 多万条记录，收录了从 1976 年 7 月以来与美国政府相关的各方面的文件。这些文件的类型有：国际报告、国会听证会、国会辩论、国会档案、司法资料以及由美国具体实施部门，如国防部、内政部、劳动部、总统办公室等出版发行的文件。每月更新记录。

（7）MEDLINE——医学的所有领域，包括牙科和护理的文献（由国家医学图书馆创建）。

MEDLINE 涵盖了医学的所有领域，包括临床医学、实验医学、牙科学、护理、健康服务管理、营养学以及其他学科。相当印刷版的索引 Index Medicus, Index to Dental Literature, and International Nursing Index 一样。它收录了国际上从 1965 年到现在出版的 9 580 多种期刊，总计 1 200 多万条记录，每条记录都附有详细的文摘资料，每天更新一次。

（8）PapersFirst——国际学术会议论文索引（OCLC 创建）。

该数据库包括在"大英图书馆资料提供中心"的会议录中所收集的自 1993 年 10 月以来在世界各地的学术会议（代表大会、专题讨论会、博览会、座谈会以及其他会议）上发表的论文，可通过馆际互借获取全文。该库目前包括 520 万条记录，每半月更新一次。

（9）Proceedings——国际学术会议录索引（OCLC 创建）。

Proceedings 是 PapersFirst 的关联库，它包括在世界各地举行的学术会议上发表的论文的目录表。目前包括 15.8 万多条记录，提供了一条检索"大英图书馆资料提供中心"的会议录的途径。每周更新两次。

（10）Unionlists——OCLC 成员馆所收藏期刊的联合列表库（OCLC 创建）。

该数据库包括 OCLC 成员馆的数千种期刊的馆藏情况，它有 850 万条记录，每一条记录包括某种期刊和它的收藏馆的有关信息。每半年更新一次。

（11）WilsonSelectPlus——科学、人文、教育和工商方面的全文文章（H. W. Wilson Company 创建）。

该库每条记录都包括索引、摘要和联机全文，这些全文文章选自美国和国际上的专业出版物、学术期刊和商业杂志。目前它包括 1 650 多种期刊，100 万多条记录，覆盖了从 1994 年到现在的资料，每周更新一次。一些 FirstSearch 数据库的引文也可链接到该库的全文。

（12）World Almanac——世界年鉴（World Almanac Education Group 创建）。

该数据库在 1868 年第一次出版，它是适用于包括学生、图书馆的读者、图书馆的参考咨询人员和学者等几乎每个人的一个十分重要的参考工具。涉及的范畴包括：艺术和娱乐、新闻人物、计算机、科学和技术、经济学、体育运动、环境、税收、周年纪念日、美国的城市和州、国防、人口统计、世界上的国家等，覆盖了 1998 年至现在的资料，每年更新一次。

（13）WorldCal——世界范围图书、web 资源和其他资料的联合编目库（OCLC 创建）。

该库是由 9 000 多个 OCLC 的成员馆参加联合目录的一个数据库。它目前包括 400 多种语言的 5 700 多万条记录，主题范畴广泛，覆盖了从公元前 1 000 年到现在的资料，基本上反映了世界范围内的图书馆所拥有的图书和其他资料。资料的类型有图书、web 站点和 Internet 资料、计算机程序、胶卷和幻灯片、期刊和杂志、文章和论文、手稿、地图、乐谱、报纸、录音带、录像带等。记录每天更新。

6.3.2 FirstSearc 主页布局

进入 FirstSearch 的主页。窗口分为三个部分:语种选择区、导航区、检索对话框区。

(1)语种选择区:可以选择 8 个语种进行界面的显示和检索,包括英语、法语、日本语、韩国语、繁体汉语、简体汉语。

(2)导航区:导航区包括数据库和检索两项。

①数据库——包括"所有数据库"、"列出按主题分类的数据库"、"推荐最佳数据库"。

点击"所有数据库",系统显示全部数据库的列表。按字母顺序依次排列。在检索之前首先选择数据库,如选择一个数据库,直接点击数据库的名称。多选要在数据库前面的方框内点选,最多不要超过 3 个数据库,选择后点击顶部或底部的"Select"按钮,系统进入检索界面,可以进行检索。

点击"列出按主题分类的数据库",系统显示与该主题相关的数据库名称,在所列出的数据库的后面标记是否有全文。首先选择列出的数据库,点击 Select 按钮,显示检索界面,可以进行检索。如果选择 Clear 清除当前的选择。

如仅选择一个数据库,直接点击库名。要选择多个数据库(最多不超过 3 个),需先点击数据库名前的复选框,然后点击库表顶部或底部的"选择"按钮。

点击"推荐最佳数据库",在 Must Contain(必须包括)中键入检索词,此项包括 3 项选择,即 Keyword、Author、Source。在 Limit to topic(主题范围)中进行选择,缺省选择为 General(综合性),点击 List 系统显示结果,点击 Clear 进行清除。显示结果窗口将列出每个数据库中匹配的估算记录数。

②检索——选择检索方法。检索方法包括 3 种:Basic Search 基本检索、Advanced Search 高级检索、Expert 专家检索。

(3)检索对话框区:包括"Search for"——输入检索词,"In"——数据库的选择,主题范围的选择,"Jump to Advanced search"——直接进入高级检索对话框。

6.3.3 FirstSearc 检索方法

1)利用主页直接进行简单检索

在"Search for"对话框中输入检索词,在"In"栏内下拉的目录中选择对应的数据库或主题范围,点击"Search"按钮,显示检索命中结果。可完成一个检索。

2)利用基本检索界面检索

在利用基本检索之前,首先要对数据库进行选择,可以选择上面介绍的 3 种数据库的选择方式,点击"Basic Search"进入基本检索界面。

(1)在"Search in database"的选择对话框中选择数据库。

(2)在各个检索输入框中输入检索词,可以进行有选择的输入,可供选择的输入项目有:Keyword、Author、Title、Source、Year、limit to。

（3）然后点击"Search"，即可执行检索，点击"Clear"可以清除当前的选择。

基本检索中的几点说明：

检索词可以是一个单词，如果要检索一个准确短语，将短语放在引号内。

Limit to 下的 Full text 图框，可以限制全文资源的检索结果，检索结果仅包括可以直接联机访问的全文文章的记录，全文记录有 3 种描述格式：Adobe、PDF、Realpage、ASCⅡ，每条记录都规定了使用格式。

选择检索结果的排列格式，在缺省"No ranking"情况下，当检索单个数据库时，检索结果按数据库中记录的增加顺序进行排序，最新增加的记录最先显示，当检索多个数据库时，检索结果按数据库名字的字母顺序分组排列。

点击"Clear"按钮可以清除已经选择的操作和输入的检索式。

3）利用高级检索界面检索

点击"Advanced Search"进入高级检索界面。高级检索界面允许构造复杂的检索语句进行检索。高级检索屏幕一般使用下拉表构造检索式。屏幕的右方提供了当前数据库可用字段索引的一个下拉式列表，用户可用鼠标直接选择而不必在检索式中键入标识符。具体操作为：

（1）要更换数据库，在"Search in database"后面的框内展开数据库表，选择另一个数据库。

（2）在"Search for"后有 3 个检索框，在检索框中输入检索词或短语。每个检索框只能使用一个检索字段。3 个检索框之间的检索串用布尔逻辑算符（AND，OR，NOT）组合，选择逻辑符。

（3）选择字段，点击检索词右方图框的箭头，从下拉列表查看所有可使用的字段。

（4）如果想缩小检索范围，选择使用"Limit to"进行限制，"限制时间"和"限制范围"。

（5）数据库馆藏代码限制"Limit availability to"，输入某一个图书馆的代码。

（6）如果想重排检索结果，从"Rank by"排序下拉表中选择，然后点击"检索"按钮。

4）利用专家检索界面检索

点击"Expert Searching"进入专家检索界面。专家检索界面是为有经验的检索人员而设计的。

（1）在"Search for"检索输入框内一次输入检索逻辑式，逻辑式可以由逻辑符、位置符、截词符、检索字段和括号组成。如果是短语要放在引号内。

（2）在"Indexed in"中选择一个索引，用于任何没有标识符的检索项。

（3）如果需要检验检索词的拼写和格式正确与否，单击窗口顶部的"Index"图标。

（4）以下操作与高级检索相同。

6.3.4 检索结果的处理

1）记录表 List of Records

以上介绍的检索方法，通过"Search"检索后，列出检索结果的清单。显示此时检索数据库的名称、检索逻辑式或检索的短语以及使用过的检索限制。在此窗口可以进行如下操作：

（1）可以利用 prev 或 next 进行翻页。

（2）点击文章的题名，进入详细记录窗口，可以看到书目的详细信息。

（3）获取某一记录的全文，点击一个记录名后面的全文图标或格式信息，即可以看到全文，然后可以保存和打印或发 E – mail 得到全文。

（4）对文章作标记。在每一条记录的前面有个方框供选择，可以点击方框选中任意一个记录，也可以点击"Mark All"全选或点击"Clear Marks"清除。标记点选后，点击导航菜单中的"Marked Records"链接，进入标记记录窗口，在这个窗口可以通过点击记录顶部的"Detailed"按钮观看标记的详细记录，然后可以进行打印和保存处理。

2）检索结果的详细信息

点击记录表中记录的题名或导航菜单中的"Detailed Record"链接，即可以进入详细窗口。点击"著者"，可以检索同一个著者的其他著作。点击"世界各地拥有馆藏的图书馆"，可以显示馆藏图书馆名称和代码。

6.3.5 浏览索引 Browse Index

在专家检索界面中，提供"浏览索引"功能，用户点击屏幕左中部的"Index"图标，即可以进入浏览索引。具体操作：在浏览后面的输入框内输入检索词；在索引项目的下拉目录中选择检索字段；点击"浏览"按钮，即显示与用户的检索字段相匹配的词表，表的上部和下部的词是较匹配的词，表的中央为最匹配的词，表的右面是词的记录数。

6.3.6 FirstSearc 检索技术

1）逻辑运算符

在检索式输入框内可以输入单词、词组、短语或逻辑式。如果要检索准确的短语，将短语放在引号内。用算符 AND、OR 和 NOT 把检索词组合起来，使检索更准确。

AND：用 AND 结合检索项查找包括两项的记录。

例如，au：updike and ti：rabbit run

OR：用 OR 结合检索项查找包括任意一项的记录。

例如，su：(car safety or air bag)

NOT：使用 NOT 查找包括某些项而非另一些项的记录。

例如，su：jazz not su：blues

带括号的检索式。可用括号告诉检索系统两个或多个被结合的检索词使用相同的字段标识符。

例如，ti：(civil war and stone river)

2）位置符

在两个检索词之间键入 N（near）或 W（with）位置符，以指明在记录中词的排列顺序和间隔距离。

N：N 算符放在两个词的中间，在检索结果中两个词的位置可以颠倒，必须按顺序出现。

W：W 算符放在两个词的中间，在检索结果中两个词的位置不可以颠倒，必须按顺序出现。

N 或 W 后可有（1~25）之间的数，表示两个词之间允许的最多词数。

例如，ti：online n search
　　　ab：head w2 class

3）截词符、通配符

（1）复数标识 +。

使用简单复数功能可同时检索一个词和它的复数（形式为"s"或"es"的复数）。在希望检索复数形式的词的尾部键入一个加号 +。

例如，检索式中的词　　　实际检索的词
　　　soccer coach +　　　soccer coach, coachs, coaches

注：只有某些字段允许使用简单复数功能。

（2）截词符 *。

至少键入一个词的前 3 个字符和一个" * "号来完成一个词和它的同根词的检索。例如，键入 econ * ，将获得包括 econometrics、economics、economist 等的结果。

（3）通配符#和?。

当不能确信拼写是否正确时，或当某些拼写可替换时，或当仅知道某词的一部分时，可以使用通配符。FirstSearch 能识别#和?两种通配符。

#：代表一个字符。例如，键入 wom#n，会获得包括 woman 和 women 的记录。

一个?：代表零个或任意个字符。例如，用 colo?r 检索，将得到包含 color、colour、colonizer 和 colorimeter 的记录。

4）检索字段标识码

可检字段及标识码，见表 6.3.1。

表 6.3.1

检索字段名	字段标识码	检索字段名	字段标识码	检索字段名	字段标识码
Keyword	Kw:	Author	Au:	Author Phrase	au =
Access Method	Am:	Accession Number	No:		
Conference Name	cn:	Corporate Name	co:		
Corporate Name Phrase	co =	Conference Name Phrase	cn =		
Descriptor	de:	Descripor Phrase	de =		
Named conference Phrase	cf =	Genre/Form Phrase	ge =		
Geographic Coverage Phrase	gc =	Personal Name	pn:		
Language Phrase	ln =	Notes/Comments	nt:	Named Corporation Phrase	nc =
Publisher	Pb:	Named Person Phrase	Na =		

续表 6.3.1

检索字段名	字段标识码	检索字段名	字段标识码	检索字段名	字段标识码
Update	Up:	Standard Number	sn:		
Publisher Location	Pl:	Personal Name Phrase	Pn =		
Title	ti:	Subject	Su:	Series Title	Se:
Title Phrase	Ti =	Subject Phrase	Su =		
Series Title Phrase	Se =				

（1）单标识符检索式。

标识符紧跟一个冒号：和检索项，例如：ti：computer。

（2）多标识符检索式。

可以在多个字段检索同一个检索项，例如：au:，su:，nt：louisa may alcott。

（3）准确短语检索式。

准确短语表达式需要用标识符后跟一个"="号和一个检索项，"="号后面的所有词将作为一个整体进行检索。

例：ti = one day in the life

　　au = wang guangming

5）禁用词

FirstSearch 忽略检索式中包含如下任一禁止词：

a　as　but　from　he　in　of　what　was　you

an　at　by　had　her　is　on　this　which　&

are　be　for　have　his　it　or　to　with

OCLC 的网址：

http：//firstsearch. oclc. org

http：//firstsearch. global. oclc. org

http：//firstsearch. oclc. org/FSIP

http：//firstsearch. global. oclc. org/FSIP

6.4　Elsevier Science Direct Onsite 外文电子期刊全文

6.4.1　概况

Elsevier Science 爱思唯尔公司是一家设在荷兰的历史悠久的跨国科学出版公司，它所出版的期刊质量一直得到世界的公认。SDOS（Science Direct On Site）是 Elsevier Science 公司的电子全文学术期刊数据库。该数据库目前收录了自 1998 年以来的 1 250 多种 Elsevier 出版的电子期刊全文。包括的学科有：

Category List of Journals
Agricultural and Biological Sciences
Arts and Humanities
Biochemistry, Genetics, and Molecular Biology
Business, Management and Accounting
Chemical Engineering
Chemistry
Civil Engineering
Computer Science
Decision Sciences
Earth and Planetary Sciences
Economics, Econometrics and Finance
Energy and Power
Engineering and Technology
Environmental Science
Immunology and Microbiology
Materials Science
Mathematics
Medicine
Neuroscience
Pharmacology, Toxicology and Pharmaceutics
Physics and Astronomy
Psychology
Social Science

该数据库可以检索论文的题录、文摘和全文。记录的内容详细且格式规范，设有多项检索限制和选择，检索方法容易掌握。

6.4.2 浏览界面

http://lib.nefu.edu.cn 进入主页，点击 Elsevier Science Direct Onsite 数据库，点击 SDOS，直接进入浏览界面。SDOS（Science Direct On Site）原名为 EES（Elsevier Electronic Subscriptions）。EES 自 1999 年 1 月起正式使用 SDOS 作为新名称，以确保 Elsevier Science Direct 一系列服务名称的一致性。浏览界面有检索导航区、检索对话框、期刊名字母列表、期刊目录列表，见图 6.4.1。

6.4.3 检索方法

检索途径有三种：BROWSE 浏览、SIMPLE 简单检索和 EXPANDED SEARCH 扩展检索。

1) BROWSE 浏览

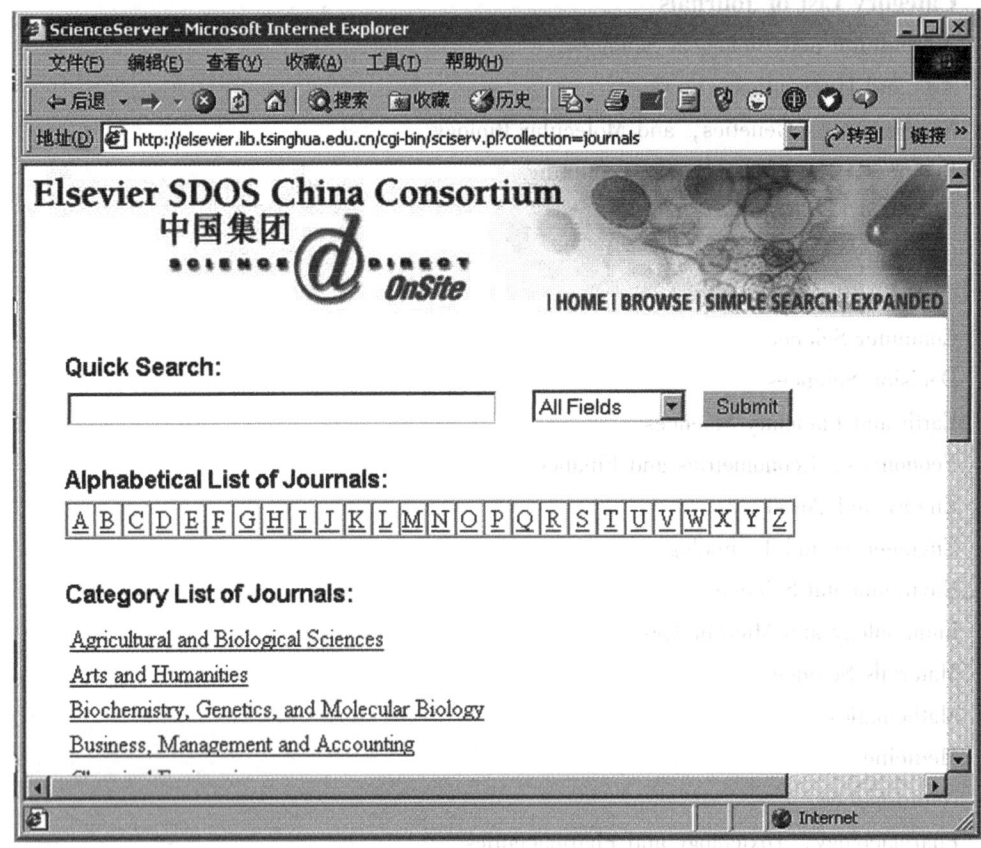

图 6.4.1

该界面是系统确认的界面，该界面有三种检索方法。

（1）利用字母表检索。

利用字母表中列出的期刊名称的首字母，点击需要的期刊名的首字母，系统将显示以该字母开头的所有期刊名称。也可以点击在字母表下面列出的相应的学科，即可以得到该学科所有相关的期刊名列表。浏览选中所需要的期刊、卷、期，即可以得到文章的题名、著者、页码。点击"Bibliographic Page"，即可以得到文章的详细题录和内容摘要。点击"Article Full Text PDF"即可以得到文章 PDF 格式的原文，并可以直接打印或存储到磁盘上。

（2）利用 Quick Search 对话框检索。

在浏览界面中"Quick Search"的下方有一个检索对话框，可以输入检索词进行检索。

输入的检索词可以是一个或多个，多个检索词可以使用逻辑符、截词符、位置符。在检索框后面有检索字段的选择，可供检索的字段如下：

All Fields

Citation&Abstract

Author Name
Article Title
Abstract

系统默认的检索字段是 All Fields。

点击"Submit"按钮执行检索,显示检索结果。

在显示屏的下方是检索结果的详细题录和文摘。

如果想要选择多篇文章,可以在文章题名前的方框内点击选中,然后点击"View Selected",就可以显示所选中文章的目录列表。点击"Clear All"可以清除所选的文章目录。在目录列表中,每条信息左面有一个图标,点击此图标可以显示与文章相关的其他文章列表。

在"Bibliographic Page"的页面中,点击在显示屏的下方的"Gat citation export Reference format",用户可以得到文章详细信息的文本输出格式。

(3) 期刊学科类目列表。

在该数据库可以检索的学科有 23 大类。点击其中某一类,显示该类收藏的全部期刊列表,选择某一期刊,然后点击,可以检索出某一卷相关的原文。

2) SIMPLE 简单检索

进入 SDOS 主页后,点击"SIMPLE SEARCH"进入简单检索界面,简单检索界面有检索词的对话框和提供可检索的字段。

SIMPLE 简单检索提供的检索字段如下:

Any Field	所有字段
Article Title	文章标题
Abstract	文摘
Author Name	著者姓名
ISSN	国际标准刊号
PⅡ	出版物识别码
Author Key words	著者关键词
Journal Title	期刊名

3) EXPANDED SEARCH 扩展检索

进入 SDOS 主页,点击"EXPANDED SEARCH"进入扩展检索界面。该界面提供 7 个可供检索选择使用的区域。

(1) 检索对话框。在"Enter search terms"下面有两个可供输入检索词的对话框,有 8 个可供选择的字段,有三个布尔逻辑运算符,即"AND""OR""NOT"。

(2) 学科类目选择区。"Journal Categories",在下拉的目录中,有学科类目的选择,可以选择其中的一个学科进行检索。

(3) 论文类型选择区。"Article Type"类型有:All Tyres Article 表示只显示论文、Contents 表示只显示期刊题录、Miscellaneous 表示只显示其他题材的论文。

(4) 语言选择区。"Language"种类有:All Languages, Chinese, English, Finnish, French, German, Japanese, Portuguese, Russian, Spanish。

(5) 检索的时间限制。"Limit dates"可以进行检索时间范围的选择。

(6) 每页显示的记录数。"Documents per page"

(7) 文献排列的顺序。有四种排序方式：Relevance 按相关性高的先显示，Date - Newest first 按最近新输入的先显示，Date - oldest first 按以前输入的先显示，Author 按作者名字顺序排列显示。

6.4.4 检索技术

(1) 在简单检索和高级检索中，在检索输入框内输入一个或多个检索词、词组或检索式，再选择需要的检索字段。

(2) 逻辑运算符。逻辑与"AND"、逻辑或"OR"、逻辑非"NOT"，字段内的检索词以"AND"作为默认运算符。这表示所返回的文章必须包含所有的检索词。也可以指定"OR"作为运算符，只需在检索词之间加入该符号即可。如果指定"OR"作为运算符，所返回的文章只需含有所输入检索词的任何一个。举例来说，如果在任何一个字段中输入 robot comput，将返回含有"robot"与"comput"的检索结果，不依照顺序。如果将它更改为 robot OR comput，则检索结果只需含有其中任何一个检索词，这表示匹配的文章只要含有其中一个检索词即可。检索词无需以任何特定顺序出现。

(3) 字段的使用。您可使用任何一个或所有的字段来进行检索。如果您同时在不同的字段中输入检索项目，所有检索条件将被整合。例如，如果同时在 Any Field（检索任一字段）与 Article Title（仅检索标题）字段中输入检索词，则返回文章必须含有该两项检索条件。

(4) 截词符 ∗。

∗ 号代表多个字符。例如：comput ∗ 可以检索 compute computer 等。

(5) 短语检索符" "。

表示检索到的文章必须是与" "中指定的检索词顺序完全匹配。

例如：输入" robot comput"，所返回的结果将同时含有这两个检索词，并且与所指定的顺序完全匹配。如果没有输入双引号，则该检索词在返回文章中将以任意顺序出现。

(6) 位置符 ADJ、NEAR［n］。

ADJ 表示前后词必须连续出现。

例如：forest ADJ ecology 检索结果 forest ecology。

NEAR［n］，表示检索词之间最多相隔 n 个词以内。

例如：forest NEAR［3］ecology 表示只要在 forest 和 ecology 之间相隔在 3 个词以内的文章都是符合检索条件的。

(7) PⅡ码。

在文章的文献目录页中显示的标识号是出版商项目标识号（PⅡ），PⅡ专供电子发布信息使用，是为文章提供专属识别的一种标准。American Chemical Society，American Institute of Physics，American Physical Society，Elsevier Science 以及 IEEE 均已采用 PⅡ。

(8) 打印和保存的方法。

①打印全文：单击 Acrobat Reader 命令菜单上的打印机图标，即可直接打印该文章。

②保存全文：可以直接利用 Acrobat Reader 命令菜单保存所检索到的文献（PDF 格式）。也可以返回到期刊目次页，在欲保存的论文题名下，选中"Article Full Text PDF"按钮，单击鼠标的右键，从弹出的菜单中选择"目标另存为"，保存该论文（PDF 格式）。

③保存检索结果的题录：如果想保存期刊或论文的题录，在题名前的小框内选中，点击"View Selected"，将选中的文献重新列表，从浏览器的"文件"菜单中，选择"另存为"，可以按纯文本格式或超文本格式保存题录。

（9）如果在网上浏览期刊的全文（PDF 格式），需要使用 Acrobat Reader 软件。利用 Acrobat Reader 软件，用户可以将阅览到的全文直接打印或存盘。保存后的文件仍需要用 Acrobat Reader 软件浏览。如遇到问题可以访问 Elsevier Science 的网站，该网站在国内清华大学和上海交通大学设立了镜像站点，其网址分别是：

http://elsevier.lib.tsinghua.edu.cn；

http://elsevier.lib.sjtu.edu.cn。

6.5 SpringerLink 科技期刊及丛书

6.5.1 概况

德国施普林格（Springer - Verlag）是世界上著名的科技出版集团，通过 Springer Link 系统提供其学术期刊及电子图书的在线服务。2002 年 7 月开始，Springer 公司和 EBSCO Metapress 公司在国内开通了 Springer Link 服务。

1842 年 Julius Springer 在柏林创立出版社，1907～1945 年出版社开始发展在医学、科学和技术的出版业务，1960 年起，出版社开始发展国际性的出版网络，在纽约、伦敦、巴黎、东京、香港、新德里等地设立出版分社。1973～1994 年施普林格的出版网络得以在国际上快速发展，成为领先的国际出版集团。1999 年贝塔斯曼媒体集团收购大部分股权，作为专业出版旗下的主导单位，改名 Bertelsmann Springer 出版集团，2003 年 Bertelsmann Springer 被英国的 Cinven & Cand over 投资银行完全收购，并将在 2004 年与 Kluwer Academic Publishers 合并，集团公司改名为 Springer Science Business Media。

现在的 Springer 出版社，出版 20 000 种再版图书，每年出版约 2 500 种新书、约 500 种期刊。Springer 出版社在 1996 年开通为科学研究服务的网上全文数据库，现有约 500 种科技、医学全文期刊，20 种世界知名科技丛书共 2 000 多卷，30 多万篇文献，大部分期刊过刊回溯到 1996 年。

2002 年 4 月科学院全国所有分院与研究所同时开通使用的全文数据库，与 CALIS 工程中心合作组织分地区性的 Springer Link China Consortia（SLCC），集团到 2002 年底组成了华北、东北、西北、上海、华东、江苏、华南和华中共 8 个高校集团，目前有超过 450 个图书馆正在使用 Springer Link。网址有以下两个：

http://springerlink.com

http://springerlink.lib.tsinghua.edu.cn

6.5.2 检索方法及检索技术

主页：

输入网址进入主页，主页见图 6.5.1。search for 检索词输入框，Return 有 Articles、Publications、Publishers 三项选择，即检索文章、检索出版物、检索出版者。在检索时选择其中的一项。在页面中 Browse and Explore 栏目下有可供浏览的三个目录：

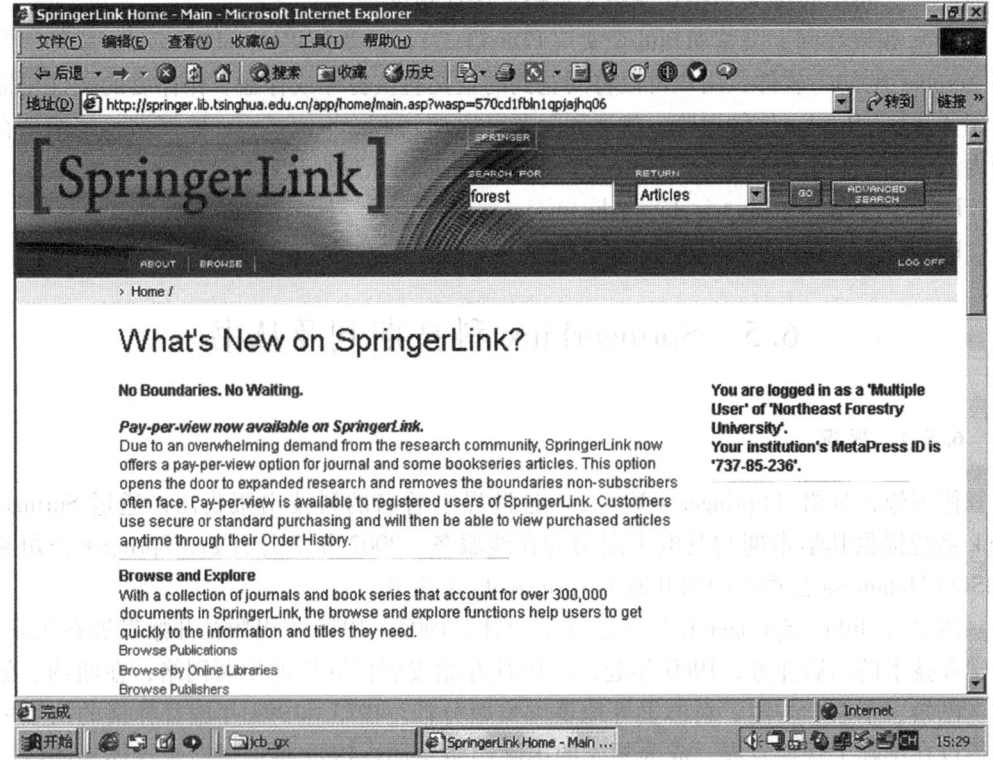

图 6.5.1

Browse Publications	浏览出版物
Browse by Online Libraries	浏览在线图书馆，可按学科分类浏览
Browse Publishers	浏览出版者

6.5.3 检索文章

1) 利用主页检索对话框进行快速检索

（1）输入网址，进入主页。在 search for 检索词的输入框中输入关键词。在 Return 中选择 Articles，点击 GO 按钮，执行检索。

（2）检索式的编写。在检索中输入的关键词可以是一个单词也可以是多个单词。关键词之间可以用逻辑符连接。逻辑符有逻辑"与"、逻辑"或"、逻辑"非"。

截词符"﹡"，表示前方一致，用在关键词的末尾，以代替多个字符。

优先运算符。"（ ）"系统按照检索者的要求优先执行，而不是按默认的逻辑运算优先次序进行检索。

2）利用高级检索中 Articles by text 检索文章

点击"ADVANCED SEARCH"进入高级检索界面，高级检索界面可以进行三种选择，即 Articles by citation 由引文检索文章，这种检索方法是在确定某一期刊的前提下，检索文章；Articles by text 由内容检索文章；Publications 检索出版物。选择 Articles by text 按钮，可以显示出高级检索选项，由内容检索文章。

（1）在 Search For 中输入关键词或检索式。

（2）在 Using 中进行选择：All words 检索全部关键词；Any words 检索任意一个或多个关键词；Exact phrase 全部输入的内容按词组进行精确查找；Boolean Search 布尔检索。此时若不输入逻辑运算符，则默认的逻辑运算关系为"AND"。检索式的编写与上面介绍的方法相同。

（3）Within 选项。设置检索范围。选择"Full Text"在全文、文摘和篇名中检索；"Abstract"在文摘和篇名中检索；"Authors"在著者中检索；"Title"只在篇名中检索。

（4）Filter 选项。筛选仅能看到的文章。

（5）Results 检索结果选项。"Order By"用于检索结果的排序方式。选择"Recency"检索的结果将按出版时间排序，新近出版的排在前，较早出版的排在后。选择"Relevancy"检索结果将按照与检索关键词的相关度或符合度排序，相关度高的排在前。

（6）Display 每页显示的数量。

3）利用高级检索界面中的 Show Advanced Options 检索

在高级检索界面中还可以进一步检索，点击 Show Advanced Options 进入检索界面。这个界面在原来高级检索界面中增加了一些限定条件。

（1）Dates 限定文章出版时间的选项。选择"Entire Range of Publication Dates"以取消时间的限制。选择"Publication Dates Between（month/day/year）"进行时间的限制，最早时间和最晚时间都必须要填写。格式为：月/日/年，如"11/03/1980"或"11/3/80"等。

（2）Publications 出版物的限制。将检索范围限定在选定的期刊内，要选择期刊，用鼠标在期刊列表中（按刊名字母顺序排列）点击要检索的刊名，再点击"Include Selected"按钮，即可以将期刊添加到已选中的期刊列表中。要取消选择，点击已选中期刊列表中的期刊名，然后点击"Exclude Selected"按钮，即可取消选择。可以点击"All Publications"以取消期刊范围限定。

（3）Return 限制期刊论文。

（4）检索结果限制与上面介绍的相同。

4）利用高级检索中的 Articles by citation 检索文章

点击"ADVANCED SEARCH"进入高级检索界面。在出版物输入框内必须要输入检索词，检索词可以是期刊名中的词，也可以是准确的期刊名，也可以用 ISSN 号检索。以下各项可以输入也可以不输入。检索结果必须是所限定的期刊中出现的文章。例如，输入一种期刊，在作者框内输入一位作者，那么检索出来的结果是这位作者发表在这本期刊中的所有文章。

6.5.4 文章检索的结果

检索的结果显示了文献题录或文摘信息。

（1）这一页显示了命中文章的清单。右上角有命中文章的总数，可以在文章名之前的小方框内打钩，以选中这篇文章。点击"Filter Selected Items"可以显示选中的文章。

（2）可以对检索结果进行二次检索。在"For"后的文字输入框内输入检索词，可以对检索的结果再进行二次检索。

（3）检索结果中只显示文章的简要信息。点击文章名可以查看文章的详细介绍。在详细信息界面中有全文下载的提示，说明全文收录情况。有全文的文章可以看到下载按钮"Open Full text。"

（4）所有全文以 PDF 文件格式提供。要浏览全文必须安装 Adobe 公司的 Acrobat Reader 软件。这个软件是免费的，可在网站或 Adobe 公司的网站下载。安装 Acrobat Reader 浏览器后，点击"Open Full text"按钮可以打开 PDF 格式的全文。用 Acrobat Reader 浏览器提供的功能可以对 PDF 文件进行操作，如查找文字、复制文字、存盘、打印等。

6.5.5 期刊检索

1）检索方法

期刊检索方法是在主页点"ADVANCED SEARCH"进入高级检索界面后。点击"Publications"，在"Within"选项中限定期刊的检索范围。在期刊简介和期刊名中检索 Description（Includes Title）或只在期刊名中检索 Title。

2）期刊检索结果显示

（1）期刊检索结果页面只显示期刊名，要获得详细的期刊信息，需要点击期刊名进入期刊详细信息页面。可以在期刊名前方的小方框内打钩选中这种期刊，并用"Filter Selected Items"按钮过滤已选中的期刊。可以对检索结果进行二次检索。

（2）期刊详细信息。期刊详细信息中包含可以通过镜像站点获取全文的全部卷次信息。点击卷次前面的图标或卷次下的"More"，可以查看该卷中已经出版的所有期次。点击期次可以查看该期中所有文章的清单。

3）期刊的二次检索

可以在期刊检索结果中进行二次检索，也可以对检索到的一种期刊中的文章进行检索。在"For"之后的输入栏中输入要检索的关键词，按"Search"按钮进行检索。

6.5.6 浏览

1）期刊的浏览 Browse Publications

（1）在主页中点击 Browse，进入浏览检索屏。点击 Publications，选择期刊，点击 Browse 按钮，显示期刊的信息。

（2）包括期刊名称、出版者、总共收集期刊的数量、期刊首字母的列表，也可以点击字母表，会显示以首字母相同的期刊名称列表。

（3）点击某一期刊的名称，会显示此期刊的目次，即年、卷、期。

（4）点击"Linking Options"链接这期刊的URL下载选择，Online First列出以电子方式优先出版的文章。

（5）继续点击卷、期，显示每期文章的目录列表；点击文章的篇名，显示文章的详细信息，包括刊名、年、卷、期、作者、文摘等。点击PDF下的"open full text"按钮和点击HTML下的"open full text"的按钮，可以分别看到全文。

（6）有引文链接功能。在HTML格式下，凡是有全文的文章，有References设置，即引文列表。

2) 按学科分类浏览Online Libraries

点击Online Libraries浏览在线图书馆，可按学科分类浏览在线的11个图书馆；点击其中图书馆的目录，可以看到分类线上该图书馆的出版物清单。依次点击可以看到原文或文摘。

3) 按出版社浏览Browse Publishers

点击主页中的"Browse Publishers"显示出版社名，点击其中的出版社，可以浏览该出版社出版的期刊。

6.6 Biosias Previews 数据库

6.6.1 数据库概况

Biosias Previews 简称 BP，由美国"生物学文摘生物科学信息服务社（Biosciences Information Service of Biological Abstracts）"编辑出版。BA印刷版创刊于1926年，该数据库始建于1969年，更新频率是每月更新。该数据库对应的出版物是：

《生物学文摘》（Biological Abstracts）；

《生物学文摘——综述、报告、会议》（Biological Abstracts/RRM）；

《生物研究索引》（BioResearch Index）。

BP是世界上最权威的有关生命科学的文摘和索引数据库，该数据库收录5 500种有关生物学、医学期刊的原始文献，包括传统的生物学、植物学、动物学、微生物、交叉学科（生物化学、生物工艺学、分子生物学、生理学以及生物医学、行为科学等），其中67%的期刊是Medline和EMBASE这两个数据库所不收录的。BP的独特之处在于，其整合会议、专利、书籍、期刊论文于单一的资料库。即使用者可以同时在不同的文献类型中检索到相关资料。收录的除期刊论文外，还包括摘要及其注释、信函、技术报告、评论、图书、会议、美国专利、译文、书目、命名法、分类法等。可以检索的文献类型包括：Journals, Books, Patents, Review Articles, Conferences and meetings。BIOSIS涵盖的内容具高度国际性。从地理分布来看，收录了100多个国家的出版物。BIOSIS收录的文献来自全球各大洲，分布情况是：北美洲占31%；亚洲及澳洲占14%；中美洲及南美洲占 2%；非洲地区占 1%。学科范围包括 Traditional topics（传统生物学）、Interdisciplinary areas（交叉学科）、Related areas（相关领域）。主题包括：

Traditional areas 传统学科

 Molecular Biology（分子生物学）

 Botany（植物学）

 Zoology（动物学）

 Ecology and the Environment（生态学和环境学）

 Microbiology（微生物学）

Interdisciplinary areas 跨学科

 Experimental, Clinical and Veterinary Medicine（实验医学，临床医学和兽医学）

 Biotechnology and Genetics（生物科技和遗传学）

 Agriculture and Nutrition（农业学和营养学）

 Biochemistry（生物化学）

 Pharmacology（药物学）

 Public Health（公共卫生学）

Subject Coverage 主题覆盖

 Methods（研究方法）

Instrument（实验仪器）

6.6.2 OVID 高级检索

打开网址：http://gateway.ovid.com/autologin.html，直接点选"continue"，然后在新页面"choose a database"上点选"BIOSIS Previews 2002 to 2003 Week 32"进入。BP 数据库网站：http://www.biosis.org。

OVID 对其 Web 数据库均提供两种方式的检索，即基本检索和高级检索。系统默认的是高级检索界面，该界面是 OVID 各数据库的主检索界面。

该界面从上至下整体分为 4 个层次：工具栏、检索历史及检索结果栏、检索指令输入栏、检索限制栏。每个层次的作用及含义如下。

1) 工具栏

最上一层有各种图标的是工具栏。点击不同的图标可以执行相应的检索功能并进行指令输入条件的切换。

（1）Keyword 关键词。

进入 OVID 高级检索界面，系统默认直接进入关键词检索功能。此时在指令输入栏中可以输入一个词或关键词短语，系统在关键词字段进行检索。用关键词检索系统默认在标题、文摘、主题词字段中进行检索。

主题词表。如果要查看与要检索的关键词相关的词，在检索对话框的上方有 Map Term to Subject Heading 链接，在方框内点选，输入关键词后，点击"Perform Search"按钮，数据库显示词表，可以在词表中进一步选词。选定的词有两种输入方法，一种是在选定词的前面方框内点选；另一种是可以在输入框内重新输入该词，然后点击检索按钮，执行新的检索。

（2）Author 作者。

如果检索某一位作者的文章，点击 Author 的图标，此时在检索输入框内输入作者的名字，系统在作者字段进行检索。输入作者名字时要注意，先输入作者的姓，空一格后再输入作者的名或首字母缩写。在著者名末尾要输入著者字段". au."。

作者姓名词表。如果要进一步核对作者的姓名，可以利用该词表。首先输入作者姓，执行检索后将显示首字母相同的著者姓名的词表，然后在著者前的方框内点选，再点击显示屏下面的"Perform Search"按钮，将显示检索结果。

例如：

butte c. au.

buttar f h. au.

（3）Title 篇名。

如果需要检索篇名中的词，点击 Title 图标。此时系统对在输入框中输入的检索词在文章篇名中进行检索。

例如：

Forest. ti.

（4）Journal 期刊名称。

如果需要对某一种期刊上发表的文章进行检索，点击 Journal 图标，在输入框内输入期刊的名称，系统在刊名字段中检索。也可以输入刊名中的一个单词，将显示含该词的所有刊名。

例如：

Forest Science and Technology. jn.

（5）Search Fields 可检索字段。

点击此图标，系统列出数据库所有可以检索的字段，每个字段都可以作为检索的入口，用户可以在检索输入框内输入检索词，并在需要检索的字段前的复选框内点击选中，可以单字段选择也可以多字段选择。在"ALL fields"前的复选框中选，要求系统在所有字段中检索，点击"Perform Search"键，开始检索或点击"Display Index"键，系统显示已输入的检索词开始的词表，选择适当的词后，再点击"Perform Search"键，开始检索。（这里，字段名后面括号内的字母是该字段名的标志代码）

（6）Tools 工具。

点击此图标，系统列出 5 种查询方式，即 Thesaurus 叙词、Permuted Index 轮排索引、Scope Note 范围注释、Explode 扩展查询、Classification Codes 分类代码。选择查询方式，在主题词输入框中输入检索词。

选择上面任一种查询方式，都可在列出的主题词中选择 1 个或多个主题词，确定其逻辑关系，系统允许进行 and 或 or 逻辑运算，点击"Perform Search"键，开始检索。

（7）Combine 组合检索。

点击此图标，系统在检索历史及检索结果状态栏的最左边增加 Select 栏，此时可选择要进行逻辑组合的检索式，即在所需要组合的检索式的 Select 栏内选中，并选择逻辑运算关系 and 或 or，点击"Combine Search"键，开始组合检索。

例如，在关键词检索界面中输入 plant，执行检索，再输入 seed，执行检索，然后点击 combine 图标，出现检索的历史记录，在历史记录的前面多了方框，在方框内进行点选，在检索对话框的上方选择逻辑符，Combine selections with 选择逻辑 AND、OR、NOT，执行检索后显示新的检索结果。

（8）Limit 限制检索条件。

点击此图标，系统在检索历史及检索结果状态栏的最左边增加 Select 栏，此时可选择要进行条件限制的检索式，即点击这些检索式的 Select 栏，并选择要限制的条件，点击"Combine Search"键，开始检索。需要说明的是，在"Limit to"后系统给出了英语语种、文摘、文献类型、最新更新等 10 个选项供选择限制检索。除此而外，还针对生物学的特点，给出了"Fossil Modifiers""Continent""Sequence Data""Vascular Plants"等 23 个特别选项供进一步限制检索。

（9）Basic 基本检索。

点击 Basic 进入基本检索界面。在基本检索界面中，系统提供了关键词和作者两个检索框，表明在基本检索方式下，一次最多只能有关键词（或关键词短语）与作者两个检索条件组合进行检索。输入的检索词不必输入字段标志代码。工具栏中的图标与高级检索相同。

（10）Change Database 更换检索数据库。

点击此图标，系统又回到数据库选择界面，可选择不同年限的数据库进行检索。

（11）Logoff 关机退出。

点击此图标，可以正常退出检索系统，回到 OVID 主页面。

2）检索历史及检索结果状态栏

在工具栏的下面是检索历史和检索结果状态栏，在此系统给出每一步骤检索的步号，显示每一步的检索策略及在数据库中的命中文献篇数，点击每一步后的"Display"，可以浏览该步骤的检索结果，如果还未进行任何一步检索，此栏中的内容为空。在历史及检索结果状态栏的下面，有几个链接：

Expand Search History：如果需要让屏幕上的检索历史及检索结果状态栏一次显示超过 4 个以上的检索策略，可以点击此链接。

Save Search History：如果需要系统保存先前执行过的检索式，可点击此链接，系统提供了暂时型、永久型和 SDI 型 3 种保存方式。

Temporarily 暂时型：系统对已经执行过的检索策略保存 24 h。

Permanently 永久型：系统对已经执行过的检索策略永久保存。

SDI 型［as an Auto Alert（SDI）Service］：系统保存已经执行过的检索策略，并在数据库每次更新时自动执行保存的检索策略，并将最新检索结果自动发送至已经填写的 E-mail 信箱，此项服务称为定题服务。

Run Saved Search：如果需要系统执行先前执行的检索策略，或更新已保存的 SDI，可点击此链接。

Delete All Searchers：点击此链接，可以删除已经执行过的所有检索策略。

说明：执行不同的检索操作，上述几个链接并不是每次都会同时显示。

3）检索指令输入栏

VIOD 的高级检索界面，只有一个检索框，供输入检索词。

输入检索词有两种方式：

第一种：直接在检索词输入框内输入检索词或短语及其字段标志。OVID 检索系统对其所有数据库产品提供了通用的检索表达式构成格式，即

（检索词逻辑算符检索词）．字段名标志．

例如：Li jian．au. 表示在作者字段中进行检索，au 表示作者字段。

Forest. ti 表示在文章题名中检索 Forest，ti 为篇名字段检索。

第二种：选取工具栏上的字段检索的图标，即可以执行相应的条件检索。

4）条件限制栏

在高级检索界面中，检索指令输入栏的下面有 Limit to：

English：选择此复选框，限制检索结果为英文文献；

Abstracts：选择此复选框，可限制检索结果必须具有文摘；

Reviews：选择此复选框，限制检索结果为综述评论性文章；

Humans：限制检索结果为有关人类研究的文献；

Microorganisms：限制检索结果为有机物方面的文章；

Plant：限制检索结果为植物方面的文章；

Latest Update：限制检索结果为数据库中最新更新的文献。

在限定条件下面是年代的选择。

6.6.3 检索式的编写及符号

1）逻辑关系

系统提供了布尔逻辑运算功能，逻辑符有 3 个，即逻辑与 and、逻辑或 or、逻辑非 not；逻辑符两侧可以是检索词或系统给出的对每一步给出的检索步号。逻辑检索式可达到用户较为复杂的检索目的，其中 and 和 or 也可使用 combine 栏位。

例如：1 and 2

forest and education. ti

2）关键词（自由词检索）

任意的字母、数字、单词或词组都可以进行检索。

例如：123，cancer，AIDS 等。

3）截词算符

"$"、"："：右端无限截词，代替任意个字符，例如 hypno $ 可检索出 hypnotize、hypnotized、hypnotist、hypnotizing 等；

"#"：代表任何单个字母，但只可取代存在的字符，可出现在词的中间，也可出现在词的右端，如 wom#n 表示可检索 woman 和 women；

"?"：代表任意单个字母，也可以代表空字母。

例如：colo? r 表示可检索 color 和 colour。

4）位置运算符 ADJ

检索式：A ADJ B

A 和 B 同时出现在同一句子中，先后顺序不可颠倒。

检索式：A ADJn B

A 和 B 之间最多可插入 n 个其他单词，且无先后顺序要求。

5）字符出现频率的设定

利用 freq，可设定某字出现频率。

语法为 x. yy. /freq = n

x 代表关键词；yy 代表欲检索的字段（一次只能设定一个字段）；n 代表关键词出现的频率。

如设定 bacteriophage 在文摘中出现 5 次以上，则检索式为 bacteriophage. ab. /freq = 5。

6.6.4 检索结果的输出

1）检索结果显示

在高级检索方式时，每执行一次检索，系统在给出此次检索的结果状态（步号、检索式、命中检索结果数量）的同时，会在下面显示最新一次检索结果的篇名、作者及文献出处。如果要显示某一步检索的结果，可点击检索历史及检索结果状态显示栏中相应检索式后的"Display"，系统可显示相同的检索结果信息。点击每条记录后边的"Abstract"或"Complete Reference"可以显示该条记录的文摘或全部书目信息。

在此结果显示屏幕的下方是"Citation Manager"栏。通过选择书目记录的数量（Citations）、书目记录的字段内容（Fields）、书目记录格式（Citation Format）以及保存方式（Save Format）下的选项，并点击"Action"一栏中的"Display"可以选择的内容、格式和方式执行对检索结果进一步显示、"E-mail"发送或保存。其中书目记录的字段内容（Fields）下提供的选项可供选择每条检索结果的显示内容：

选项 1：Citation，系统默认选项，显示文献的篇名、作者及文献出处；

选项 2：Citation + Abstract，在选项 1 的基础上，增加显示文摘等字段；

选项 3：Citation + Abstract + Subject Headings，在选项 2 的基础上，增加显示主题词字段；

选项 4：Complete Reference，显示记录所有字段的内容；

选项 5：Select Field，根据用户的选择显示字段内容。

在此界面中，系统还可将检索结果的显示按选择的排列方式进行排序，共有作者、来源、标题、出版时间、语言、出版国等 10 种排列方式，每种排列方式又可选择升序和降序。

OVID 系统对其文摘索引数据库的检索提供了与原始文献收藏地的链接，因此在 Abstract 和 Complete Reference 显示格式下，如果点击"Query for Holdings at…某馆藏地"中的"某馆藏地"，便可直接进入此图书馆的 OPAC 系统检索其馆藏中是否有文献所属的期刊或会议录等，大大方便了原文的获取。两个界面用 Alt + Tab 键切换。

2）检索结果存盘

点击"Citation Manager"中"Citation Format"下的"Include Search History",可在保存检索结果内容的同时保存检索策略。

点击"Citation Manager"中的各项选择格式,点击"Action"下的 Save 键,在弹出对话框内选择驱动器,输入文件名,即可对检索结果进行存盘。

3）E-mail 发送检索结果

点击"Citation Manager"中的各选项选择格式,点击"Action"下的 E-mail 键,在弹出的"E-mail citations to"框内输入 E-mail 地址,即可将结果发送到相应信箱。

4）打印检索结果

在所选用的格式下,使用浏览器的打印命令,即可打印输出,格式与显示格式相同。

6.6.5 BP 检索字段

BP 检索字段见表 6.6.1。

表 6.6.1

字段代码	字段说明	举 例
ab	在文摘字段中检索 Abstract	(forest and ecology).ab
af	在所有可检字段中检索	Plant soil.af
An,UI	根据存取号 Accession Number 检索,存取号由 BIOSIS 分配的 8 位数字前面加一个 0 组成	00313448.an
AU	在作者字段中检索,先输入作者的姓后空一格再输名,如果作者名不能确定,可用"..ROOT"命令浏览库中作者姓名列表,也可以用截词符"$"在姓的后面	Buttar f h.au Butte $.au
BC,ST	根据生物系统分类代码或属的上位分类组名称进行检索,生物系统分类代码由 5 位数字组成,也可在代码或名称后跟"new taxon"标记说明原文献中讨论到了新的生物分类	11000.bc plantae.bc 75304 new taxon.bc
CC	据概念代码进行检索,概念代码由 5 位数字组成,代表原文提到的大类概念,在输入时可以输入 5 位数字,也可以输入前 3 位数字进行检索	00532.cc(表示可以检索普通生物学综合方面的文献) General biology – miscellaneous 535.cc(可以检索林业和林产品方面的文章 forestry and forest products)
CJ,MJ	据主题概念代码进行检索,主题概念代码是指代表前面标有"*"的概念代码,说明它是由作者特别强调的,输入时可以输入 5 位数字,也可以输入 3 位进行检索	14506.cj. 14506.mj. 145.cj. 145.mj.
EW,UP,EM, IM,ND,IR	此字段要求根据 BIOSIS 输入记录的时间进行检索	9513.ew 说明检索 1995 年第 13 周入库的文献记录
HW,ME	据类目词检索	Plantae.hw.
IN	据机构名检索	Anatomy.in.

续表 6.6.1

字段代码	字段说明	举 例
IS	据国际标准刊号检索	0373-8981. is.
JN	据期刊名称检索，刊名可用"$"进行截词，如刊名第一个词是"the"应省略	European surgical research. jn. European surgical $. jn.
JW	检索期刊名称中包含的词语，不能使用"the"、"of"等禁用词	European. jw.
KW, DE	KW 在关键词字段检索，DE 在叙词字段检索	Plant. kw. Ecology. de.
LG, LA	在语种字段中检索，输入时可以完整拼写，也可以输入前 3 个字母的语种代码	Eng. lg.
PD	按出版者检索	CABI publishing. pd.
PT	按出版类型检索，article 期刊论文、meeting 会议、patent 专利、book 图书、meeting report 会议报告	Patent. pt.
SB	按期刊专辑检索	a. sb.
SD	按出版物的卷、期、年等进行检索	"23 1". sd.
SH, CT, SW	可同时在 CC 和 BC 字段检索	Pine. sh.
SO	按出版物所有来源信息检索，包括出版物名称、出版者、卷、期、年、页码等	European surgical research. so. "23 1". so. "94". so. 1994. so.
TI	在题名字段中检索，主要指英文题名。1992 年至今可以检索文献原语种的题名，也可以同时使用在 TI 和 KW 标志在两个字段中同时检索	Air pollution. ti. Air pollution. ti, kw.
TW	指同时在文献题名字段、文摘字段和关键词字段同时检索	Computer. tw.
YR	在出版年字段检索	"93". yr.　　1993. yr.

6.7 CAB 国际生物和农业中心数据库

6.7.1 概况

世界闻名的 CAB 数据库是世界上享有盛誉的最大农业文献数据库。该数据库是由国际农业和生物科学中心（CABI – Centre for Agriculture and Biosciences International）创建，即原英联邦农业局，是世界三大农业数据库之一（三大农业数据库：AGRICOLA 美国农业图书馆、AGRIS 联合国粮农组织、CAB）。CAB 数据库中心网址 http：//www.cabi.org。

它收录的文献源在数量、质量和地区分布上都占有绝对的优势，其内容覆盖国际上有关农业、林业和生命科学中的相关学科等各种课题。该数据库收录 130 多个国家或地区的 14 000 种出版物，包括期刊、书籍、会议、报告，以及其他国际上出版的各种专著。主题涉及动物和农作物管理、动物饲养和植物种植、农作物保护、林学、园林、遗传学、林业工程、经济学、牲畜医药学、昆虫、真菌、生物防治、人类营养学和贫瘠地区发展。该数据库内容年限为 1973 年至今，并配有源自 75 种语言出版的原始论文的英文文摘。每年新增加文献数据达 15 万条。

CAB 网络版具有三个方面的内容：CAB 出版物，包括农业和与农业相关学科的图书、期刊、光盘和网络产品；CAB 生物科学，承担了有关生物的管理和控制、生物性、生物系统学和环境学的研究和培训内容；CAB 的发展信息。

6.7.2 使用方法

CAB 数据库检索软件使用 OVID 公司提供的检索平台，检索方法和 BIOSIS Previews 是相同的。在图书馆主页点击 CAB 数据库进入，选择不同时间段的文档，点击 CONTINUS 按钮进入检索界面。

6.7.3 检索字段

CAB 检索字段见表 6.7.1。

表 6.7.1

字段名标识	检索说明
ab	在文摘字段中检索 Abstract
an	根据存取号检索 Accession Number
au	Author 在作者字段中检索，输入格式是在作者名后空一格输入名字，如果作者名确定不了，可用浏览库中作者姓名列表，或者用截词符 $
bt	Broad Terms 用上位分类组名称术语检索
cc	CABICODES 用 CAB 代码检索
cw	CABICODES Words CAB 代码词检索
rn	CAB Registry Numbers CAB 登记号检索
ca	Corporate Author 团体作者检索
cp	Country of publication 出版物国家
de	Descriptor Index 描述词索引
do	Document Title 文献题名
ed	Editor 编者
gl	Geographic Location 地理位置
hw	Heading Words 据类目词检索
ib	ISBN 国际标准书号
is	ISSN 国际标准刊号
id	Identifiers 标识词检索
in	Institution 机构名检索
jn	Journal Name 期刊名检索，刊名可用 $ 进行截词，刊名中第一个词是 the，应省掉

续表 6.7.1

字段名标识	检索说明
jw	Journal Name Word 期刊名中包含的词语，不能用"of"或"the"等禁用词
lg	Language 语种限制
mt	Meeting 会议检索
nt	Notes 注释检索
on	Order Number 订购号
od	Organism Descriptors 生物分类名称，是按照生物界自然分类系统（界、门、纲、目、科等）从低等到高等（微生物界、植物界、古生物学、动物界）的顺序依次排列
ot	Original Title 原题名
pj	Parallel Journal Name 类似的期刊名
pw	Parallel Journal Name Word 类似的期刊名中的词
pt	Publication Type 按出版物的类型。出版物类型包括：article 期刊论文 meeting 会议文献、patent 专利、book 图书、meeting report 会议报告，输入检索词要完整。如 meeting. pt
pu	Publisher 出版者名称
so	Source 可在出版物所有来源信息中检索，包括出版物名称、出版者、卷/期、年以及页数等信息
sh	Subject Headings 主标题词
sl	Summary Language 文摘语种
ti	Title 题名
up	Update Code 更新的代码
yr	Year of Publication 出版年

6.8 AGRIS 数据库

6.8.1 AGRIS 数据库

AGRIS 是联合国粮农组织（FAO）和国际农业科技情报系统于 1975 年根据各国农业科研和生产发展的需要编制的世界范围的农业领域的文献数据库。它覆盖了 130 多个国家和地区（特别是发展中国家）的文献内容。收录的内容主要侧重世界各国农业生产情况、农业科技应用与推广。它带来了国际领域内的农村农业研究方面的内容，涉及了农业诸多方面，如林业、家畜管理、水生科学和渔业，以及人类营养学。该数据库收入的专著均来自独特的原始资料，如未出版的科学和技术报告、专论、学位论文、政府出版物以及更多出处。每年该库新增约 13 万个新记录，该数据库除了设有英语的检索界面外，还设有汉语并配有英文、法文和西班牙文的关键词汇。

6.8.2 检索方法

在图书馆主页上点击 AGRIS 数据库进入，选择不同时间段的文档，点击 CONTIUE 按钮检索界面。其检索方法与 CAB 数据库相同。AGRIS 数据库的网站 http：//www.fao.org/agris。

6.8.3 检索字段

检索字段见表 6.8.1。

表 6.8.1

字段名标识	检索说明
ea：	在文摘字段中检索 Abstract（English）
sa：	在文摘字段中检索 Abstract（Espanol）
fa：	在文摘字段中检索 Abstract（Francais）
ao：	在文摘字段中检索 Abstract（Other Languages）
an：	根据存取号检索 Accession Number
cc：	主题概念代码 All Subject Category Codes
au	Author 在作者字段中检索
ec：	计算机规定描述词 Computer – Assigned Descriptors（English）
lc：	计算机规定描述词 Computer – Assigned Descriptors（Espanol）
fc：	计算机规定描述词 Computer – Assigned Descriptors（Francais）
ca：	会议主办单位 Corporate/Conference Author
ci：	国家 Country of Input
dp：	出版日期 Date of Publication
el：	Email 地址 Email Address
hw：	类目词 Heading Word
ib：	国际标准书号 ISBN
is：	国际标准刊号 ISSN
ei：	标识符 Identifiers（English）
fi：	标识符 Identifiers（Francais）
oi：	标识符 Identifiers（Other Languages）
si：	标识符 Identifiers（Espanol）
ie：	索引中规定的词 Indexer – Assigned Descriptors（English）
fm：	索引中规定的词 Indexer – Assigned Descriptors（Francais）
in：	机构 Institution

续表 6.8.1

字段名标识	检索说明
pn:	国际专利号 International Patent Numbers
ip:	期 Issue/Part
jn:	期刊名 Journal Name
jx:	期刊名中的词语 Journal Word
lg:	语种 Language
nt:	Notes
ot:	原题名 Original Non-English Title
pg:	标记页数 Pagination
rn:	专利公告号 Patent/Report Numbers
pc:	主题词 Primary Subject
cc:	范畴代码 Category Code
pt:	出版物类型 Publication Types
pu:	出版者 Publisher Information
rr:	相关记录 Related Record
st:	丛书题名 Series Title
sh:	主标题词 Subject Heading
ti:	题名 Title
cd:	种类转换代码 Translations of Category Codes
up:	更新的代码 Update Code
vo:	卷 Volume
yr:	年 Year

6.9 ProQuest 生物、农业全文、Agricola 数据库

Agricola 文摘数据库是一个参考文献数据库，主要以美国农业部国家农业图书馆（American Library of Agriculture，简称 NLA）馆藏文献为基础，其内容涉及美国农业和生命科学等领域文献。Agricola 提供了 1970 年至今的重要农业信息，涵盖了与农业相关的 370 万个期刊文章、专题文章、专论、专利、软件、视听材料和技术报告的引文。信息来源包含了农业和相关科学的所有方面，其相关科学如：动物和牲畜科学、昆虫学、植物科学、林学、水产养殖和渔业、耕作和耕种系统、农业经济学。

Agriculture Journals（full text）和 ProQuest Biology Journals（full text）是以美国国家农业图书馆的 Agricola 文摘索引为基础的数据库，其收录的全文（带图像）期刊目前分别达到 151 种和 160 种。

6.9.1 检索方法

进入检索系统，有三个检索区域，即检索方法选择区、检索对话框、检索结果限定区。

进入数据库的步骤是在图书馆主页上点击"外文电子资源"，点击 ProQuest 全文、农业全文、Agricola 数据库进入。系统默认的是多个数据库同时检索，也可以单选一个数据库进行检索。

1）基本检索

系统默认的是基本检索，首先在检索对话框内输入检索词，然后选择数据库，再对检索结果进行限定，执行检索。

数据库的选择可以在单一数据库或三个数据库同时检索。检索结果的限定有时间的限定，也有文章来源期刊的限定。文章来源期刊的限定有两项，即仅全文的文章、学术期刊包括同行评议过的期刊。仅全文的文章检索结果是文本的全文。学术期刊包括同行评议过的期刊是指：如果一个出版物是由学术人士为学术界的目标读者而编写，此类出版物则被认为是学术性的，并由知名的学术组织基于学术目的和使命出版发行。如果某出版物中的文章经过了正式编辑评议，包括由同行作者（同一学科领域的专家）评议和认可，此类出版物则被认为是同行评议过的。大多数（并非所有）学术出版物都是经同行评议过的。某些贸易行业出版物实际上也是经同行评议过的，但是当 ProQuest 筛选同行评议过的出版物时并不考虑它们。这是因为从贸易行业出版物（而不是从学术期刊）中获取的检索结果对研究人员来说可能是无意义的。因此，ProQuest 将排除这些经同行评议过的贸易行业出版物，而只考虑那些在内容、意图和目标读者方面都属于学术性的出版物。选取此复选框以便只检索学术期刊，包括同行评议过的期刊。让此复选框保留为空以在您的检索中包含其他来源的期刊。

2）高级检索

高级检索与基本检索相比多一些限定条件。检索界面设有三个对话框，每个对话框都可以进行独立字段的选择，对话框之间具有逻辑组配功能。检索结果的限定条件与基本检索相同。

3）主题检索

使用主题功能检索有两种方法：

第一种：按下列步骤使用"主题指南"的建议主题找到所需短语。

（1）输入一个短语并选择建议主题，然后单击查找短语。

（2）ProQuest 将建议与您已输入的短语相似的主题。

例如，如果您输入数学，ProQuest 将建议数学教育和数学教育与教学。滚动查看列表以查找您所需的短语。

（3）一旦找到所需短语，单击查看文章以使用该短语运行检索。或单击缩小以使用相关短语缩小检索范围。

（4）一旦已缩小检索范围，将会看到其他筛选选项。可以：

滚动查看列表以查找您所需的短语。选择一个筛选选项卡（人名、地点、公司、学科、日期或出版物）。

使用下一页和上一页链接导航到不同的页面。

更改主题排序的顺序（结果项数、字母顺序）。

在转至框中输入一个字母或短语并单击确定，以按字母顺序跳至特定的字母或短语。

一旦您找到所需短语，单击查看文章以使用该短语运行检索。或单击缩小以使用相关短语缩小检索范围。

第二种是按下列步骤使用"主题指南"按 A~Z 字母顺序查找主题，然后单击查找短语。

（1）输入一个短语并选择按 A~Z 字母顺序查找主题。

（2）您将看到与检索短语最接近的匹配项（按英文字母顺序排列）。执行下列操作之一：

滚动查看列表以查找您所需的短语。

选择一个筛选选项卡（人名、地点、公司或学科）。

使用转至、下一页和上一页链接导航到不同的页面。

（3）一旦您已缩小检索范围，将会看到其他筛选选项。您可以：

滚动查看列表以查找您所需的短语。

选择一个筛选选项卡（人名、地点、公司、学科、日期或出版物）。

使用转至、下一页和上一页链接导航到不同的页面。

更改主题排序的顺序（结果项数、字母顺序）。

（4）一旦您找到所需短语，单击查看文章以使用该短语运行检索。或单击缩小以使用相关短语缩小检索范围。

4）关于主题指南

主题指南提供了一个可能主题的完整列表。通过此表可以快速浏览该列表，或使用筛选卡筛选检索结果。列表有如下几种情况：

（1）人名列出您可能想包括在检索中的著名或重要人物。姓名不代表 ProQuest 数据库中所包含文章的作者。

（2）地点列出地理名称，例如城市、国家、地理标志或地区。

（3）公司列出公司、企业、组织和其他团体，例如表演艺术团。

（4）学科列出关键字。学科目录中的学科基于 ProQuest 词库中找到的短语，该词库包含一组用于分类 ProQuest 中不同信息的专业术语。

（5）日期列出日期。

（6）出版物列出出版物。

（7）所有列出所有类别的主题。

5）出版物检索

（1）使用"引号"来检索正确匹配的标题。例如检索"Science"，则只查找标题名称为 Science 的出版物。如果检索 Science，将找到标题中含有 Science 的所有出版物。

（2）AND 视作一个单词进行检索，因此不要输入 AND。如果检索 American AND

medical，ProQuest 将检索包含所有这三个单词的标题。

（3）检索不区分大小写。检索 new york times 将得到的检索结果与检索 New York Times 相同。

（4）根据部分标题检索。如果不知道出版物的完整标题，在检索字段中键入知道的部分。此时会出现一个匹配部分标题的列表。浏览列表以获取所需的标题，单击标题名称以查看可用的卷期。例如：如果只记得所需的出版物名称包含 New York，在检索中键入 New York。找到的检索结果将包括 New York Post，New York Times 和 New York Times Book Review 之类的出版物（找到的检索结果取决于检索的数据库）。

（5）根据可能的标题文字检索。有时可能使用可能出现在标题中的单词来检索感兴趣的出版物。如果对一个广义的学科感兴趣但不确定与该学科相关的出版物，此方法非常有用。例如：如果对历史有关的文章感兴趣，输入 history 作为检索词，您将找到一个标题中包含单词"history"的出版物列表。可以结合使用通配符或截词符来进行检索，检索 hist* 将查找标题中包含"history"或"historical"的出版物。

（6）可以使用通配符和截词符进行检索，但不能使用逻辑符，使用其逻辑符将不实现逻辑符的功能，将其看成一个单词。

6.9.2 检索技术

在检索中检索词之间的逻辑关系可以用逻辑符来进行组配。如果有特殊要求的要进行技术处理，该系统对检索词的特殊处理有如下要求：

（1）使用"引号"来检索精确的短语。

（2）默认情况下，2 个单词的查询（如 circus elephant）视为一个正确的短语进行检索。

（3）默认情况下，3 个单词的查询（如 new york orchestra）将检索这些单词彼此接近、但顺序不限的短语。

（4）使用下面的特殊字符和运算符来集中检索。

①符号 * ：仅用作右截词符，它将查找所有词干相同的单词。例如，检索 econom* 将查找 economy，economics，economical 等。

②符号 ？：用于替换单词内部或末尾的单个字符。？不能用于单词的开头。例如，检索"wom? n"将查找"woman"和"women"；检索"t? re"将查找"tire"、"tyre"、"tore"等。

③运算符：布尔、近似、相近运算符用于扩大和缩小检索范围。

AND

查找所有词语。当检索"引文和文档正文"中的关键字时，使用 AND 将查找其中关键字在同一段落（约1 000个字符）中出现或在任何引文字段中出现的文档。当检索"引文和文档正文"或"文档正文"中的关键字时，使用 W/DOC 替换 AND 以检索更全面的结果。

示例：internet AND education

AND NOT

查找包含第一个单词、而不包含第二个单词的文章。
实例：Internet AND NOT html
OR
查找任何单词。
实例：Internet OR intranet
W/#
查找其中这些关键字位于一定数量的单词内（前面或后面）的文档。当检索"引文和文档正文"或"文档正文"内的关键字时使用。
示例：computer W/3 careers
W/PARA
查找其中这些关键字处在同一段落内（大约 1 000 个字符）的文档。当检索"文档正文"内的关键字时使用。
示例：internet W/PARA education
W/DOC
查找其中所有关键字在文档正文内出现的文档。当检索"引文和文档正文"或"文档正文"中的关键字时，使用 W/DOC 替换 AND 以检索更全面的结果。
示例：Internet W/DOC education
NOT W/#
查找其中这些关键字出现但不是在一定数量的单词内（前面或后面）的文档。当检索"引文和文档正文"或"文档正文"内的关键字时使用。
示例：computer NOT W/2 careers
PRE/#
查找其中第一个关键字出现在第二个关键字前一定数量的单词内的文档。当检索"引文和文档正文"或"文档正文"内的关键字时使用。
示例：world pre/3 web

6.10 John Wiley InterScience 电子期刊

6.10.1 数据库概况

Wiley InterScience 由 John Wiley & Sons Inc. 出版。John Wiley & Sons Inc. 是有近 200 年历史的国际知名专业出版机构，在化学、生命科学和医学以及工程技术等领域学术文献出版方面颇具权威性。Wiley InterScience 学科范围以科学、技术与医学为主。分为 14 个大主题，各大主题类下又分若干个子类。

Wiley InterScience 有超过1 000种各个类型的电子刊物，包括期刊、电子书、工具书、资料库、协议等。其中电子期刊有 500 多种，多数期刊提供 1997 年以来的数据，且随时更新。Wiley InterScience 出版的期刊学术质量很高，是相关学科的核心资料，其中被 SCI 收录的核心期刊近 200 种。

6.10.2 检索方法

Wiley InterScience 主要检索方式为快速检索、高级检索、Web 站点全文检索、缩写词检索。此外还有按主题浏览、按出版类型浏览的辅助检索工具。

1) 快速检索（Quick Search）

在输入框中输入检索词进行快速检索，快速检索提供两个检索限定。

All Content：表示在所有范围内检索，包括文献名、书的章节、协议等。

Publication Title：仅在出版物名称中检索。如期刊名、电子书名、数据库名等。

2) 高级检索（Advanced Search）

可以输入检索词，选择检索字段及检索词之间的关系，可以限定检索范围，包括：出版类型、主题范围、出版时间、排序方式。因图书馆只订购了电子期刊，建议在出版类型中选择 Journals。高级检索中可以选择使用各种检索字段和检索运算符进行检索。

（1）检索字段（Searchable Fields）。

该数据库共设有 11 个检索字段，如下：

References 参考文献

Article DOI 文献数字标识符

ISSN 国际标准期刊号

ISBN 国际标准书号

Funding Agency 赞助商

Keywords 关键词

Author Affiliation 作者单位

Full Text/Abstracts 全文或摘要

Author 作者

Article Titles 文献名

Publication Titles 出版物名称

（2）检索运算符。

检索运算符有布尔逻辑运算符和系统专用的检索算符（如相邻检索算符、通配符等）。布尔逻辑运算符定义了词或词组之间的关系、相邻检索算符限定检索词之间可包含其他词的数量、通配符可扩展检索范围。

and：要求所有检索项目必须同时出现。AND 可以用空格来代替，例如：bread And chocolate 可以用 bread chocolate 表示。

or：允许任一检索项目出现。OR 可以用逗号来代替，例如：gene, therapy 就表示 gene OR therapy。

not：要求某一检索项目不出现，排除某些检索项。

优先级别（）：改变检索执行顺序。如：(brain AND serotonin) OR (brain AND dopamine)。

截词符 *：可以表示一个或几个字母。如：electro * 表示可以检索到 electron, electronic, electrostatic 等。

精确短语"　"：用引号表示精确短语的检索。例如："forest plant"表示把 forest plant 作为整体检索。

位置符 NEAR/x：设定两个词的接近参数。例如：cancer NEAR/5 prostate 就表示命中记录包括 cancer 和 prostate，两个词顺序任意，其间最多可出现 5 个词。

3）Web 站点全文检索（CrossRef/Google Search）

CrossRef/Google Search 检索可以对 29 个出版商 Web 站点上的学术期刊论文全文进行检索，并能直接链接到出版商的 Web 站点查看全文 CrossRef/Google 检索使用 Google 搜索引擎。检索方法是点击 CrossRef/Google Search，输入检索词，点击 Go 按钮，即可链接到出版商的 Web 站点查看全文。

4）缩写词检索（Acronym Finder）

（1）可以对缩写词进行检索、浏览。

（2）检索时可以进行以下限定。匹配度限定：精确匹配（Exact match）、词干匹配（Match beginning of term）和统配符匹配（Wildcard match）。主题范围限定术语检索结果包括术语、定义、所属主题范围等信息。有些还包括希腊字母、数学符号、上下标等特殊字符。

（3）可以通过定义中的关键词检索来查找特殊字符。如使用 thermal diffusivity 可以找到希腊符号 α，在参考列表（Reference Tables）中提供常用附录一览表（希腊字母、罗马数字、数学符号、单位换算表等）。

5）主题浏览（Browse by Subject Area）

Wiley InterScience 分为 14 个主题大类，在每个主题大类下又分为若干个子类，可以按字母顺序浏览，每个主题类都包含了各种出版类型，可以按出版类型浏览。

6）出版类型浏览（Browse by Product Type）

Wiley InterScience 有六种出版类型：电子期刊、电子书、工具书、数据库、协议、收藏。可以浏览六种出版类型的全文（图书馆只订购了电子期刊部分，其他出版类型不能查看全文）。

7）期刊浏览（home Journals）

可以按期刊名称字顺和主题浏览期刊，也可以在特定期刊内进行检索。

8）电子书浏览（home/Online Books）

可以选择按电子书名称字顺和主题浏览电子书，也可以在特定电子书内进行检索。因图书馆没有购买 Wiley InterScience 的电子书，所以读者只能看到电子书概述，无法查看全文。

9）工具书浏览（home/Reference works）

工具书主要是百科全书、手册等。可以按工具书名称字顺和主题浏览工具书，也可以在特定工具书内进行快速检索、高级检索。因图书馆没有购买 Wiley InterScience 工具书，所以读者只能看到工具书目录，无法查看全文。

10）数据库浏览（home/Databases）

主要是化学、医学、高分子材料的事实数据库，如查询有机化学制品的同义词、有机化学反应等，可以按数据库名称字顺和主题浏览数据库，也可以在特定数据库内进行检索。因图书馆没有购买 Wiley InterScience 资料库，所以读者只能看到数据库目录，无法查看全文。

6.11 Blackwell 数据库

Blackwell e-Journals 由 Blackwell 出版公司（Blackwell Publishing Ltd.）出版，Blackwell 出版公司是全球最大的学术协会出版商，与世界上 550 多个学术和专业学会合作，出版国际性的学术期刊，其中包含很多非英美地区出版的英文期刊。它所出版的学术期刊在科学技术、医学、社会科学以及人文科学等学科领域享有盛誉。

6.11.1 数据库内容介绍

该数据库覆盖的学科范围包括：农业、动物学、医学、工程、数学统计、计算机技术、商业经济、生命科学、物理学、人文科学、艺术、社会及行为科学等。检索结果除文献的题录和文摘信息外，还提供全文。

Blackwell e-Journals 出版期刊总数已超过 700 种。Blackwell 出版期刊的学术质量很高，很多是各学科领域内的核心刊物，据最新统计，其中理科类期刊占 54% 左右，其余为人文社会科学类。被 SCI 收录的核心期刊有 239 种，被 SSCI 收录的有 118 种。除少数几种刊物外，Blackwell e-Journals 已将几乎全部期刊通过 Blackwell Synergy 检索平台提供网上服务。

Blackwell e-Journals 中期刊回溯年份不尽相同，部分期刊回溯到 1996 和 1997 年，部分期刊回溯到了创刊号，可检索随时更新的最新卷期。

6.11.2 检索方法

Blackwell 的网址是 http://www.blackwell-synergy.com。访问方式：通过专线访问，实行 IP 地址控制，用户免付国际流量费。在图书馆主页上可以用 IP 进入。全文浏览有 HTML 和 PDF 两种格式，浏览 PDF 文件时需要下载并安装 Acrobat Reader 软件。

Blackwell e-Journals 使用的检索平台是 Blackwell Synergy，通过 IP 地址认证后，就可进入 Blackwell e-Journals 界面。

Blackwell e-Journals 提供的期刊浏览方式包括：

主题浏览（All Journals By Subject）

刊名浏览（All Journals (A-Z)）

快速链接（Quicklink）

提供的期刊检索方式有：

快速检索（Quick Search）

简单检索（Simple Search）

高级检索（Advanced Search）

跨库检索（CrossRef Search）

1）主题浏览

可以通过学科层次目录来浏览期刊，Blackwell e – Journals 将期刊分为 10 个学科主题，每个主题学科再细分为若干个子学科主题，可逐层打开，链接期刊页面。

2）刊名浏览

刊名浏览即为按期刊字母顺序浏览期刊，可以点击刊名首字母，直接进入以该字母开头的刊名列表。

3）快速链接

如果已知某篇文章的出处，则可通过快速链接，限定期刊名称及其卷期，迅速查找到该文章。

4）快速检索

快速检索能在所有字段中检索，在快速检索框中，可键入一个词、词组或检索式，检索词之间可以使用检索算符，快速检索出现在数据库首页、期刊浏览页面等多个页面中，根据所在页面，选择检索范围。

5）简单检索

简单检索可使用各种检索字段和检索运算符进行检索，可限定检索的期刊范围，即选择所有期刊或选择期刊列表中的某一期刊，可限定期刊的学科主题和子学科主题。

6）高级检索

高级检索可将检索限定在特定字段，输入检索词，词间可选择布尔逻辑关系，可以对检索期刊范围进行限定，限定包括：所有期刊、收藏期刊、拥有全文权限的期刊、选择期刊列表中的某一特定期刊、选择学科主题和子学科主题，可以对检索时间范围进行限定，还可对检索结果的排序和显示方式进行设定。

7）跨库检索

跨库检索是由全球 29 家科技出版商联合建立的"CrossRef Search Pilot"服务系统，基于 Google 搜索引擎的跨库检索平台，可免费检索这 29 个出版商出版的学术论文，并通过 DOI（Digital Object Identifier，数字对象标识符）与论文全文建立链接。读者最终是否能够看到全文，要视所属图书馆是否订购了这些电子出版物的访问权限而定。对于检索那些主题专深、文献量少的内容比较合适，否则检索结果则过多，检索结果按照 Google 的算法排序。

6.11.3 检索技术

1）检索字段

引文作者（姓）Citation Author（last name）

期刊出版年份 Journal Publication Year（yyyy）

作者（姓 与/或 名的首字母）Author（last name and/or initials）

关键字 Keywords

文章标题 Article Tile

摘要 Abstract

全文 Full Text

2）检索运算符

检索算符有布尔逻辑算符和系统专用的检索算符，布尔逻辑算符定义了词或词组之间的关系。通配符可扩展检索范围。

AND：检索出的记录包括由 AND 分开的所有词，可用符号或"+"表示。

OR：检索出的记录包括由 OR 分开的任意一个词。例如：forest or forestry。

NOT：缩小检索，检索出的记录不包括 NOT 后的词，可用符号"-"表示。

（ ）：当构建布尔逻辑检索式时，可用括号对检索词或短语进行分组，并表明词之间的关系。

例如：(fiber or fibre or fibers or fibres) and preparation。

包括几个检索算符的检索式按照如下优先级顺序执行：( )、NOT、AND、OR

*通配符：代表零个或若干个字符，包括一个词根的所有形式。

词组检索" "：检索结果仅包含此词组。

例如："International space station"检索到 International space station。

3）检索式的编写

在快速检索和简单检索中输入检索式时，需要合理地使用检索字段和检索运算符。

例如：title：risk management and abstract：analysis

其中 title、abstract 为字段名称，分别代表篇名字段、摘要字段；and 为布尔逻辑算符。

7 参考工具书

工具书包括两大类型，即检索工具书和参考工具书。检索工具书提供文献的线索，参考工具书提供数据性和事实性的资料。参考工具书在教学、科研以及个人治学等方面都有特别重要的意义。印刷型的参考工具书出版的数量较多，内容也较丰富。随着网络数据库的发展，各种网络版的参考工具书发挥了越来越大的作用。在应用中无论是印刷型的还是网络型的，熟悉和了解参考工具书的概况、收录范围、检索方法等是非常重要的。

参考工具书中含有大量的情报资料，有较成熟的定义、解释、数据、公式、背景资料等。可以检索字、词、文句、成语、人名、地名、诗词、图书、事物、法规、纪年、典章制度等。

参考工具书分为七大类：字词典（辞典）、百科全书、年鉴、手册、名录、表谱、工具书指南。

7.1 字词（辞）典

字词典是根据一定的编辑目的将词语汇集并加以处理，供人们查找的工具书。它一般提供字词的拼写、读音、含义、用法和概念，有的还提供同义词、反义词、缩略语、派生词等。

1）综合性的字词典

综合性的字词典提供有关字词的解释，供人们学习语文知识用。

《康熙字典》 1716 年成书，上海书店出版。这是我国第一部以"字典"命名的字书。在阅读古代书时，常常遇到冷僻字，此书有很好的参考价值。

《古汉语常用字字典》 1979 年由商务印书馆出版。这是一部小型古汉语专门字典。该字典共收古汉语常用字 3 700 多个。书后所附难字表，专门收录古汉语中较常用的难字，共 1 600 多个。

《辞源》 1915 年由商务印书馆出版。经多次修订，1988 年出版合订本。是我国阅读古代文史知识用的综合性的语文辞书，本书以古汉语中的一般语文词汇为主，兼收人名、地名、书名、文物典章制度等，也是专供检索古籍疑难问题的大型古汉语词典。

《辞海》 1936 年由中华书局出版。经多次修订，《辞海》（1999 年版）由上海辞书出版社出版。包括哲学、社会科学、自然科学等 120 多个学科的基本名词术语。本书所收词目以解决一般人在学习、工作中"质疑问难"的需要为主，并兼顾各学科的体系。是阅读现代语文知识用的一部百科辞书。

2）专科性的词典

指特定学科范围内专用词典，其特点是广泛收集本门学科的词汇、术语、人物、事件，其注释较为详细，着重表述词汇在某一专科领域中的特定含义。例如：《林学词典》《动物学词典》《经济学词典》等。

3）学习现代语文知识各类词典

（1）形体字典。

形体字典包括简化字、简化偏旁、简化字、繁体字对照，异体异义。《简化字总表》《第一批异体字整理表》《简化字、繁体字、异体字检索手册》。

（2）辨正字典。

取形相近易混，容易读错、写错的字，多音多意的字。《汉字解形辨析手册》《汉字形音义辨析》《普通话正音表》。

（3）外来词词典。

汉语中外来语达 1 万余条，来自各个国家与民族，来自英、日、法、德、意、西班牙、俄、拉丁、梵、波斯、突厥、满、维吾尔等百余种。如《汉语外来词词典》。

（4）成语词典、地名词典、时事词典、名胜词典、人名词典。

（5）方言、俗语、谚语、歇后语、惯用语、俏皮话词典等。

（6）祝词、赠言、书信、格言词典等。

（7）少数民族外国语词典。

4）字词典网站

（1）金山词霸 http：//www.iciba.net。

金山词霸是我国金山公司研制的电子词典，收录有汉语、英语 2 亿多字、27 个专业词库的 600 万专业词条。具体内容包括：《现代汉语词典》《高级汉语词典》《诗经》《楚辞》《论语》《列子》、诗、宋词、四大古典名著、鲁迅、茅盾、巴金等现代著名文学作品中的精彩词句，《朗文综合电脑词典》（汉英/英汉双解）、《朗文清华英汉电脑词汇》等内容。检索时在检索框内输入要查询的单词，点击检索即可。

（2）中文词典 http：//www.chinalanguage.com。

此网站收录汉字、客家话、粤语、中文字谱、闽南语、佛教用语、易经、汉韩日语、英汉、汉英等多种网上字典，还包括各类名词的翻译、讨论等内容。

（3）缩略语检索 http：//www.acronymfinder.com。

此网站是目前最大的缩略语网站。学科范围涉及各个领域，但侧重于计算机、工程技术、通信、军事等。检索字段包括精确检索、模糊检索、逆向检索，检索时可以通过全称查其缩略语。输入缩略语时不要加缩略语符号。

（4）Onelook Dictionaries http：//www.onelook.com。

这是一个词典索引的网站，1996 年 4 月在网上推出，目前共收录有 804 个词典网站，包括英语、汉语、德语、法语、意大利语、西班牙语以及其他语种的词汇，是一个免费的网站。该网站的检索方法有两种：一是在检索页面输入检索词，在所选择的语种内检索；另一种是根据所提供的词典分类选定某一特定的词典，然后再逐级浏览。

7.2 百科全书

百科全书是包括古今中外所有知识的书。它是汇集人类已有的知识，再加以整理和概述后，提供学习和检索的工具书，被誉为没有围墙的大学。百科全书系统、广泛地概述各个学科或某一学科的历史与现状，其收录范围之广泛、知识浓缩之精练、检索功能之齐全、内容之广泛、规模之宏大是其他任何工具书所无法比拟的。

百科全书的作用：可以检索概念、名词、术语、人物、时间、地点、数据、事实，也可以回答很多问题，如谁、哪里、什么、为什么等。其内容涉及很多国家和学科，可以作为各学科的入门之书。

1）综合性的百科全书

综合性百科全书包括各个学科的内容，世界比较著名的百科全书有：美国出版的《新不列颠百科全书》、德国出版的《布洛克豪斯百科全书》、法国出版的《拉鲁斯大百科全书》、美国出版的《美国百科全书》、英国出版的《钱伯斯百科全书》、西班牙出版的《欧美插图大百科全书》、中国出版的《中国大百科全书》等。

（1）《中国大百科全书》。

中国大百科全书出版社出版，1980～1993年。这是我国第一部现代意义的大型综合性百科全书，本书具有中国特色，充分介绍了中国的历史文化和当代最新的研究成果，它的出版得到世界各国专家的好评，全书的撰写由国内的2.2万名各学科的一流专家和学者参加。这部百科全书的问世，结束了中国没有百科全书的历史，也标志着我国的科学文化和教育水平进入了一个崭新的时期。

《中国大百科全书》共74卷，共收条目77 895条，共计12 568万字，图表5万余幅。内容涵盖了哲学、社会科学、文学艺术、文化教育、自然科学、工程技术等66个学科领域。《中国大百科全书》采用大类分卷法，即将66个学科按1科1卷、1科多卷、多科1卷的方法分卷，卷下条目按字顺排列，卷前附条目分类目录、彩图插页目录，卷末附条目汉字笔画索引、内容分析索引。

各卷由以下几个部分组成：前言、凡例、学科、概述性文章、条目分类目录、正文、彩色插页、大事年表、索引等组成。其中卷前的"概述性文章"，有助于概括、了解本学科的发展概况、主要内容、科研成就、基本特征与发展规律等，一般由该学科最具权威性的专家撰写。

全书的检索系统完备，各学科卷都有本卷的"条目分类索引"，正文以汉语拼音字母顺序排列，实际是一个音序索引。"大事年表"可以作为时序索引，卷末的"内容分析索引"为主题索引，是全书最主要的综合检索系统，被称为百科全书的"总钥匙"。在检索时，如果想了解学科概貌以及详细类属，可以利用所属学科卷的"条目分类索引"。如果有了明确特定的检索目的，可以利用"内容分析索引"。

（2）《不列颠大百科全书》。

Encyclopaedia Britannica，1768～1771年，在英国的爱丁堡出版。初版版权属于英国。1901～1911年第11版，由英、美合编。1943年由美国买下全部版权。1974年第

15 版以全新的面貌向世界发行，全书 32 卷，分三个部分：

《百科类目》Propaedia 1 卷，是全书的知识分类框架，也起到了全书指南的作用。

《百科简编》Micropaedia 12 卷，10 万条目，也是一部简明的小百科全书，是详编的入门索引。

《百科详编》Macropaedia 17 卷。这是全书的主体，4 000 余条目。所有条目均由世界各国著名学者、专家撰写，对主要学科、重要人物、重要事件都有详尽的介绍和叙述。其中中国的有关条目都集中在"China"的条目下，长达 169 页，从周口店的北京猿人，到 1978 年的中国共产党十一届三中全会，专家认为是一本中国史的专著。

以上三卷可以单独使用，也可以分别使用。

2）专科性的百科全书

侧重某一个学科或行业的内容。专科性的百科全书出版有许多种，如《科学技术百科全书》《计算机百科全书》《建筑百科全书》《化学化工百科全书》《中国农业百科全书》《中国教育百科全书》《中国金融百科全书》等。

3）百科全书网站

网络版百科全书，是指在网络上可以检索阅读的百科资料库。以下介绍较著名的一些百科资料的检索数据库和网站。

（1）不列颠百科全书网站。

http：//www.Britannica.com 该数据库由不列颠百科全书出版公司开发。是较早实现数字化的百科全书，1994 年上网，成为世界第一部上网的百科全书。网络版百科全书还包括了不列颠百科年鉴以及大学词典（Merriam Webster's Collegiate Dictionary）。此外，还提供相关网址的链接。通过该网页可以免费检索简单的资料和数据，检索途径包括浏览和关键词检索，但是详细信息要收取费用。

（2）百科全书网站。

http：//www.encyclopedia.com 该网站以美国《哥伦比亚百科全书》为基础。该书由美国哥伦比亚大学出版社出版。以单卷本出版，以浓缩的形式提供准确可靠的资料。该数据库可以免费检索。

（3）中国百科全书网。

http：//www.ecph.com.cn 该网站是中国大百科全书出版社的网站，内容包括百科术语数据库、人名数据库。检索时可以单独选库进行，也可以综合使用。用户可以先进行免费注册，然后登录，但只能检索到简单的结果，详细结果是要收费的。

（4）北京百科全书网。

http：//beijing-book.db66.com 该网站隶属于知识在线，主要可以检索北京的历史、地理、经济、文化、政治、科技等方面的知识，是一个区域性的综合性百科全书网站。

（5）知识在线。

http：//www.db66.com 这是香港联合交易所上市公司——中国数码信息有限公司下属的全球最大的网上中文知识库。其百科知识网包括：现代会计百科辞典网、中国儒学百科全书网、中国性科学百科全书网、简明旅游百科全书网、音乐百科词典网、计算机百科全书网、高技术辞典网、中国文物大典网、市场经济百科全书网、古代小说百科全书网、国家百科全书网、奥林匹克百科全书网、北京百科全书网。"知识在线"采用"会员制"的管理方式，目前只要注册即可以成为会员，可享受所有百科的服务内容。可以通过关键字或汉语拼音等多种形式检索，并在线浏览。

7.3 年　　鉴

年鉴是以全面、系统、准确地记述上年度事物运动、发展状况为主要内容的资料性工具书。它博采众长，集辞典、手册、年表、图录、书目、索引、文摘、表谱、统计资料、指南、便览于一身，具有资料权威、反应及时、连续出版、功能齐全的特点。

现代意义上的年鉴起源于欧洲，最早出现于英国，至今有400多年的历史。中国则是到了近代才开始有年鉴出版。

1）中国年鉴行业的起源

1864年，《海关中外贸易年刊》出版，被认为是中国最早出现的年鉴性质的工具书。

1909年，中国最早以年鉴为名的《新译世界统计年鉴》由奉天图书馆出版。

1913年，上海神州编译社出版《世界年鉴》，这是由中国人自行编辑、出版的第一部年鉴。

1924年，商务印书馆出版《中国年鉴》（第一回），这是由中国学者编纂的第一本反映中国情况的综合性年鉴。

1936年，商务印书馆又出版了《英文中国年鉴》（第一回）。

从20世纪20到40年代，中国年鉴种类逐渐增多，其中较著名的有《申报年鉴》、《世界知识年鉴》等。上海、广东等省市先后出版了一批地方性年鉴，同时各种专业性年鉴也纷纷出版，内容涉及经济、政治、文化等学科和部门。

据有关资料统计，从20世纪初到40年代末，中国出版的各类年鉴总数不足80种。这些年鉴大多寿命不长，而且编纂质量、资料来源、装帧形式等方面都存在很多不足。但正是由于这些年鉴的编纂和出版，为人们了解和研究中国近代史提供了宝贵的历史资料。

新中国成立后的前30年，由于年鉴事业尚未引起足够的重视，因此从1949年到1978年12月全国仅出版了不足10种年鉴。加上翻译出版的几种外国年鉴，数量上也少得可怜，与蓬勃发展的新中国出版事业极不相称。

1950年，天津进步出版社出版的《开国年鉴》是新中国成立后问世的第一部综合性年鉴。同年，大公报社出版类似年鉴性质的工具书——《人民手册》。随后，《世界知识手册》（1958年改名为《世界知识年鉴》）、《中国体育年鉴》、《中国摄影年鉴》等相继创刊，还翻译出版了《阿尔巴尼亚共和国年鉴》《德意志民主共和国统计年鉴》等几种外国年鉴。"文化大革命"期间，除了《科学年鉴》外，其余年鉴全部停刊。

1978年党的十一届三中全会以后，随着我国改革开放政策的实施，年鉴作为一种信息载体以其独特的优势，受到党和政府乃至社会各界的广泛关注，中国年鉴事业从此进入新的历史阶段。应该说，这 20 多年来，是中国年鉴事业真正的形成时期。

1980 年，《中国百科年鉴》《中国出版年鉴》等 6 种年鉴首先问世，拉开了 20 世纪 80 年代中国"年鉴热"的序幕。1981 年我国又新出版 7 种，1982 年为 13 种；1985 年我国年鉴种类已达 84 种。到 1992 年，全国出版的年鉴多达 522 种，相当于 1980 年的 87 倍之多。

1992 年以后的最近 10 年，是年鉴出版事业发展最快、种类最多的时期。目前，全国已经出版的年鉴超过 1 300 种。不但品种数量不断上升，而且内容也有长足进步，不仅如此，年鉴理论的研究也更加受到重视。全国年鉴行业已形成一个涵盖全国各地、各行各业的粗具规模的信息网络。

2) 年鉴的类型

年鉴分为综合性和专科性两类。

（1）综合性年鉴。

反映各个学科或行业的信息，我国出版的年鉴有多种。

《中国百科年鉴》1980 年出版第一本，以后陆续出版，是 20 世纪 80 年代特别引人注目的出版物。此书包括各个学科和行业的信息，是各学科和行业一年内信息的总汇。

我们国家还出版许多综合性的年鉴，如《哈尔滨年鉴》《上海年鉴》《香港年鉴》《黑龙江年鉴》等。

（2）专门性年鉴。

专门报道某一个学科或行业的信息，如《中国经济年鉴》《中国统计年鉴》《中国电影年鉴》《中国哲学年鉴》《中国法律年鉴》《中国体育年鉴》《中国新闻年鉴》《中国出版年鉴》《中国林业年鉴》等。

国际出版年鉴的历史较长，如《政治家年鉴》《国际组织年鉴》《联合国统计年鉴》等。目前年鉴没有专门的网站，可以利用书生或超星系统进行检索阅读。中国年鉴网 http：//www.yearbook.cn 仅反映年鉴行业动态、出版信息等，看不到全文。

7.4 手　　册

手册是汇集经常需要查考的文献资料，以供随时翻检的工具书。手册的名称有很多，有指南、便览、宝鉴、必备、入门、大全、必读、顾问等。在英语中有 Handbook 和 Manuals 两类。前者含义为"手边常用的灵巧小书"，侧重回答"怎么样"一类的问题，通常是围绕某一学科或某一课题，汇集各种数据、事实、统计资料等；后者则偏重指导"怎么做"，如指导人们怎样做饭、游泳、修理汽车等。

手册在我国历史悠久，在敦煌石窟里发现公元 9、10 世纪《随身宝》，元朝阳时夫编《居家必备》，清朝石夫基编《万宝全书》，16、17 世纪有《万事不求人》等。

现代的手册内容广泛，数量较多。手册一般分为两类：①综合性手册，如《中华人民共和国资料手册》《当代国外社会科学手册》《国际资料手册》等。②专业性手册，如《外贸知识手册》《北京旅游手册》《世界政治手册》等。

手册的主要功用是提供基本的专业知识，重要的文献史实，准确的数据、公式、图表,以及其他需经常查考的规章、条例等资料。手册中提供的知识或资料,不是最新的,但是是成熟的、来自实践的。每个学科和专业都出版了许多不同的手册。如《经济工作手册》《财务会计手册》《真菌鉴定手册》《木材采运机械使用手册》《工业工程手册》《机械工程手册》《腐蚀数据手册》《机床设计手册》《木材材积表》《森林调查手册》《伐区生产技术手册》等。

手册类的工具书没有专门的网站,可以利用书生或超星网站阅览。

7.5 名　　录

名录是简要提供机构、人名、地名等信息的便捷性工具书。从 20 世纪 80 年代开始,我国相继编辑、出版名录。在西方国家,名录不仅有悠久的历史,而且出版数量居各类工具书之首。

我国名录分为机构名录、人名录、地名录、物名录四类。

1)机构名录

简要介绍某一行业或专业的机构情况,如地址、产品、业务范围、电话、负责人姓名等内容。其中包括政府机构名录,如《中国政府机构名录》《各国政府机构手册》《国际组织年鉴》;学术机构名录,如《中国著名大学概览》《中国科学院介绍》《北京地区图书情报机构指南》《国际研究中心指南》《中国信息机构指南》;职业和商业机构名录,如《中国企事业名录大全》《中国旅游涉外饭店名录》等。

2)人名录

介绍某方面人物资料的工具书。主要提供人物的姓名、出生、学历任职及主要研究成果等。可以了解本专业的著名学者、研究方向。世界各国出版的人名录有多种,如《中国普通高校教授人名录》《中国科学家传略词典》《诺贝尔奖金获得者传》《中国林业名人词典》《国际名人录》(《The international who's who》)、《世界名人录》(《Who's who in the world》)、《韦氏人名词典》(《Websster's new biographical》)。

3)地名录

提供地名名称和地理位置的简要资料。如《中国地名录》 《美国地名录》(《U. S. Board on Geographic Names Gazetteers》) 等。

4)物名录

介绍一些物种的简要资料。如《中国鸟类分布名录》《中国森林昆虫名录》《中国真菌总汇》《中华树木名录》等。

5)网络信息资源

(1)诺贝尔奖基金会(Nobel Foundation) http：//www.nobel.se　这是诺贝尔基金会的官方网站,收录历届诺贝尔奖获奖者的详细信息资料,包括传记资料、演讲材料、采访材料等,并分奖项收录获奖课题、获奖人的作品以及相关作品。国内有的学者根据这一网站提供的信息,定量分析、统计了各类诺贝尔奖获奖者的资料,得出一些综合性的数据,在科技计量学方面具有一定的参考价值。

(2)中国地方志人物传记索引数据库 http：//www.nlc.gov.cn/newpages/database/

dfzrw. htm 该数据库由中国国家图书馆制作，提供1949年以后新编地方志中所见人物的姓名、性别、民族、生活年代、生卒年、字、号、别名、籍贯、身份类别及本条资料出处等方面的信息检索。目前该数据库还不能在线提供原文，用户如需要详细资料，可与国家图书馆国情资料阅览室联系。

（3）WhoWhere 网址 http：//www. whowhere. lycos. com

Lycos 公司网站，可以检索人物信息。包括用人名检索个人电子邮件信箱、电话和地址。也可以按分类浏览，如按语言、职业、公司、大学、政府机构。

（4）Switchboard. com 网站 http：//switchboard. com

是网上检索人物的免费网站。可以按类别进行检索，也可以根据学校名称检索校友录。另外还可以检索机构信息和产品信息。

（5）人物传记数据库 http：//www. s9. com/biography

该网站收录从古至今近3万名著名人物，可以根据所检索的对象的生卒年、职业或职位、成果以及其他的相关内容检索。该网站对了解历史、辅助社会研究、辅助英语类课程的学习有较好的参考价值。

7.6 表　谱

表谱是以编年或表格形式记载事物发展的工具书。其编排上以时序为主，在内容上强调简明、准确，只提供事实。主要用于检索时间对照、人物资料和史实资料。

表谱包括年表、历表和专门性表谱三类。

1）年表

主要是查考不同纪年的年代对照和历史事件。年表的类型可以分为：纪年表和大事年表。

（1）纪年表。单纯检索不同纪年法的年代对照，如方诗铭与万国鼎的两种，《中国历史纪年表》，可以检索中国历史上各朝代与公历日期。《中国历史纪年》全书提供公元206年汉高祖元年到中华人民共和国成立历史上各朝代帝王姓名、谥号、庙号、世系、即位年、干、支、公元等资料。

（2）大事年表。按时间顺序记载历史事件，又称史事年表或大事记，如《中外历史年表》《中华人民共和国大事记》《中国大事纪要》等。我国还出版一些工具书，如《太平天国史事日志》《西藏大事记》《从七七到八一五》《从九一八到七七》。

2）历表

查考和换算不同历法年、月、日的工具书。历法是推算天象用以定时的方法。即根据地球、太阳、月亮三者的相互运动以判别季节，记载时日，确定计算时间。古今中外历法很多，但较普遍应用的有三种，即公历、回回历、农历。由于历法很复杂，因此必须借助工具书解决。检索工具常用的有《回回历》《一百年日历表》《新编万年历》。

3）图录

图录是通过图像表现事物、文物、人物形象，提供知识或资料的工具书。包括地图、历史图谱、文物图谱、人物图谱和专业图录。

（1）地图。地图的历史几乎与人类文明同样悠久。国外最早的地图是公元前3000年由巴比伦人制作的陶片地图。我国最早的地图是距今有2 100年历史，1973年湖南长沙马王堆三号汉墓出土了西汉初年的三幅帛地图。

（2）历史图谱。集中收集在历史发展进程中有代表性的历史文献、人物图像、古代器物以及重大历史事件的遗存实物。如《中国近代史参考图片集》《中国历史参考图谱》。

（3）文物图谱。收录各种文物图像，包括古代遗址、出土文物，如《新中国出土文物》《海外中国铜器图录》等。

（4）人物图录。专门收集历史人物图像，如《中国历代名人图鉴》《历代古人像赞》。

（5）专业图录。供专业研究人员使用。如《中国绘画史图录》《中国版刻图录》。

4）网络资源

（1）著名建筑物 http：//www.greatbuildings.com 由美国Artifice公司开发，这是一个集结了世界上约1 000座著名建筑物的详细文字信息和图像数据的网站。是一个免费网站。有建筑图片、建筑资料，以及与建筑师和书目的链接，时间跨度从古至今。用户可以根据建筑物的名称、建筑师的姓名、地名特征进行检索。

（2）EBSCO网站·http：//www.epnet.com 是美国EBSCO公司提供的数据库检索网站，该网站提供各种图片的检索，包括各国地图、植物图、人物图等。检索方法见本书6.6 EBSCO的介绍。

（3）艺术图像博物馆 http：//www.amico.org/library.html 该数据库由美国研究图书馆集团提供，收录近10万份数字化艺术作品的图像。作品的文化地域范围包括欧洲、北美、亚洲、非洲、南美、大洋洲。作品形式包括油画、雕塑、素描、印刷品、摄影、服装、珠宝、装饰品等。该数据库可按创作者、题名、日期、主题进行检索。这个数据库是收费的，在美国Wilson数据库中提供服务。

7.7 工具书指南

我国出版的工具书从古到今已经有上万种，美国国会图书馆收藏的工具书已达2万多种，那么面对这么多的工具书，如何选出最权威的、最优秀的、最适用的，这就需要利用工具书指南类的工具书。

工具书指南是介绍工具书的书，是专门收录、报道工具书的书。书中详细介绍了每种工具书的名称、编者、出版者、出版时间、内容介绍、基本检索入口、编排等事项。报道的内容基本使用户掌握了每种工具书的特点和基本情况。一般在书的后面附有各种索引可以进行检索。

目前国内常用的指南类工具书有：

《国内工具书指南》 分手册和辞书两本，辞书包括字词典、百科全书、年鉴。手册部分专门收录各种手册。书后附有索引，可以按书名进行检索。

《国外工具书指南》 共收录英、法、德、西、俄、日等外文工具书2 000余种。

书中包括中文译名、外文原文、编者、出版地、出版者、出版年、国际标准书号等内容。

《台港工具书指南》 该书收录台湾、香港出版的工具书4 000余种，其中重点评介200余种。

《国外二次文献简介》 该书介绍了国外出版的检索工具书，有英文书名、中文译名、创刊时间、内容简介、索引等信息，书的后面附有书名索引。

《中外工具书使用指南》 该书共收中、英、法、德、俄、日等文种的工具书1 186种。中外工具书各约1/2。分类编排，逐本介绍，外文著录较详细。有较高的知识性、系统性和实用性。

此外我国还出版一些工具书词典，如《社会科学工具书七千种》《中国古今工具书大辞典》《文史工具书词典》，此类的书可以利用书生或超星阅览全文。

8 著名四大参考数据库的概况

SCI，EI，ISTP，SSCI 被称为四大权威性检索数据库。这些数据库的特点是跨学科的、综合性的大型数据库。其中所收录的文献均选自各个学科领域的最核心的期刊、最权威的国际会议或最权威的专著。这些数据库不仅有来源索引，同时还有引文索引，对来源文献涉及的参考文献也进行了索引。

四大参考数据库作为检索工具在我国的影响比较大，众多的教学科研单位在教学科研、基金申报、奖励等项工作中主要以 SCI，EI，ISTP，SSCI 等检索工具为依据。目前 SCI 已经成为国内各大专院校科研水平的一项重要的指标，每年各院校被 SCI 收录的数量也逐渐引起注意。在网络上经常出现被 SCI 收录的大专院校的排行。

8.1 SCI 科学引文索引

8.1.1 概况

《Science Citation Index》简称 SCI，是美国科学情报研究所（Institute for Scientific Information，简称 ISI，网址：http://www.isinet.com）出版的一部世界著名的期刊文献检索工具，其出版形式包括印刷版期刊、光盘版、联机数据库、互联网上 Web 版数据库。

SCI 收录全世界出版的数、理、化、农、林、医、生命科学、天文、地理、环境、材料、工程技术等自然科学各学科的核心期刊约 3 500 种。ISI 通过它严格的选刊标准和评估程序挑选刊源，而且每年略有增减，从而做到 SCI 收录的文献能全面覆盖全世界最重要和最有影响力的研究成果。

ISI 所谓最有影响力的研究成果，指的是报道这些成果的文献大量地被其他文献引用。为此，作为一部检索工具，SCI 一反其他检索工具通过主题或分类途径检索文献的常规做法，而设置了独特的"引文索引"（Citation Index）。即通过先期的文献被当前文献的引用，来说明文献之间的相关性及先前文献对当前文献的影响力。

SCI 不仅是一部文献检索工具，而且成为科研评价的一种依据。科研机构被 SCI 收录的论文总量，反映整个机构的科研，尤其是基础研究的水平；个人的论文被 SCI 收录的数量及被引用次数，反映他的研究能力与学术水平。

8.1.2 使用的特点

利用 SCI 检索文献可以查询到某一领域专家的最具代表性的文献，也可以从引文的途径查询文献，可以解决读者不熟悉检索语言或检索工具，甚至不熟悉课题内容等困难，只要确知某篇文献，从该文献入手，查询所有引用该文献的文献，无论是哪个学科领域、哪个年代，都可以检索，不用复杂的提问式。尤其对新兴学科、交叉学科或边缘学科,使用引文检索要好于一般的数据库。

1) SCI 收录期刊的检索

SCI 收录的期刊在华东师范大学图书馆的主页(http://www.lib.ecnu.edu.cn)点击参考指南,可以检索到其详细的期刊名称目录。

2) 可以检索的数据库

利用 DIALOG 系统检索。SCI 在该系统中被称作 SciSearch.,是 34 号和 434 号文档。434 号文档收录 1974 年至今的全部数据,34 号收录 1990 年至今的全部数据。更新频率是一周。利用 DIALOG 系统的检索技术可以进行检索。

3) SCI 网络数据库

SCI 网络数据库的全称叫作 SCI Expanded,简称 SCIE。访问的网址为:http://wos.isiglobalnet.com 和 http://isiknowledge.com。

8.1.3 检索方法

http://wos.isiglobalnet.com 网站提供简单检索和高级检索。

1) 简单检索

(1) Topic Search 主题检索。这个主题检索是对文献篇名 Title、文摘 Abstract、关键词 Keywords 等字段的检索,和一般数据库中的主题词表不一样。检索提问式可以使用截词和逻辑运算符。

(2) Person Search 人物检索。从论文作者、引文作者以及文献中涉及的人物检索。其中从论文作者、引文作者进行检索时,可以使用截词符。可以输入名和姓,也可以输入姓后加截词。

(3) Place Search 地址检索。从地理位置或机构进行检索,包括国家、城市、大学、公司、机构、邮政编码等。

2) 高级检索

高级检索提供两种方式,即普通检索(General Search)和引文检索(Cited Reference Search)。

(1) 普通检索(General Search)。普通检索包括主题、作者、期刊名称、作者地址检索。检索屏提供多个字段的组配检索,可以在多个检索框内输入检索词,检索词之间可以使用逻辑组配符进行不同字段的限制。系统默认的逻辑关系为 AND。

(2) 引文检索(Cited Reference Search)。引文检索提供三个检索字段,即引文作者、引文来源及引文年代。引文作者(Cited Author):输入引文作者,可以使用 OR 算符;引文来源(Cited Works):可以输入引文所在的期刊刊名缩写、书名缩写或专利号,可以使用算符 OR;引文年代(Cited Year):输入四位数字的年代,可以使用 OR 算符。

8.1.4 检索技巧

1) 逻辑算符和截词符

逻辑算符:包括 AND、OR、NOT。

位置算符:SAME,放在两个词的中间,表示被连接的词出现在一个字段中。

截词符：截词符包括中间截断（?）和后截断（*）。例如：Smith a*，表示后截断；Wils? n, John D.。

2）索引词表

该系统对一些需要规范的字段提供了词表，点击 Source Title 检索窗口的 List 按钮，可以检索按字顺排列的全部词条，有全称和缩写等不同的形式。

3）输入检索词的形式

作者字段可以输入完整的作者名称，也可以使用布尔逻辑符和截词符。例如：检索 Smart、Michael 和 Wilson, John D. 的文章，可以输入"Smart, Michael * OR Wilsn, John *"。

来源出版物字段可以输入完整的期刊名称，也可以使用逻辑 OR 和截词符。

地址字段可以使用算符和标点，例如：peking univ SAME chem. , 100871。该系统规定在地址字段中不能单独用于检索的缩写词有：UNIV, CHEM, COLL, CTR, DEPT, DIV, ENGN, HOSP, INST, LAB, MED, PHYS, RES, SCH, SCI, ST 等。

8.2 EI 美国工程索引网络数据库

8.2.1 概况

Engineering Idex 简称 EI，由美国工程情报公司出版，是大家比较熟悉的数据库，目前在因特网上运行的网络数据库名称是 Engineering Village 2。EI 是目前全球最全面的工程领域二次文献数据库，侧重提供应用科学和工程领域的文摘索引信息，涉及核技术、生物工程、交通运输、化学和工艺工程、照明和光学技术、农业工程和食品技术、计算机和数据处理、应用物理、电子和通信、控制工程、土木工程、机械工程、材料工程、石油、宇航、汽车工程以及这些领域的子学科。其数据来源于 5 100 种工程类期刊、会议论文集和技术报告，含 700 多万条记录，每年新增约 25 万条记录，可在网上检索 1884 年至今的文献。为了适应不同层次用户的需求，Engineering Village 2 将检索界面分成两部分：快速检索（Quick Search）和高级检索（Expert Search）。其中快速检索为初级用户提供了在线提示，在检索界面中通过一系列的下拉式检索菜单，帮助和引导用户简单快速地检索到所需的信息，直观易懂，简单易学；高级检索则提供了灵活而广泛的平台，使熟悉和专业的用户能更快速且准确地得到所需的信息。

8.2.2 Engineering Village 2 的收录范围

Engineering Village 2 提供了多种工程数据库。除核心数据库 Ei compendex Web 外，还收录了 USPTO、Espcene 和 Scirus 等数据库。其中 Ei compendex 是目前全球最全面的工程领域的二次文献数据库。它收录了选自 5 000 多种工程类期刊、会议论文集和技术报告的 7 000 000 多篇论文的摘要。其范围涵盖了工程和应用科学领域的各学科，用户在网上可检索到 1970 年至今的文献。数据库每年选自 175 个学科和工程专业的大约 250 000 条记录；而 USPTO 是美国专利和商标局的全文专利数据库，可查找 1790 年以来的专利全文，数据库的内容是每周更新一次（该数据库中 1790～1975 年间的专利只能通过专利号或目前的美国专利分类码检索得到。关于此数据库的更详细信息可访问其网站 http：//www.uspto.gov/patft/index.heml）；在 Espcenet 数据库中可以查找在欧洲各国专利局及欧洲专利局（EPO）、世界知识产权组织（WIPO）和日本所登记的专利（关于此数据库的更详细信息可以访问其网站 http：//ep.espacenet.com）；Scirus 数据库是迄今为止在因特网上最全面的科技专用搜索引擎。Scirus 覆盖超过 1.05 亿个科技相关的网页，包括9 000万个网页，以及1 700万个来自其他信息源的记录。

8.2.3 检索技巧

EI 网络版有两种检索方式：快速检索（Quick Search）和专家检索（Expert Search）。

（1）快速检索。允许用户选择检索字段后输入检索词，并可以进行组配检索。在 Search in 下拉菜单中有 15 个字段，主要包括：主题词/题名/文摘（Subject/Title/Abstracts）、作者（Author）、第一作者单位（Author Affiliations）、刊名（Serial Titles）、出版者（Publisher）、会议消息（Conference Information）、EI 受控词。利用"主题词/题名/文摘"字段可以全面地检索需要的文献。利用 EI 受控词检索时必须使用该系统的规范词。

（2）索引 Browse Indexes。EI 提供了受控词（EI Controlled Term）、作者（Author）、第一作者单位（Author Affiliations）、刊名（Serial Titles）和出版者（Publisher）五个字段的索引词表，选中一个字段，点击 Browse 可以到相应的索引词表中查看，然后可以将选定的索引词粘到检索窗口进行检索。粘到检索窗口内的词默认用 OR 连接，也可以使用 AND 或 NOT。

（3）专家检索。专家检索允许将检索词限定在某一个特定字段进行检索，同时可以使用逻辑算符、括号、位置算符、截词符和词根符检索；也允许用户使用逻辑符同时在多个字段中进行检索。

8.2.4 逻辑算符及位置符

逻辑算符包括：AND，OR，NOT。

位置算符包括：

NEAR：表示两个词彼此接近，前后顺序不限。如果按相关度排序，两个词越接近，文献就越排到前面。例如：forest NEAR plant。

W/N：两个词的距离不能超过 n 个单词。例如：environment W/2 pollution。

ADJ：表示检索出的文献要含有这两个词，两个词相邻，位置一定。例如：air ADJ catharsis。

（ ）括号：优先运算。

通配符：包括截词符 * 和词根算符 $。例如：comput * 可以检索出在 t 的后面出现任意多个字母。$ manager，可以检索出与该词根具有同样语意的多个词，像 managers，managerial，management。

利用 EI 检索专业性比较强的课题时，为了保证检索结果的准确和全面，选择的检索词最好用 EI 叙词表（EI Subject Terms）中的词，查找某位作者的文章收录的情况最好用 EI 的作者索引表（Authors Lookup），然后把词粘到检索框中。

8.2.5　EI 收录中国期刊的检索

从工程索引数据库的主页进入 EI 总部，点击 EI china，进入 EI 中国主页。点击期刊收录，可以浏览 EI 收录中国期刊的名称、选刊原则和 EI 数据库文摘要求。

在工程信息公司的网站上，一般用户可以自行到其网站上 http：//www.ei.org 上进行注册，注册后可以享受 30 天的免费注册检索服务。注册：输入网址 http://www.ei.org，进入主页，点击 Chem Village 进入，点击 FREE 30 Day Trial，进入注册页面。注册后可以进行检索。

8.3　ISTP 国际科技会议录索引和 ISSHP 社会科学与人文科学会议录索引

8.3.1　ISTP 概况

Index to Scientific & Technical Proceeding，简称 ISTP。科技会议录是学术文献的重要组成部分，许多创新的想法、概念或实验经常会首先出现在会议录当中。科学技术会议录索引是 ISI（美国科技信息所）出版的会议录索引数据库，被列入"四大文献索引"之一。美国科学情报研究所（ISI）基于 Web of Science 的检索平台，将 ISTP（科学技术会议录索引）和 ISSHP（Index to Social Science & Humanities Proceedings 社会科学及人文科学会议录索引）两大会议录索引集成为 ISI Proceedings。两大会议录共用一个检索平台 WOSP，访问地址是：http：//wosproceedings.com。该系统是检索国际著名会议、座谈会、研讨会及其他各种会议中发表的会议录论文的文献信息和著者摘要（提供 1997 年以来的摘要）的多学科数据库。

8.3.2　检索技巧

ISTP 数据库可以用光盘和网络版检索，其检索方法相似。可以实现字段检索、逻辑组配检索、词典索引检索。

1）字段检索

基本索引：可以从会议及会议论文的题目、主题等进行检索，可以使用逻辑算符及位置符。例如：furniture OR woodcarving；也可以输入 furniture OR woodcarv*。

会议：可以从会议名称、会议举办地点和时间等进行检索，可以使用逻辑算符。例如：beijing AND environment AND 2004。

作者：从作者姓名检索，可以输入全称也可以部分输入。姓与名之间用"-"连接，可以使用逻辑算符和位置符。例如：Wang-xm。

会议主办者：一般使用主办者的缩写名称，名称的各组成部分之间用"-"连接，可以使用截词符和逻辑算符（OR）。例如：Inst-of-Electrical-Soc。

来源：从参加会议的论文所发表的期刊或其他来源的名称进行检索，可以使用截词符和逻辑算符（OR）。如：Journal-of-chemical-&-engineering-data。

主题：从会议的主题范畴进行检索。在检索时要使用该系统提供的索引词表，从索引词表中找到相应的主题词，选中后该主题自动加入检索对话框中，可以实现检索。

论文题目：输入自己需要检索的检索词。

著者地址：从作者单位进行检索，可以使用截词及逻辑算符。例如：Beijing-univ

语种检索。

2）组配检索

组配检索是对已经进行的检索再进行组配。例如：第一次检索输入 water，第二次输入 soil，第三次执行 SET 组配的命令，即可以实现 water AND soil 的组配检索。

3）词典检索（索引）

该系统每个字段都提供了索引词表，对于不能准确确定拼写的词语，都可以利用索引词表进行检索。如果不能按照索引词表给定的词语进行检索，检索的结果可能会不准确。

4）逻辑符

逻辑算符：AND，OR，NOT。

截词符：*，可以进行后截断和中间截断。

THRU：在 SET 字段有一个特殊的命令 THRU，该命令的含义是对多次检索结果实现逻辑或的运算。

8.4 SSCI 社会科学引文索引和 A & HCI 艺术与人文科学引文索引

8.4.1 SSCI 社会科学引文索引

Social Science Citation Index 简称 SSCI，由美国科学情报研究所（Institute for Scientific Information，简称 ISI）提供的数据库。SSCI 收录全球 1 400 种主要的社会科学期刊论文，涉及 50 多个学科领域，具体包括的学科有：社会科学及行为科学、人类学、考古学、商业、财政、经济、教育、地理历史、图书馆学与情报学、法律、语言、政治、行销、统计、都市发展等。该数据库每年平均增加 12.5 万条记录，该数据库的特点是除了能检索文章被引用的情况外，还可以检索原文中所有的参考文献，通过它可以获得一些相关的资料。因此该数据库是人文及社会科学研究领域最权威的数据库。

8.4.2 A & HCI 艺术与人文科学引文索引

The Arts & Humanities Citation Index 简称 A & HCI，也是由 ISI 提供出版的数据库，收录了 25 个学科的 1 100 多种期刊。其内容涉及：各个艺术领域、视觉、音乐、表演、文学、工艺、历史、宗教，还包括人文科学的各个方面；其主题包括：考古、建筑、艺术、亚洲研究、古典著作、舞蹈、电影、历史、人文、语言学、文学、音乐、哲学、诗歌、广播、宗教、电视和戏剧等。

该数据系统与 SCI 在一个检索平台上运行，其检索方法相类似，其检索网址：http://wos.isiglobalnet.com。

用 DIALOG 系统可以进行检索，该系统 SSCI 数据库的名称是 Social SciSearch，文档号是 7 号；A & HCI 数据库的文档号是 439 号。

以上介绍的四大参考数据库国内的清华大学、北京大学、上海交通大学等可以进行检索。

8.5 国外期刊收录对稿件内容和学术水平的要求

以 EI 为例介绍国外期刊对稿件的要求及相关内容。

8.5.1 Compendex 数据库收录论文格式有关规定

Compendex 数据库录入格式与国家标准、国际标准基本一致，但也有独特之处。Compendex 数据库希望作者了解这种录入格式，在撰写论文时尽量靠近。

1）基本要求

一般应包括下列几项英文内容：

论文题名、作者姓名（汉语拼音）、作者工作单位、论文摘要、文后参考文献（不要求所有文种用英文）。

2）论文题名

（1）定义。国家标准 GB 7713—87《科学技术报告、学位论文和学术论文的编写格式》规定："题名应以最恰当、最简明的词语反映报告、论文中最重要的特定内容的逻辑组合。"

（2）题名要恰当。国家标准 GB 7713—87 指出："题名所用每一个词语必须考虑到有助于选定关键词和编制题录索引等二次文献可以提供检索的特定实用信息。"

（3）题名要简明，不要太长。Compendex 数据库规定，英文题名最多不超过 400 个字符。GB 7713—87 规定："（中文）题名一般不宜超过 20 个字。""外文题名一般不宜超过 10 个实词。"

（4）避免出现非公知公用的符号。题名应避免使用不常见的缩略词、首字母缩写字、字符和公式等，以便读者检索、转抄和引用。

（5）副题名。题名语意未尽，可用副题名。Compendex 数据库规定，副题名与题名之间，可用冒号（:）分开。

（6）题名书写。Compendex 数据库要求，英文题名和副题名的第一个字母大写，其余（专有名词除外）小写。题名的第一个词不能出现定冠词或不定冠词等，如 A、An、The、And 等。目前按国际上的习惯，题名中可以省去定冠词和不定冠词，如 the、a、an 等。

3）作者姓名的汉语拼音

中国的汉语拼音已经被列为国际标准，Compendex 数据库执行国际标准，尊重中国人的习惯，同意中国作者姓在先、名在后的书写格式。所以，应按 GB/T 16159—1996《汉语拼音正词法基本规则》拼写。但是，目前在国际交流中，出现较大混乱，建议采用《中国学术期刊（光盘版）检索与评价数据规范》，因为这个规范得到国家语言文字工作委员会的认可和支持，由新闻出版署批准，在全国 5 000 余种期刊贯彻执行。书写格式如下：

作者姓氏在前，全大写；名字在后，首字母大写；双名连写，其间加半字线。如：

王红 WANG Hong；李晓天 LI Xiao-tian。

从 2001 年起，在 Compendex 数据库中，录入作者更多的信息，以便相互通讯更容易。它包括作者姓名、单位名称、部门地址、邮政编码、电子信箱。

4）工作单位

工作单位要规范、统一、稳定，写出一、二级单位，城市名和邮政编码；结尾处应加"China"或"CHINA"。对于多作者、多工作单位，按《中国学术期刊（光盘版）检索与评价数据规范》，应写成：

LI Zhi-gang1，CHEN Xiang-dong1，WANG Ping2，ZHANG Yu-shun3

（1）State Key Lab of Struct Anal of Ind Equip, Dalian Univ of Technol, Dalian 116024, China；

（2）Inst of Eng Mech of State Earthq Bureau, Harbin 150080, China；

（3）Inst of Earthq of Guangdong Prov, Guangzhou 510070, China。

5）英文摘要

国际重要检索系统通常采用英语。它们在收录一篇论文摘要时，主要看英文摘要写得好不好。所以提高英文摘要编写质量非常关键。一部分中国期刊就是由于英文摘要质量太差，已经被 Compendex 数据库淘汰。因此一定要重视英文摘要的书写质量。它包括摘要内容、格式、语句的时态和用词的准确性。

（1）内容充实，不要空洞。

Compendex 数据库对文摘编写要求与国标 GB 7713—87、GB 6447—86《文摘编写规则》的要求是一致的。

对于报道性文摘，应当列出研究课题"目的、方法、结果、结论"四个要素。

对于指示性文摘，仅指出研究课题内容和评述，可不列出方法或结果。

（2）摘要的详简度。

Compendex 数据库要求一般为 100~150 个英文单词，最多不超过 1 500 个字符。

GB 7713—87 的要求与此相当。标引员希望用简单句型，尽量用短句，少用 of，使动词尽量靠近主语。第一句不要与题名重复，因为在题名之后，紧接着录入英文摘要。

（3）时态。

用过去时态叙述作者工作，用现在时态叙述作者结论；尽量用主动语态代替被动语态。

（4）保持摘要的独立性。

由于英文摘要单独使用，因此避免在摘要中出现公式、图表、参考文献的序号。

EI 对英文摘要的撰写要求，可以到 EI 中国网站上浏览。

6）文后参考文献

这是 EI Compendex 数据库最新提出的一项要求。

目前，对数据库内期刊质量把握不准，利用率不高。为了解决这一问题，Compendex 数据库把参考文献录入数据库的文摘之后，并对引文进行链接。一方面，可方便读者检索、查阅相关文献；另一方面，对来源期刊被引频次进行考察，便于对数据库来源期刊进行调整。

（1）参考文献要精选。文后参考文献要精选，引用文献中书刊的层次、数量、出版年份要仔细挑选核实，因为它可以反映论文的学术水平和创新程度。如果引用一大堆教科书、手册、科普类期刊，Compendex 数据库是不会收录这篇论文的。

（2）参考文献的著录要标准规范。参考文献的编写应当规范、标准，采用顺序编码制。其著录格式与 GB 7714—87《文后参考文献著录规则》，以及《中国学术期刊（光盘版）检索与评价数据规范》要求基本一致。

（3）参考文献录入原则。Compendex 数据库规定，对于一篇文章，如果非英文参考文献与总参考文献之比大于或等于 50%，Compendex 数据库就不录入这篇文章全部参考文献的内容，只记录参考文献总篇数；如果英文参考文献多于 50%，只录入英文参考文献的具体内容，而不录入这篇文章其他文种的参考文献。

（4）著录参考文献的英文题名（专利名、标准名、学位论文名）。如有可能，将非英文（俄、日、中等）参考文献的题名译成英文。

（5）刊名（专著名、报告名、会议论文名）。可全写或简写；除连词和介词外，每个词的第一个字母大写，如 J Biosci Bioeng。此外，Compendex 数据库规定简写时要加缩点，而 GB 7714 则规定不加缩点。Compendex 数据库建议将文献题名和文献刊名采用不同字体，以便读者区分。

（6）出版年，卷（期），起止页码。Compendex 数据库对此提出了特别要求，但作者可按 GB 7714 规定执行。如 1999，39（6）：702~710。

8.5.2　加注论文来源

凡国家自然科学基金资助项目、科技攻关项目、"863"高技术项目等重要论文，不要忘记在篇首页的脚注明资助项目的标准名称，并在括号内写出批准号，以证明论文价值。因为这类论文，其项目都是经过国家有关部门严格论证后批准的课题，受到国内外检索系统的重视。

8.5.3　投稿途径

可以通过 5 种方式进行投稿。

（1）投向名校大学学报。很多名校学报先后被 Compendex 数据库列为来源期刊，可到 EI 网站中国代理上检索。

（2）充分利用已有渠道。如果您的论文曾经被 Compendex 收录过，应充分利用已有的渠道。

(3) 投向国内期刊。向国内已经被 Compendex 数据库列入刊源的期刊投稿。可以在中国代理网站检索到。

(4) 投向国际期刊。由于语言上的障碍，采用英语的国际期刊比中文期刊容易进入 Compendex 数据库，但其学术水平不一定都比中国期刊高。中国期刊进入 Compendex 数据库的数量有限，在这种期刊上发表文章，难度较大。应把部分稿件分流，投向 Compendex 数据库中相关专业的国际期刊。

(5) 投向国际会议论文集。Compendex 数据库随时收录国际会议论文集。应主动参加国际学术会议；如果您出国参加国际会议机会少或经费困难，应争取参加在国内举办的国际会议，并积极投稿。SCI、EI 对这种国际会议论文集是很感兴趣的。与中国期刊相比，这种论文集进入 SCI、EI Compendex 数据库要容易得多。

以上仅作参考，具体要求可能做出新的更新，要到各网站上检索。

9 DIALOG 国际联机检索系统

DIALOG 国际联机检索系统是美国 DIALOG 公司和 Thomson 并购控制的国际领先的创新信息提供商,是以互联网为基础的全方位市场信息和总体技术解决方案系统。它信息海量达 9 兆兆位、60 亿页,其 900 多个行业数据库在非常艺术的索引软件的驱动下通过它的三个分支系统:"DIALOG 系统、DataStar 系统、Profound 系统"方便、灵活、快捷、准确、全面地获取各种科技、商业、文学社科高质量的信息,涉及商业经贸、科学、技术、工程、法律法规、金融服务、学习、健康市场、电子信息行业等几乎所有的专业。

该系统起始于美国 Lockheed Missile & Space Company Inc. 下属的一个科学情报实验室"DIALOG"人机对话系统,1972 年成为全球第一个商业联机服务系统,1981 年正式为 Lockheed 公司子公司,1988 年被美国 KR 公司并购,1997 年与英国 M. A. I. D 公司兼并的同时配合 20 世纪 90 年代网络技术的发展,不断推出基于 Internet 平台和 Intranet 网络产品。几经并购,DIALOG 不断发展壮大拥有 900 多个实实在在的数据库、产品不断丰富以适应社会的各种需求,成为该领域及行业上唯一能提供综合技术和综合信息的佼佼者。

9.1 DIALOG 系统资源

DIALOG 系统资源有如下 7 种类型:
(1)商业类。
商业经济和行业;
商业新闻和市场分析报告数据库;
大型行业市场报告数据库;
其他商业经济数据库;
商业经济统计;
国际公司名录和公司财务;
美国公司名录和财务信息产品信息;
贸易机会。
(2)社会科学和人文学类。
文学、艺术、体育、教育及心理学。
(3)政府和法律类。
(4)综合学科类书(包括书评、出版物、论文引证信息等)、一般问题(包括消费者、综述类、杂志全文、休闲运动等)行业信息、参考文献(社会学、各种基金、人事、学校)。
(5)新闻类。
新闻索引美国报纸全文。

（6）专利、商标和版权类。
（7）科技类。
包括农业和营养学、化学、计算机技术、能源环境、医学生物、药物、综合科学技术。

9.2 DIALOG 系统检索基本知识

1）DIALOG 系统的服务方式

（1）定题服务：根据用户的需求，将检索课题的逻辑式存放在检索系统的计算机之中，存放的时间由用户确定，检索系统会定期主动地将最新的信息数据检出来，提供给用户。一般由脱机检索完成。由于是大批量处理，费用较低。这种服务适合主攻课题相对稳定、发展快和新兴学科的课题。

（2）回溯检索服务：指查找过去的信息资料，追溯几年至几十年，适合写综述文章、申请专利、课题查新、科学研究等。

（3）联机订购服务：如果想获取原文，可以联机订购。

（4）随机问答服务：用户直接利用终端进行检索，机检系统即时提供所需要的信息，一般由数值型数据库、事实型数据库提供各种科学数据和事实。

（5）电子邮件服务：通过电子邮件，用户可以把检索结果传送到用户的电子信箱中。

2）DIALOG 系统几个网址的利用

http：//www.Dialog.com

DIALOG 主页地址，概况介绍。可以检索免费的用户名、免费的密码和免费的文档代码。

http：//www.DialogSelect.com。有版权的 250 个数据库，免费检索，仅收通讯费。

http：//www.DialogWeb.com

DIALOG 免费检索，输入免费的用户名和密码可以进行限制数据库的检索。

http：//www.DialogClassic.com

输入免费的用户名和密码可以进行限制数据库的检索。

http：//www.dialog1.com

用于专业人员根据用户需求与数据库具有的字段一致的检索界面，只需输入一次即可获得检索结果。注意：对检索结果不满意者，应请专业检索人员用指令做补充检索。

http：//www.intraintelligence.com

专门为企业和机构设计的自定义检索界面。企业和信息需求机构根据自己信息需求量频度最高的专业和主题定义出界面的链接点（相当于界面目录，或课题分类，或定题跟踪的目录），由 DIALOG 系统根据用户点击的内容自动检索。注意：此界面由于无须输入检索词，故检索结果不满意者，须由专业检索人员用指令做补充检索。

3）DIALOG 系统蓝页

DIALOG 主页有 Dialog 系统介绍、产品介绍、服务介绍、检索工具数据库介绍、技术支持及其培训、其他、公司介绍等。

DIALOG 系统蓝页 dialog bluesheets 是系统提供的数据库说明书，要了解数据库的类型、数据库的名称及代码、数据库可检索的字段、各字段输入的表达方式及格式。具体内容如下：

（1）DIALOG Bluesheets Databases in Alphabetic Order，按数据库的名称字母顺序排列表，见图9.2.1。

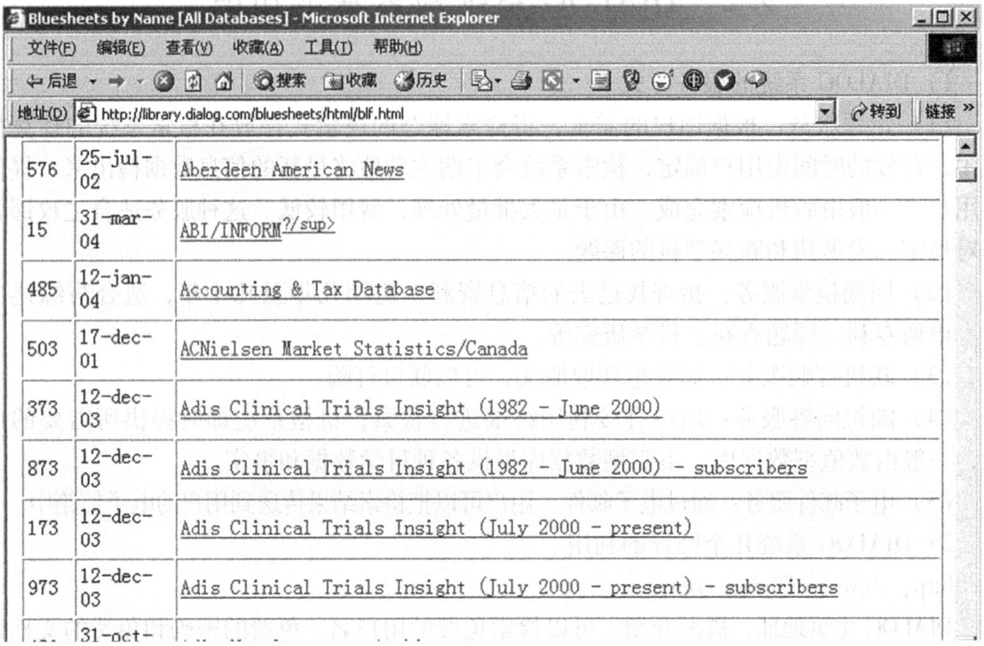

图9.2.1

（2）DIALOG Bluesheets Databases by File Number，按文档号序列排列的数据库列表，见图9.2.2。

（3）Database Number，查看数据库文档代号，按文档号的大小顺序排列，见图9.2.2。

（4）DIALOG Bluesheets Databases by Subject Category，按主题目录列出的数据库，见图9.2.3。

（5）Subject，查看可以检索的学科类目列表，见图9.2.3。

（6）Databases by One Search Groups，一次检索组，利用系统提供的组名，一次可以进行多库同时检索，组名为缩写词，点击组名可以查看该组包括的数据库名称及文档代号，见图9.2.4。

（7）Databases by Search Options，查看所有数据库可以使用的字段，点击不同的字段，可以显示此字段适用的所有数据库列表，见图9.2.5。

（8）DIALOG Bluesheets Terms and Conditions，查看某一个数据库的记录样页和可以检索的字段。系统首先显示的是数据库的名称，点击某一个数据库显示详细样页，见图9.2.6。基本索引字段代码见图9.2.7。辅助索引字段及检索表达式的规定及打印格式规范等，见图9.2.8。每个数据库的检索字段是不同的，表达式也不相同，所以在检索时要查看此说明。

9 DIALOG 国际联机检索系统

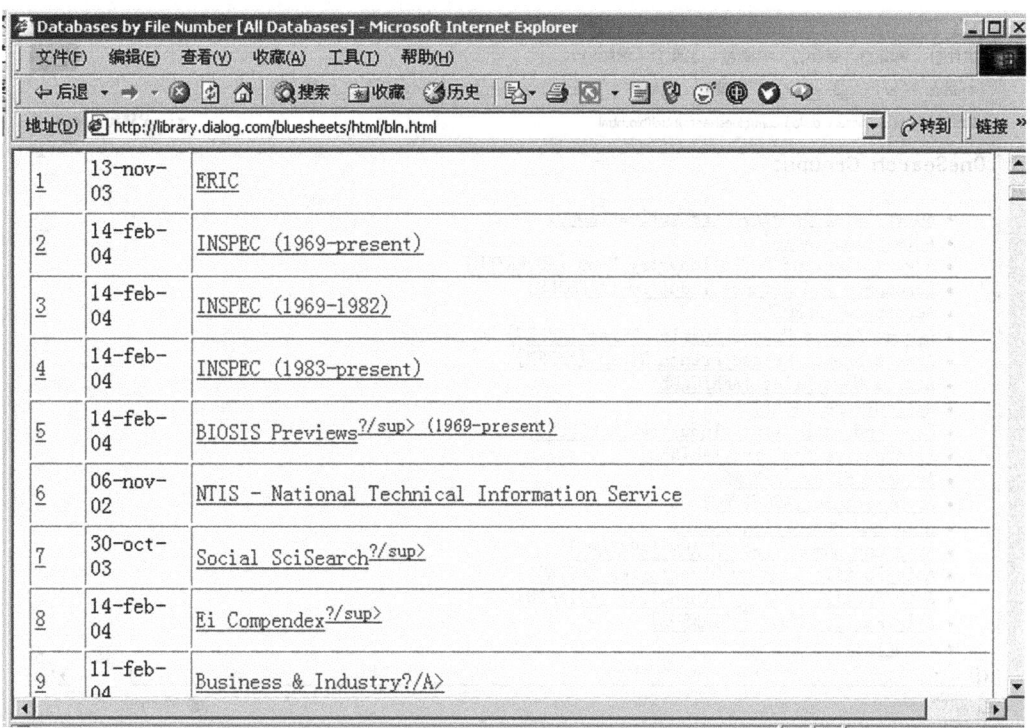

图 9.2.2

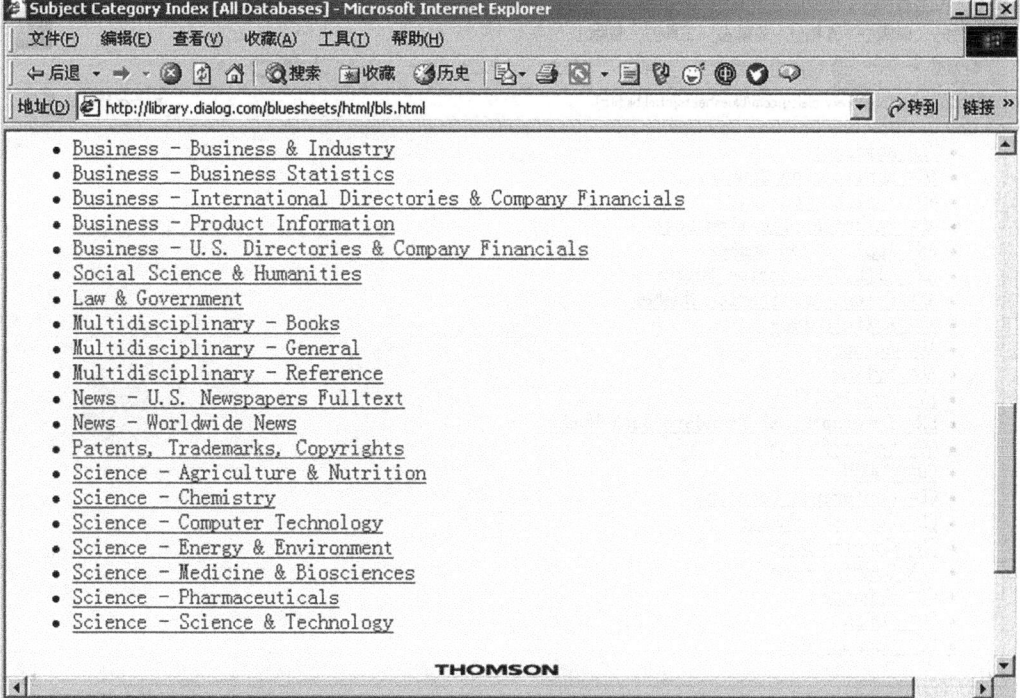

图 9.2.3

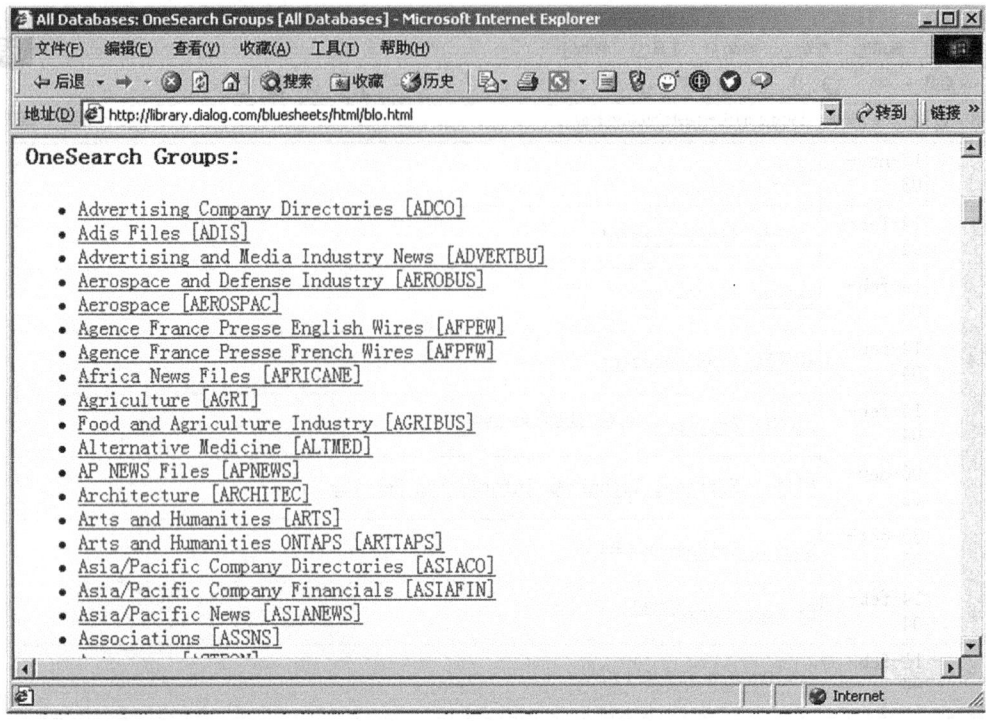

图 9.2.4

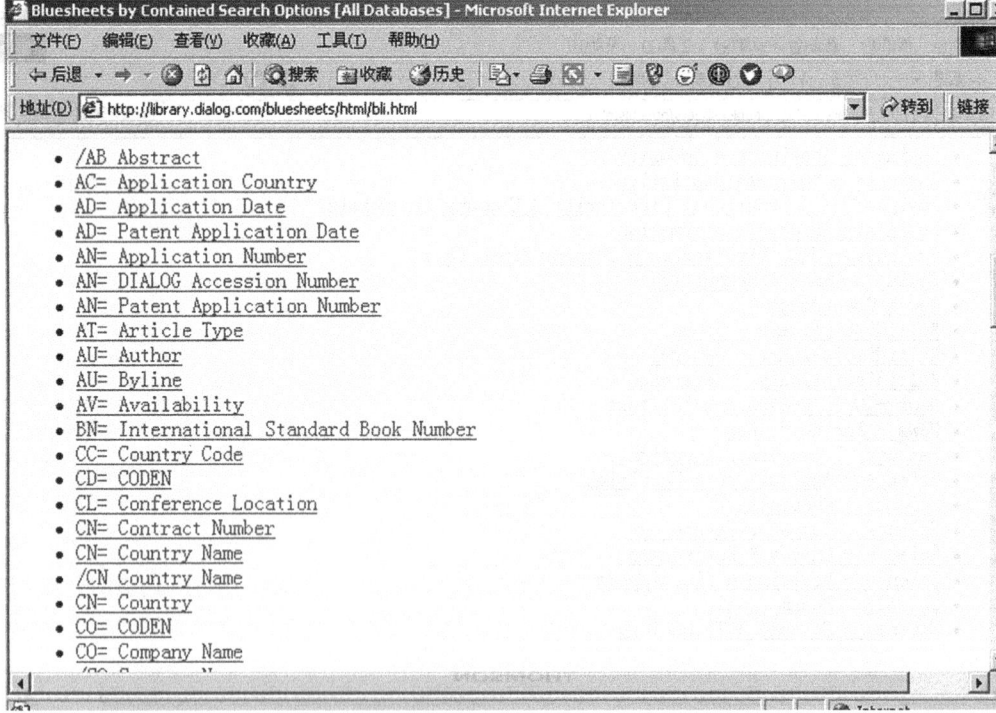

图 9.2.5

9　DIALOG 国际联机检索系统

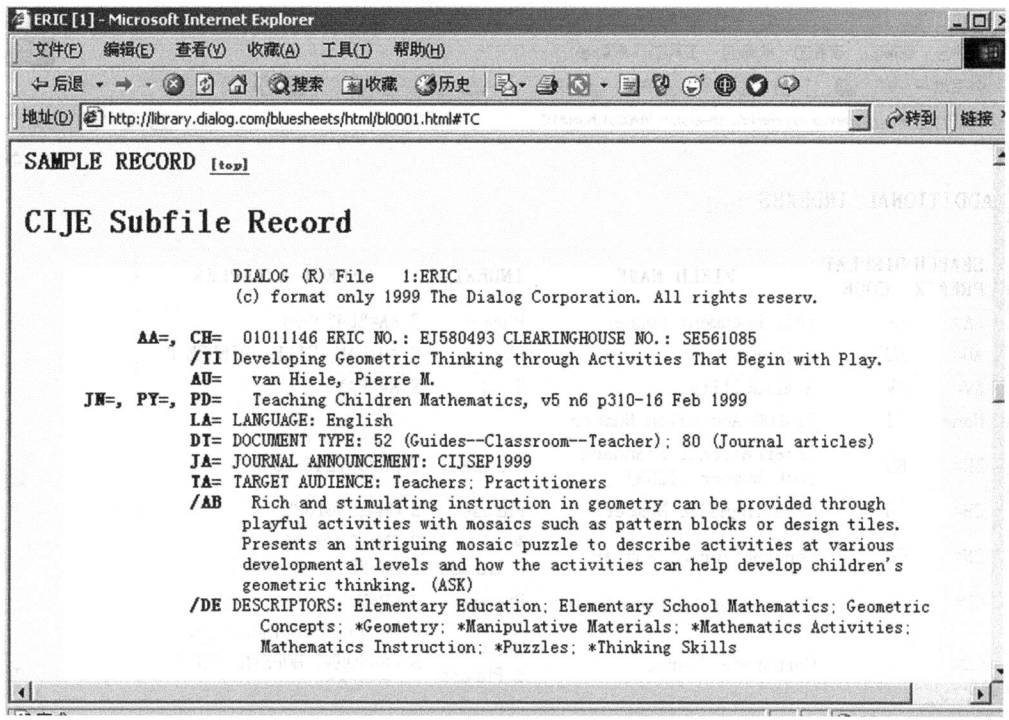

图 9.2.6

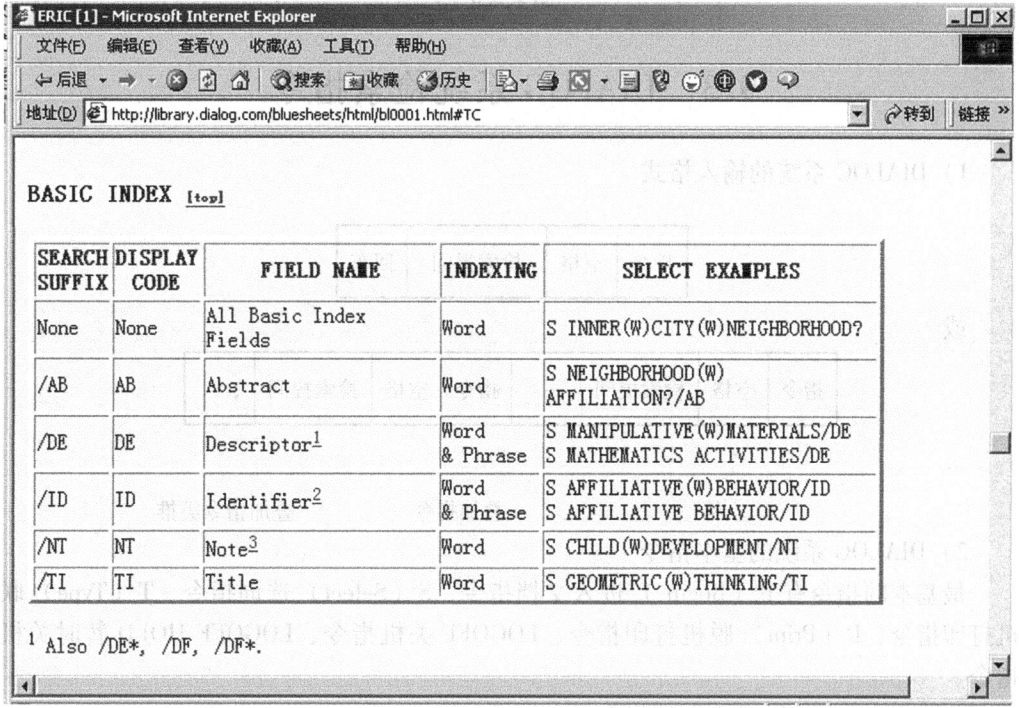

图 9.2.7

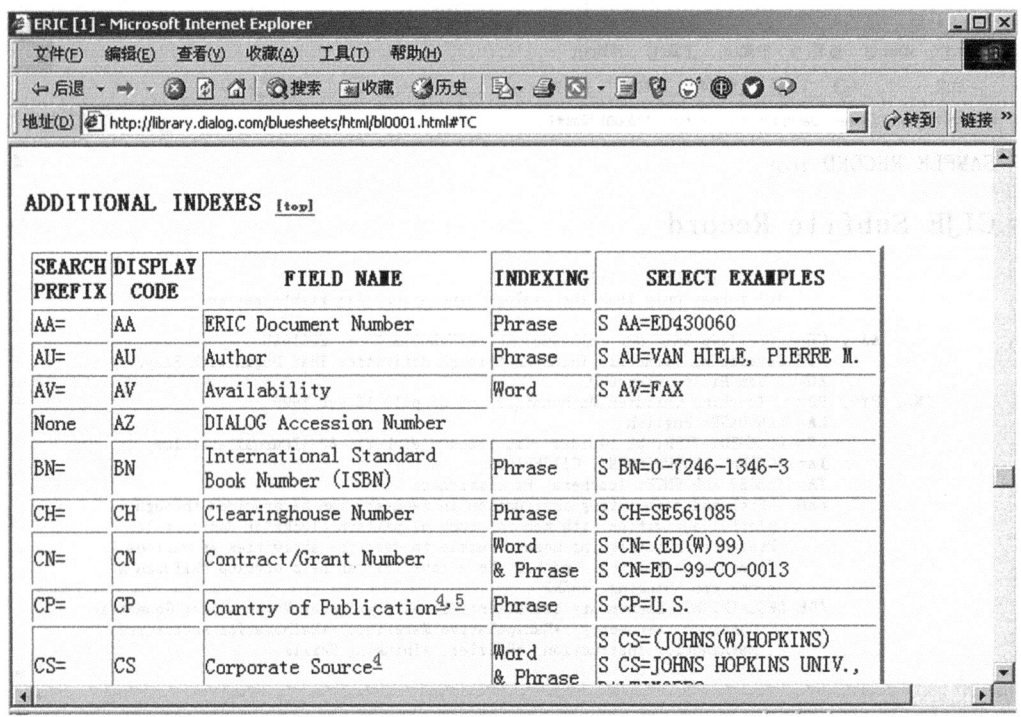

图 9.2.8

9.3 DIALOG 系统检索指令

1) DIALOG 系统的输入格式

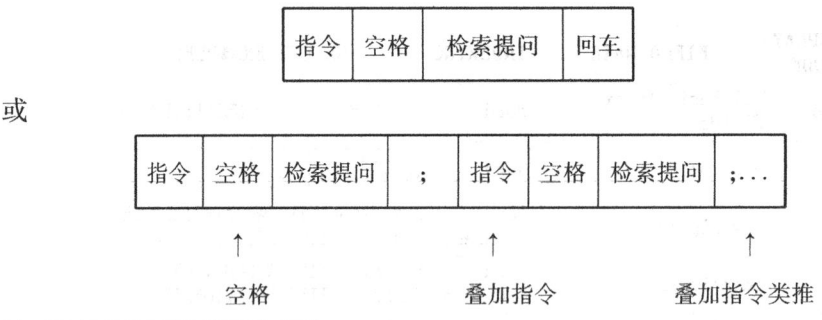

2) DIALOG 系统的基本指令

最基本的指令有 B（Begin）进入文档指令、S（Select）选词指令、T（Type）联机打印指令、P（Print）脱机打印指令、LOGOFF 关机指令、LOGOFF HOLD 暂时关机指令。

（1）B（BEGIN）进入文档指令。

用途：用该指令进入指定的文档，输入该指令后，系统将原检索过程全部清除，重新累计检索步骤。B 指令只能进入 60 个文档。

指令格式：B［空格］［文档号］
　　　　　B［空格］［学科类目名或文档缩略名］

指令	指令说明
B 50	表示进入 50 号文档。B 指令仅可以进 60 个库
B 50，8	表示进入 50 号文档和 8 号文档，用逗号隔开
B 50 8 341	可以用空格隔开
B Chemistry，351，not 399	表示进入化学文档和 351 号文档但是不包括 399 号文档
B 50，patent	表示进入 50 号文档和所有的专利文档

"?"号表示计算机的提示符，即终端机与检索系统连接后，提示用户检索开始，输入检索策略，在不同的检索界面出现问号。B 指令后面可以同时输入多个文档的号码，用逗号隔开。输入调档命令后，开始一个新的检索，如果对系统数据库的文档状况不熟悉，一般应借助于系统中设立的总索引和数据库蓝页来帮助选择数据库，DIALOG 系统的总索引是 411 号。此文档不收检索费。411 号文档的具体用法如下：

指令	指令说明
B 411	进入系统总索引
Sf Forest	Sf 是文档选择（select file），仅用于总索引 411 号文档，不能单独使用。Sf Forest 表示从分类角度得到有关林业方面的一系列文档的名称
Sf 2，7，10	Sf 后面≥2 个库，不能仅选一个库
Sf all science	表示进入全部的科学文档。当不知道哪个文档有命中文献时，可以在整个科学文档中进行搜查
Sf all	表示进入所有的数据库
Sf all business not meeting not 399	表示进入所有的商业数据库，但是不包括会议、不包括 399 号文档。用 411 号文档进入的数据库的数量不受限制
Sf 2 6 8 patents	表示分别进入 2 号 6 号和 8 号和所有专利数据库

　　(2) S (SELECT)——选词指令。

用途：是用来检索数据库中含有指定的词、词组或检索参量记录，并将检索出的所有记录置于一组集合中，按时间的顺序排列，最新的记录排在最前面。选词指令如果没有特殊的限制，系统将自动在基本索引的所有字段中进行检索。选词指令后面输入检索提问式，然后按回车键，系统就自动地在指定数据库的基本索引和辅助索引中查找符合检索式要求的记录。检索式可以输入单个检索项，也可以是带逻辑算符和位置算符的多个检索项。限制在 240 个算符，只产生一个组号。选词指令的基本用法如下：

　　指令格式：S［空格］［检索式］

Example: S solar or sun
            2530 solar
            1023 sun
    S1 8721 solar or sun
注: S1 为组号, 8721 为命中文献篇数。

选词指令的基本用法如下:

S computer?	检索单元词
S (air + water) (2W) pollut?	检索式中含有逻辑符、位置符、截词符
S S3 * machine (1n) tool?	检索式可以与组号位置符关键词等组配
S (S1 + S2) * S3 * S4	可以几个组号进行组配
S S4 (w) s7	组号可以用位置符
S S1: S4 or S8	对于连续的组号可以用":"进行 OR 组配
S e4: e6 + e10	对 E 扩展词进行组配
S cable/ti, ab	可以用后缀进行组配
S (heat + thermal) /ti	对多个检索词进行 OR 组配可以用括号括起来,然后用后缀
S S12/ti	可以对组号进行限制
S py = 2000: 2002	辅助检索字段,可以对出版年代限制
S S3 * py = 2000	组号可以与出版年组配
S S5/1990 − 2002	组号可以与后缀组配
S au = chen jin ren	可以检索著者
S pn = us 6224312	检索专利号
S IC = A02B07	检索专利分类号
S rn = 9002 − 88 − 4p	可以用化学物资登记号检索某个化学物资的制备

(3) T (TYPE)——联机显示打印指令;
    PR (PRINT)——脱机打印指令。

用途: 打印显示检索结果。T 指令可以使用户在终端连续显示检索结果,并可以把检索结果在终端机上打印出来。PR 指令的检索结果由系统主机的高速打印机打印,然后邮寄给用户,由于速度慢,因此现在用得比较少,但是可以用 PR 指令通过电子邮件送到用户手中。

指令格式: T [空格] [集合号] / [格式] / [记录数]
        PR [空格] [集合号] / [格式] / [记录数]

SS sable * food (W) habit
    S1   15 SABLE
    S2   24 FOOD (W) HABIT
    S3   8 SABLE * FOOD (W) HABIT

T 3/5/1—8
P132：T 3/5/1—8 Estimated Cost：$ 12.00
注：P132 为记录号。

联机打印指令的基本用法如下：

T S3/5/1-5，10	按系统规定的程序显示打印部分记录
T S4/3/all	打印显示全部记录
T 132/7	按记录的存取号显示该记录的内容
T	不指定组号、格式及打印的记录范围，系统默认为：最后一组、系统缺省格式、第一条记录
T S5/7/all from 341	打印指定文档 341 号的全部记录
T S5/6，k/1-6 from each	按自定义格式显示打印
T S3/ti，ab/1-3	打印显示题名和文摘

T 命令可以显示和打印，可以在系统规定的范围内自定义。DIALOG 系统的打印格式见表 9.3.1。如想取消打印输入命令必须在 2 h 以内，输入 PR - P132。如没有限定输出格式，则按格式 2 打印；如没有指定打印篇数，系统自动打印第一篇。输出打印记录的序号是按时间由近及远的顺序排列的，所以系统首先打印输出的是最新存贮的文献记录。

表 9.3.1

目录型数据库的预定义格式		非目录型数据库预定义格式	
格式 1	DIALOG 系统存取号	格式 1	存取号
格式 2	除文摘外全部记录内容	格式 2	公司名称地址电话、规范词、标准代码
格式 3	题录	格式 3	公司名称、地址、电话号码
格式 4	题目、文摘	格式 4	带有字段名称的全记录
格式 5	全记录（格式 2 + 文摘）	格式 5	全记录
格式 6	题目	格式 6	公司名称
格式 7	题录和文摘	格式 7	全记录
格式 8	题目和标引词	格式 8	公司名称、标准工业代码、规范词及所有的
格式 9	全文数据库全记录		销售表

下面是通过 E - mail 获取脱机打印结果的格式及方法。

指令格式：print［空格］［集合号］/［输出格式］/［获取的记录范围］/［E - mail 地址］

或：print［空格］［集合号］/［输出格式］/［获取的记录范围］via E - mail

用户可以要求主机将检索结果通过 Internet 传送，对通过 Internet 传送 E - mail，DIALOG 系统要加收每一 print 指令收 $0.50 的费用，且要求邮包大小不能超过 3MB，在发出此指令前，也应在文档中用 Edit Address E‑mail 指令先编辑 E‑mail 地址，操作过程见如下：

  edit address E‑mail

  Please choose an Electr onic Mail Delivery Option：

  1. Internet

  2. MCI Mail（r）

  3. X. 400

    Q = Quit H = Help

    1

  Internet address sample format：name@ domain. type

    Q = Quit H = Help

  Enter address information for E‑Mail（Internet）delivery

  Internet address

  wgj@ nefu. edu. cn

  Internet address WGJ@ NEFU. EDU. CN

  This address will be used for E‑mail（Internet）delivery：

  Internet address WGJ@ NEFU. EDU. CN

    S = save address C = Change address Q = Quit H = Help

  To name the address, enter S plus up to 6 characters（e. g., S JSMITH）

  Enter a command.

  s

  Address is saved as "AB002"

  pr s1/7/all addr ab002

（4）LOGOFF 中断联机指令。输入 LOGOFF 退出联机检索状态。LOGOFF HOLD 是暂时退出系统，用户在 30 min 之内若再进机检索时，系统首先停在刚才退出的那个文档上，且关机前的检索式仍然存在。当你暂时需要重新考虑修改检索策略时，可以采用此命令。

3）DIALOG 系统辅助检索指令

（1）扩词指令 E（EXPAND）。

用途：在指定的数据库中展开任何一种名称、一个检索词或词组，如关键词、作者名、刊物名、产品名、公司名等，以便正确选择检索词，也可查询单元词、前缀代码、词组项等。如用 E 来扩展一个检索词，这时将显示一张来自数据库索引的包括该词的字顺表，词表可以滚动，展示该词的各种变异，可以用来选择课题的全部检索词。

指令格式：E［空格］［检索项］

例如：   E computer 查询单元词

      E AU = LIU, H, W 查询前缀代码

例如要正确选择"信息检索"这个词，输入 E INFORMATION 的检索式，就可以把

以 INFORMATION 为词干的主题词都显示出来,用户可以在显示的列表中进行选择。E 指令的基本用法如下:

Example:
E INFORMATION

Ref index – items	RT	Items
E1 INFORM		14
E2 INFORMA		211
* E3 INFORMATION		345
E4 INFORMATION RETRIEVAL	2	105
E5 INFORMATION SCIENCE		10
…		

上面 E4 显示了"信息检索"是个主题词,且有 105 个记录命中,相关的词有 2 个,若要了解该词的主题词词表,可以再利用 E 指令继续显示。

例如:E E4 输入此检索式后,就可以显示与 INFORMATION RETRIEVAL 相关的所有词。

利用"P"指令显示 E 指令的下一屏,"P—"显示 E 指令的前一屏。

展开的词分为两类,一类属于基本索引字段中的词,这些词取自标题、文摘、规范词和非规范词等字段中的可检词;另一类属于辅助索引字段的词,这些词取自公司名称、电话号码、销售额、雇员人数、产品代码等可检参量。输入的扩展词总在第三位,并在词头标有"*"号,一次 E 指令最多扩展 50 个 E 号。商情检索时 E 指令主要用在[431]、[416]、[414]三个索引文档中。

E 指令的基本用法如下:

E au = brostoff,s	在作者字段中扩词
E co = apple	在公司名称中扩词
E heat	在基本索引的所有词字段中扩词
E computer/ti	在基本索引的某一个字段中扩词
S e4	检索某一个 E 号
S e2 or e4 or e6	选取几个不连续的 E 号进行检索
S e4:e8	选取某一个范围的 E 号

用 E 命令最好使用以下的检索步骤:
第一步:B 进入适当的文档;
第二步:E 输入要展开的词或展开带有适当前缀代码的相应名称;
第三步:S 选择恰当的 E 号;
第四步:T 输出记录,查看检索结果的相关性。

(2) DS(Display Sets)显示检索策略指令。

用途:显示前面已执行过的检索策略。可以对规定的组号进行显示,也可以在范围内限定。

指令格式： DS［空格］［集合号］
或　　　 DS
Example： DS S3
　　　　 DS S1 – S3
　　　　 DS

当输入 DS 指令后不跟任何参数时，系统就把用户最近一个 BEGIN 指令中产生的组号的每条检索策略都显示出来。操作过程如下：

Example：
B1
S information
　　S1 40 INFORMATION
S education
　　S2 20 EDUCATION
S information * education
　　S3 12 INFORMATION * EDUCATION
DS
　　S1 40 INFORMATION
　　S2 20 EDUCATION
　　S3 12 INFORMATION * EDUCATION

（3）SS（SELECT STEPS）——分步骤选词指令。

用途：与 S 命令的格式和使用方法相同，不同的是对每一步查找均赋予一个集合号。集合号可以作为检索项单独使用，也可以与逻辑符、其他检索项组配使用。

Example：
　SS information * education
　　　S1 74 INFORMATION
　　　S2 43 EDUCATION
　　　S3 17 INFORMATION * EDUCATION
　T 3/5/1 – 17

SS 指令一般在多产品、多国家和多公司的检索时应用。如：
B 521； ss cn = Belgium + cn = denmark + cn = etherlands
File 521： D & B – EUROPEAN DUNS MARKET IDENTIFIERS 10/92

Set Items	Description
S1 137539	CN = BELGIUM
S2 3600	CN = DENMARK
S3 203210	CN = NETHERLANDS
S4 344349	CN = BNLGIUM + CN = DENMARK + CN = NETHERLANDS

（4）设置指令 SET。

它分为两类：暂时性设置指令和永久性设置指令。暂时性设置指令在当前检索期间有效的设置，关机后无效。

例如：SET COST SHORT 显示当前各文档费用和总费用估算，而不分项显示每项费用。

SET HI*** 显示高亮度，检索结果在显示时使输入的关键词做醒目显示。

（5）C（COMBINE）逻辑组配指令。

用途：用于集合号与布尔逻辑算符的组配，不能含有检索词或位置算符。

指令格式：C［空格］［集合号的逻辑］

Example：

S information

  S1 74 INFORMATION

S education

  S2 43 EDUCATION

C 1*2

  S3 12 1*2

T 3/5/all

用 C 指令，后面的组号可以用数字，也可以用 S 来组配。例如：S s1*s2 要把组号前面的 S 写上。

4）自定义打印格式

（1）排序指令 SORT。

排序指令可使某一个 SET 组号的检索结果，按指定字段的字母或数字的升、降序排列显示或打印输出。DIALOG 系统中不是每个数据库的所有字段都可以用 SORT 指令的。因此事先应查看数据库蓝页的说明或求助指令联机查询，例如：HELP SORTn（n=1，2，3，4…为数据库的号码）。

SORT 指令格式：SORT SET 号/记录范围/排序的字段

    例如：SORT S5/1—50/PA，PN 表示按申请人和专利号排序

（2）表格显示指令 REPROT。

表格式显示指令也是从某一组号的全部记录中抽取只含有可以执行的 REPROT 字段（如：产品销售额、公司名称、雇员人数、邮编等）

REPROT 指令格式：REPROT SET 号/字段名称/记录范围

    REPROT S3/CO，SA，EG/ALL EG 表示雇员人数

（3）文中关键词和醒目显示。

K（KWIC）是一种显示格式，可以单独使用也可以与其他格式配合使用。它的作用是应用在全文数据库中，突出关键词，通过阅读关键词的周围来决定整个记录是否有价值。

格式：T 3/6，K/ALL 按 6 格式和 K 格式联机打印

SET HILIGHT ON 醒目显示功能，以醒目的方式突出显示检索策略中使用的检索词在记录中的位置。例如：SET HI***。

有些时候，检索人员需要看一下内容，联机显示记录，具体做法是使用两个字母组

成的字段显示。

例如：T S1/ab/1。

9.4 检索运算符

计算机联机检索的主要技术是逻辑式的编写，它直接影响到检索的质量。逻辑式是由逻辑符、位置符、截词符、限制符、检索词等构成。

1）布尔逻辑算符

作用：布尔逻辑算符是用来表示两个检索词之间的逻辑关系，用以形成一个概念，实现课题的要求。

常用的有三种：逻辑"与"（AND），逻辑"或"（OR），逻辑"非"（NOT）。三种算符可同时在一个检索策略中使用，也可以单独使用。下面讨论以上三种算符的使用。

（1）AND：逻辑"与"，可用"＊"代替，在概念上有交叉限定时使用，用来组配不同的检索概念。

例如：machine ＊ automation

（2）OR：逻辑"或"，可用"＋"代替，在概念上有并列关系时使用，用来表示相同概念的词之间的关系。

例如：teaching + train

（3）NOT：逻辑"非"，可用"－"号代替，在概念上有删除关系时使用用来排除某些检索概念。

例如：(computer NOT microcomputer) AND network

逻辑算符使用时的注意事项：

①在使用逻辑算符时，可用"（ ）"括号改变执行顺序。

②在逻辑组配时，逻辑算符两侧必须各留有一个空格。

③逻辑式中有多个逻辑符时，它们执行的顺序是"NOT""AND""OR"，需先执行的部分可用括号标出，如（A＋B）＊C。键入命令时，大、小写字符均可。

④基本索引可以用位置符，辅助索引不能用位置符。

2）位置符

作用：对复合词进行加工。使词连接后作为词组进行检索，限制两个检索词在文中出现的先后顺序、相隔的距离，在查找时指出单元词出现在文献记录中的形式和位置关系，使其功能更加完善。在不同的系统中往往以不同的符号表示。用逻辑符和位置符就可以编出较完整的检索提问式。常用的位置符有（W），（nW），（N），（nN），（S），（F），（C）。

（1）（W）与（nW）算符。

W 是 with 的缩写，（W）表示其两侧的检索词必须按前后顺序出现在记录中，词的位置不可颠倒，在两词之间不许插入其他词。即两词位置关系是指定词序，词距紧邻，两个单词之间可以有空格和标点，（W）算符也可用"（ ）"空括号表示。（词序指多个单词出现的先后次序，词距指多个单词之间的间隔）

(nW) 表示两个词之间可插入的词量少于或等于 n 个词, 但词序不可颠倒。一般词距指定为不超过 3 个单词为佳。

Example: Retrieves:
real (w) estate   real estate
Non (w) stick   non stick
                            Non – stick
Gone (2w) wind   gone with the wind

(2) (N) 与 (nN) 算符。

N 是 near 的缩写, (N) 表示两个词必须紧挨着, 但词位置可任意。两词之间不能插词, (nN) 中的 n 表示允许插入词的数量少于或等于 n 个。

Example: fiber? (n) optic?   Retrieves: fiber optics
                                        Optical fiber
         Cost? (1n) living   cost of living
                                        Living costs

(3) (S) 算符。

S 是 subfield 的缩写, (S) 表示其两侧的检索词必须在记录中的同一个句子、同一个短语或同一个子字段中出现。词距任意, 词序不限。

Example: Electric (S) Plants   Retrieves: Electric Power Plants

(4) (F) 算符。

F 算符是 field 的缩写, (F) 表示其两侧的检索词必须出现在同一字段中, 字段不限, 词序不限, 词距任意。字段类型可用后缀限制。

Example: environment? (F) impact/DE、TI

Retrieves: environment 和 impact 两个词必须同时出现在叙词和题名字段内。

注: 位置算符使用时的注意事项:

①位置算符的两侧与检索词之间不留空格。

②位置算符执行优先于逻辑算符。

③位置算符执行顺序按语句从左至右执行。

布尔逻辑符和位置符可以一起使用, 用括号改变执行的顺序。在一个逻辑式中, 系统执行的顺序是先运算括号内的, 在同一个括号内先运算位置算符, 再运算布尔逻辑算符, 然后运算括号外的位置符和布尔逻辑算符。

Example: (forest * management) OR (forest * resources)

上面逻辑式的运算顺序是首先运算第一个括号, 再运算第二个括号, 然后在运算括号外的 "OR" 逻辑符。

④检索运算符的优先执行顺序。

(W)   (N)   (S)   (F)   NOT   AND   OR

先 ────────────────────────────────────→ 后

3) 截词符 "?"

用 "?" 号表示截词符号 (有些系统中也有用 "*" 号等), 加在检索词的词干或不完整的词形后（或中间），用以表达一组概念相关的检索词。它的作用是对单元检索词进行加工修饰，使其功能更加完善，如用截词符可解决一个检索词的单、复数问题、词干相同而词尾不同的问题（如由同一词根派生出的名词、动名词、动词、形容词、副词等）以及英美单词拼写差异的问题等。截词符在不同的系统中使用不同的符号。截词有开放式截词和限制式截词，DIALOG 系统中采用的有：

（1）开放式截词。

开放式截词是在词干后面加上一个"?"号，表示允许在词干后出现的字符数不限。

  Example：Prevent?   Searches：Prevent
                        Prevents
                        Prevented
                        Preventing
                        Prevention
                        Preventable
                        Preventive

（2）限制式截词。

限制式截词是对词干后或词中间出现的字符数的限定，用"?"号的个数表示允许出现的字符个数。

"?"号出现在词中，"?"或"??"分别表示该处可填入 1 个或 2 个任意字符，以此类推。

  Example：analy? er   Searches：analyzer
                        analyser

"?"号连续出现在词尾，"?"号的个数表示截断的字符数，在最后一个字母后允许出现的最多字符数。

  Example：work???   Searches：work
                        works
                        worker
                        workers

截词符用于自由词检索，灵活性较好，减轻了用户对选词的负担，同时也避免了检索词的遗漏，可以提高检索的全面性。但在截词时一定注意截断的字符不要太多，词干不能少于 3 个，以避免词义的改变。截词符在各个检索系统中的表示方法不同，但是功能相同。DIALOG 和 ESA 系统采用"?"做截词符，ORBIT 系统用"#"，无限截词用"："，STN 系统有限截词用"#"，无限截词用"?"，中间截断用"!"，BRS 系统用"$"。

4）限制符——前缀、后缀

用布尔逻辑算符和位置符制定的逻辑式，表达了主题的要求，但是当逻辑式有特定字段要求时，必须要用限制符加以限定。限制符主要是对检索词在记录中出现的字段的限制，约束检索结果。在 DIALOG 系统中，若输入的检索词是单元词，未加任何字段限制，那么系统会自动查找所有的基本字段；若输入的检索词是词组，未加任何限制，那么系统会自动查找标引词字段，即叙词字段（DE）和自由标引词字段（ID）。在不同的文档中，采用的限制符也是不同的。

（1）后缀：基本索引字段的限制用后缀来表达，常用的部分后缀见表9.4.1。

表 9.4.1

后缀代码	字段	检索词	举例
/AB	ABstract 文摘	word	tools/ab
/DE	DEscriptors 叙词（规范词）	word or phrase	wood chemistry/de
/TI	TItle 题名	word	agroforestry/ti
/ID	Identifiers 自由标引词字段	word or phrase	wildlife（w）ecology/id
/DF	FUll Descriptors 查找单词性叙词	word	computer/df
/TX	Text 限制在正文字段	word	information（1w）education/tx
/CO	COmpany 限制在公司名称字段	word	Toshiba/co

在 DIALOG 系统中，基本索引字段后缀不仅能单独使用，也能多个字段后缀组合使用，其间必须用逗号隔开。检索式也可以使用后缀。

Example：Information/ti，ab，de 在题名字段、文摘字段和叙词字段检索。

Information 没有任何字段限制时，系统会在所有的基本索引字段检索。

S1/ti 组号也可以使用后缀限制。

S A * B/1998 仅对 B 词进行限定年代，在 NOT 和 AND 的检索式中后缀的限定仅对最近的词有效。

S A（W）B /ti，ab 位置符可以作最后限制。

S A/ti * B/ti 逻辑与要单独限制。

（2）前缀：辅助索引字段的限制用前缀来表达，常用的部分前缀见表9.4.2。

表 9.4.2

字段代码	字段名称	举 例	检索词
AU =	Author	AU = CHEN JING RUEN	phrase
IC =	IPC	IC = A01D46/04	phrase
JN =	Journal name	JN = Indian Forester	phrase
LA =	Language	LA = CH	phrase
BN =	ISBN	BN = 7—302—02372—7	phrase
SN =	ISSN	SN = 1060—9857	phrase
SP =	Conference Sponsor	SP = FAO	phrase or word
PY =	Publication Year	PY = 2001	phrase
DT =	Document Type	DT = REVIEW	phrase

注意事项：

使用"＝"、"/"符号不留空格。

表9.4.1和表9.4.2中的检索词项，它标明了数据库索引中的词是如何标引的，即是词索引还是短语索引。

词索引，表示字段中的每个词是独立的，即为单元词，也就是说是以单元词的形式标引的。若在词索引类型的字段中检索一个词组的时候，检索词必须使用位置算符来搭配，一定要指定词与词之间的位置关系。

短语索引，表示字段中的词是以词组（或称短语）的形式出现的，词与词之间的空格和标点符号必须保留，检索时都必须严格按照标引的形式输入，而不能用位置算符代替。

词与词组索引，两种索引共存的索引形式，这时建议使用词索引的形式检索。

一般科技查新是用主题词来检索，即在基本索引中检索。辅助索引现在也逐渐多起来。前缀也允许多个一起使用，其形式也是用逗号隔开，但是用得较少。

联机检索数据库的检索索引可分为两类：基本索引（BASIC INDEX）和辅助索引（ADDITION INDEX）。基本索引由文献记录的Title，Abstract，Descriptor，Identifier等字段中的单元词或多元词构成，它主要反映文献的内容特征，但不包括禁用词（Stop word），如AN，AND，BY，FOR，FROM，OF，THE，TO，禁用词不能作为主题词。由于基本索引字段所包括的字段内容和数量不同，因此各个数据库的基本索引也各不相同，所以在使用时应当参考有关数据库文档的说明。基本索引文档中的词一般是以单元词的形式在文档中按字顺排列，每个词的后面都带有计算机可识别的文献记录的存取号和查找地址。

辅助索引大部分是非主题性的，仅表明文献的外部特征。前缀的数量在各个数据库中也是不同的。

5）范围符

在数据库的辅助索引中，在检索有些数据或数值时，要求用范围检索（Range Searching），这时可以利用关系算符（Relational Operators）来执行。

For example：

: 包含范围，由低到高的数字，如出版年　　　　S PY＝1985：2001

＞ 大于，如公司的销售额大于800万　　　　　S SA＞8M

＜ 小于，如研究生申请接受率　　　　　　　　S PC＜50%

＞＝ 大于等于，如公司总资产大于等于1亿~5亿　S TA＞＝100M：500M

＜＝ 小于等于，如公司员工数　　　　　　　　S EN＜＝90000

有些数值也可以用缩写字符代表：

K（Thousand）千、M（Million）百万、B（Billion）十亿、T（Trillion）万亿、%（Percent）百分比

6）其他几个指令

（1）SAVE，SAVE TEMP 保存检索策略指令。

用途：保留从本次BEGIN指令开始的所有检索策略，并能够在以后随时调出显示执行。

指令格式：

长期保留指令：SAVE

暂时保留指令：SAVE TEMP

SDI 保留指令：SAVE SDI

所有的指令都无须指定参数，保留内容为：最近一条 BEGIN 指令以后，直至当前保留之前的所有检索式，保留期间所有的 S，SS，C 指令及检索式。SAVE SDI 指令必须在保留指令之前，有脱机打印指令，以便系统按其要求对检索式结果进行打印。暂时保留的内容最多可以免费保留 7 天，到期后系统自动予以清除。其他长期保留和 SDI 保留系统是要收取费用的。

Example：

S information

  S1 75432 INFORMATION

S online

  S2 5342 ONLINE

C 1 * 2

  S3 4237 1 * 2

save temp   暂时保留

TEMP SEARCH SAVE "TC025" SAVED

recall TC025   recall 命令显示保留的内容

line Command

1. S INFORMATION
2. S ONLINE
3. C 1 * 2

（2）EXS（EXECUTE STEPS）执行保存策略的指令。

用途：重新执行已保存的检索策略

指令格式：EXS［空格］［保留号］

Example：

B8   进入新的文档

exs tc025   调出保存过的检索式和结果

       执行保留的检索式

  S1 74532 INFORMATION

  S2 5342 ONLINE

  S3 4237 S1 * S2

exs tc025/1 – 2   执行部分保留的检索式

  S4 74532 INFORMATION

  S5 5342 ONLINE

exs tc025/1 – 1

  S6 74532 INFORMATION

（3）去重指令 REMOVE DUPLICATE 或 RD。

去重指令在多文档检索时使用，系统通过对各文档命中记录的篇名进行对比，然后将一次重复或多次重复的文献去掉。文档去重的原则是，按文档输入先后次序，逆向去重。因此，在多文档检索时，按价格便宜到价格昂贵的先后次序顺序输入文档号，经过去重的检索，最后可获得去掉重复记录后的文献组号。

例如：B155，73；S bacillin；RD

155号文档是美国医学索引，它比73号文档荷兰医学文摘的检索费用便宜。

（4）购原文指令ORDER。

DIALOG的大部分数据库仅提供二次文献，当在网上数据库检索不到原文时，可以使用指令ORDER联机订购，订购的办法有两种。

第一种：在本文档中订购。

若已知订购文献在某文档中的系统存取号AN，则可在该文档中使用keep指令和order指令按AN进行订购。

b 47

keep 0991960

S0 1 0991960

order info

Order RA002

AN – 0991960

TI – THE RETENTION SIGNAL FOR SOLUBLE – PROTEINS OF THE
　　　　ENDOPLASMIC – RETICULUM

ORDER RA002 confirmed

B47进入FILE 47，KEEP0991960保留AN号为0991960的那篇文献记录，ORDER INFO发出订购原文指令，INFO为提供原文的机构或公司缩写名。系统响应给出原文的订购号。

在本文档中，也可按命中文献记录的组号进行订购。

Order S3/4，6 dynamic please send in separate envelopes

Order RA003

0991960 DIALOG file 47：MAGAZINE INDEX

Booksellers thriving on chas.（New England Booksellers）

Order RA003 CONFIRMED

Order RA004

0785633 dialog file 47：MAGAZINE INDEX

"Bookpage" aims for greater coverage；popular in the

Order RA004 confirmed

ORDER S3/4，6 DYNAMIC PLEASE SEND IN SEPARATE—ENVELOPES，发出订购指令，订购S3中的第4、第6两篇文献的原文，DYNAMIC是提供原文的机构或公司缩写名。缩写名后为订购者的说明语，说明语指令一行不许超过240个字符，可有可无。

第二种：在任一个文档中订购。

已知某文献的题录、篇名、出处、专利号等，可按此在任一文档（如价格便宜的培训文档）中，使用 ORDERITEM 指令订购。

B208

Orderitem casdds journal: "Tecnol. Chim." 1988, 8 (5), 84 – 8 (Ital).

CA 109: 171061 Author: "Golla, Giuseppe" Title "polymerization Reactors"

Order RB007 confirmed

Logoff

B208 进入 FILE208；ORDERITEM CASDDS

7）禁用词

在数据库中有九个词不能作检索词：AN, AND, BY, FOR, FROM, OF, TO, THE, WITH。如在检索词中有禁用词时，可用位置符进行处理。

9.5 检索策略和实例

9.5.1 联机检索方案的制定

联机检索策略指的是为实现检索目标而设计的检索计划和方案，包括选择检索系统、选择数据库文档、编制检索提问式、检索命令的采用、打印方式等，其中最关键的是检索提问式的编写。

第一步：定义课题名称

分析课题的第一件事就是用一句话来定义课题名称，我要检索的是什么内容，我所满意的文章，然后用英文表达出来，填写在检索提问单上。

第二步：选择概念表达词

确定检索概念，选择表达检索概念的检索词。从不同的角度将课题划分为若干个表达课题主题内容的概念，找出核心概念和隐含概念，排除无关概念，明确概念之间相互的逻辑关系。

第三步：选择检索系统和数据库文档

检索系统的选择要着重选择系统所包含数据库的内容，文献收藏的覆盖面及收藏的时间。在选择数据库时，首先确定选择数据库的类型，然后确定文档。最好先查一下手工检索工具，了解所查课题内容报道的工具范围，以帮助准确选择。如果数据库的文档选择不好，可以利用411号文档或DIALOG系统的蓝页先搜索。

第四步：编写检索提问式

提问式编写的质量直接影响到检索的结果，编写提问式要注意两个问题：

首先是检索点的确定。一个课题有多个检索点，要根据课题的特点来确定。例如：检索专利可以用 IPC 分类号。在 INSPEC 科学文摘的范畴表中，C7410 包含了控制工程类的全部内容，在课题要求查全时可以用分类号。但是大多数课题是用检索词来检索。

其次是逻辑符、截词符、位置符的运用。用 OR 连接相同的概念，用 AND 连接不同的概念，用位置符指定词组或词间的位置关系，用截词符表达相同词干的词等。同时注意逻辑符和位置符的运算先后顺序，注意括号能改变运算的顺序。同时注意专用命令的使用，如去重、高亮度显示、排序等。另外，在联机检索时，除了用主题词与逻辑符编写提问式外，还可以用分类号、作者、前缀和后缀等方法检索课题。

查全率。对于需要高查全率的课题，主要从扩检入手，降低检索词的专指度，可从词表或从检出文献选出一些上位词或相关词补充到检索式中；进行族性检索，可采用分类号检索或采用一组近义词或同义词或相关词用 OR 连接在检索式中；也可以在提问式中删去某些不重要的概念；增加检索途径，多种途径结合进行检索。

查准率。对于需要高查准率的检索课题，一般是在查全率的基础上再进行缩检，可以用以下的方法进行调整：增加或换用下位词和专指度较强的自由词；用 AND 连接一些进一步限定主题概念的相关检索词，增加相互制约；利用限制符、前缀符等限制输出文献的外部特征，加强针对性；利用 NOT 限制不相关的文献；用位置符控制检索词的词间顺序与位置，但是要注意位置符的使用，一般不要连续使用多个位置符，以免漏检文献。

第五步：填写检索提问单

填写提问单时，最好能够得到检索终端情报人员的帮助，以减少差错。

第六步：开始检索

在检索时，由工作人员负责输入，用户在显示屏上可以随时根据检索结果调整检索提问式。最后打印检索结果，阅读记录并获取原文。

9.5.2 DIALOG 免费用户名、密码、文档代码的检索

DIALOG 免费数据库是不收费的，仅供初学者进行练习，大约有 250 个数据库，文献量也是有限的。

DIALOG 系统在不同的时间会推出不同的免费 ID、password 和免费文档的代码，检索的方法是：

（1）输入网址 http：//www.dialog.com 进入主页；

（2）点击目录 SUPPORT，在下拉菜单中点击 training；

（3）点击 Free practice 出现 ONTAP user Number and passwords Dialog。样页见图 9.5.1。

免费用户名和密码会随时更新，所以在应用时要重新检索。在免费用户名和密码的下方列出了可以免费检索的数据库文档的代码。这个代码与 DIALOG 系统收费的代码是不同的。

部分免费数据库的代码见图 9.5.2（DialogWeb – All Databases）。

9.5.3 用 http：//www.dialogweb.com 网址进行检索

（1）点击 IE 浏览器，用 WWW 进入 DIALOG 页面，网址：www.dialogweb.com。

（2）输入选择检索的网址，并在 Please Logon 中输入免费的 ID 号和 Password 号码，点击 logon，进入系统。

（3）继续点击"Go to Command Search Continue"和"Continue"按钮，出现对话

9　DIALOG 国际联机检索系统

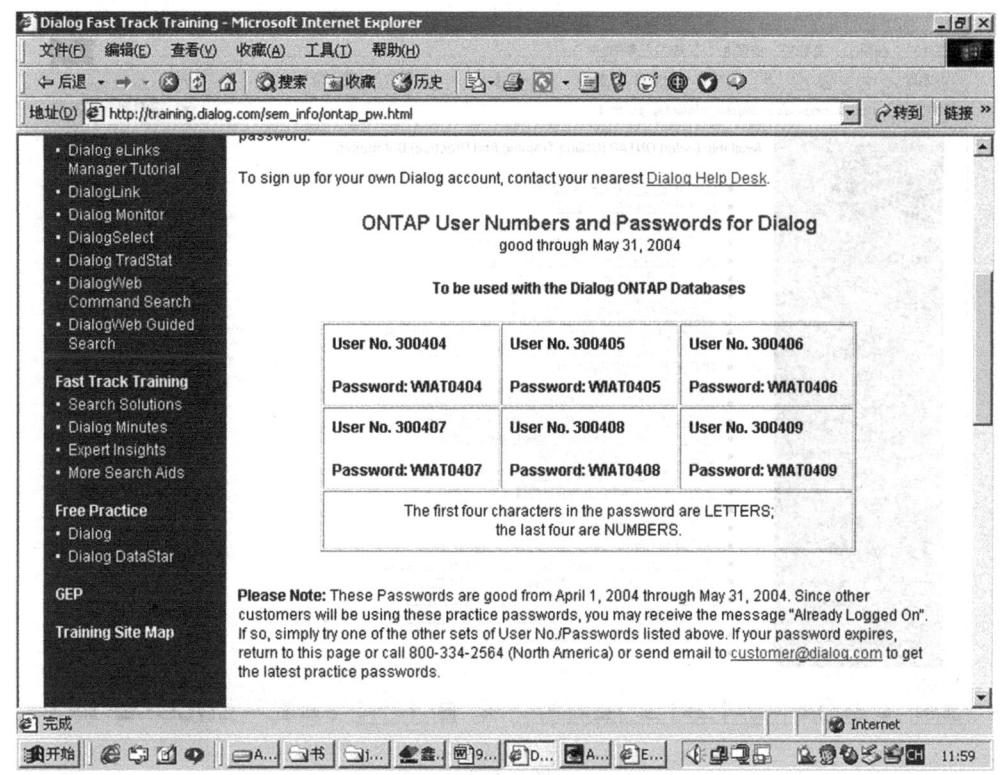

图 9.5.1

框，在对话框内输入检索策略，见图 9.5.3。

9.5.4　用 http：//www. dialogweb. com 检索实例

（1）B 210（在模拟数据库中 210 号文档是 AGRICOLA，进入 210 号文档，显示见图 9.5.3）。

（2）S biological（w）control * insect（w）pests（输入逻辑式，结果显示见图 9.5.4）。

（3）T 1/5/1 - 10（联机显示第一组，第 5 种格式，1 ~ 10 篇，显示结果部分片段见图 9.5.5）。

在检索结果页面的下方，设有全选"select All "、发送"Send Results "、打印和保存"Print/Save Selectd "、清除"Clear Selections"的按钮，可以对检索结果进行处理。在全选项中，如果要进行单选可以在每篇文章前面的方框内，进行点击。

（4）LOGOFF 退出系统。

退出系统后，将显示本次检索的费用，DIALOG 系统自动进行费用结算，在检索中间和结束都可以显示费用，每次检索完毕的费用结算实例见图 9.5.6。

①密码费：一旦成为 DIALOG 的用户，须支付密码费。

②年度服务费。

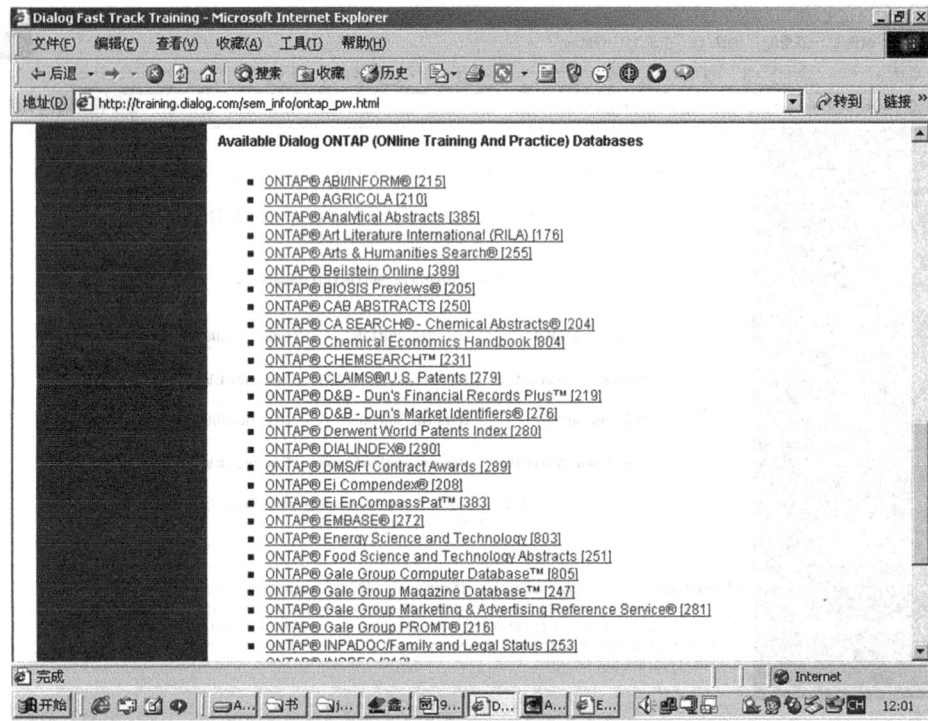

图 9.5.2

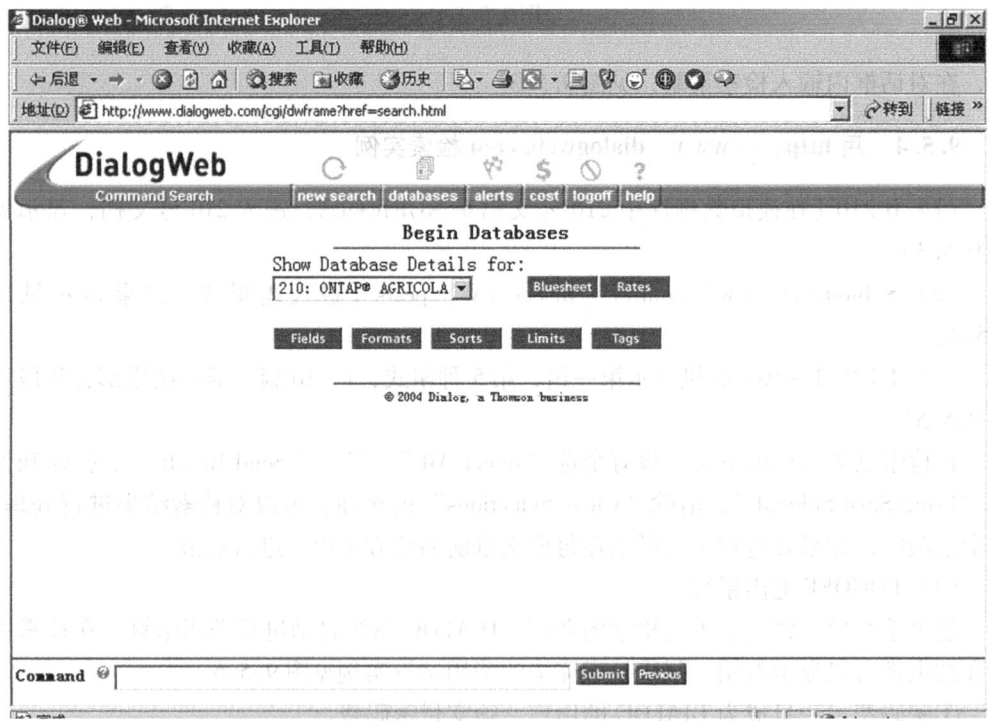

图 9.5.3

9 DIALOG 国际联机检索系统

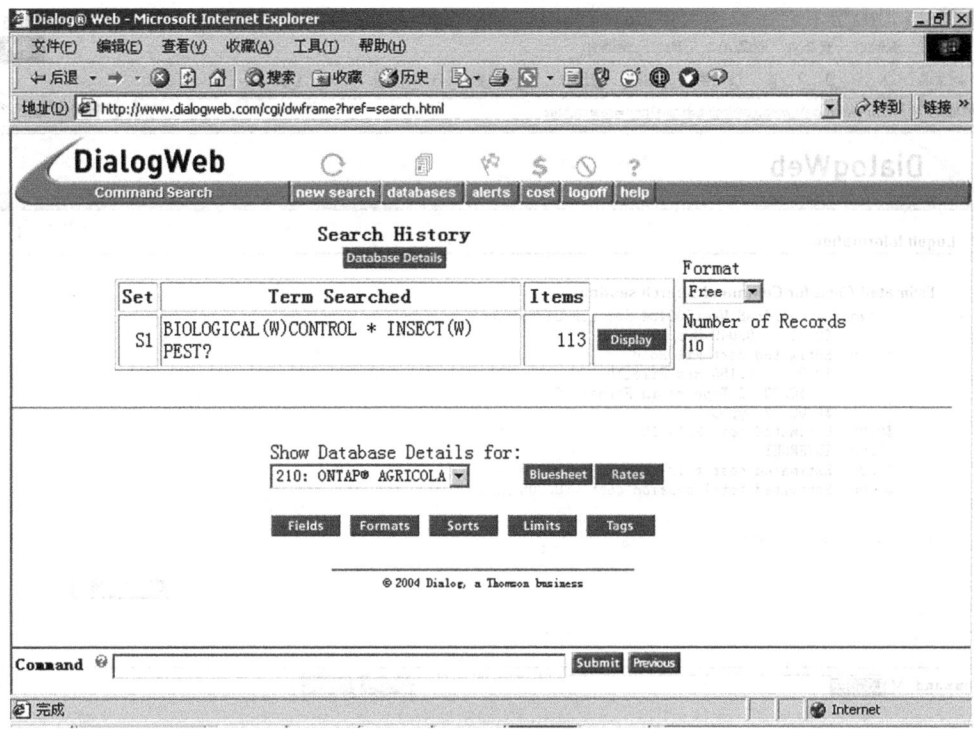

图 9.5.4

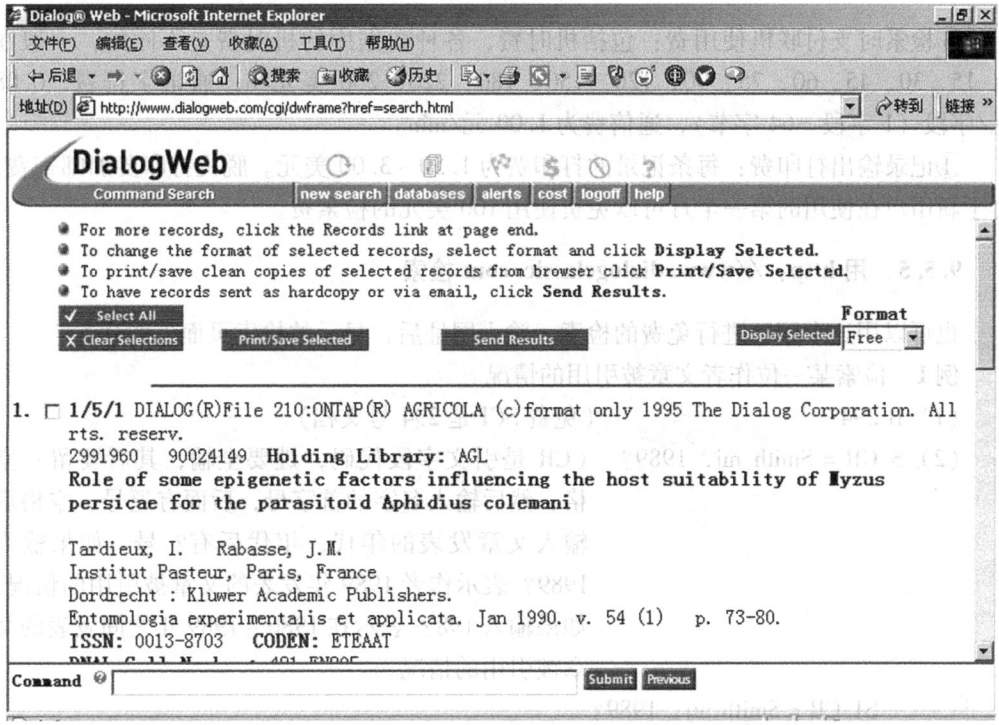

图 9.5.5

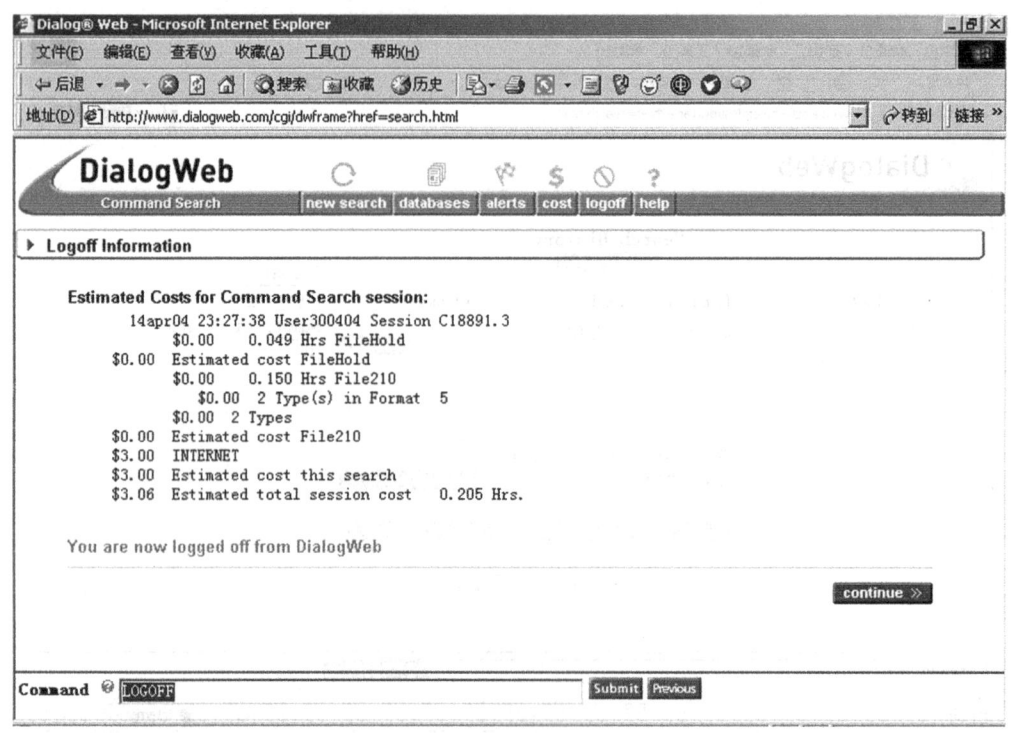

图 9.5.6

③检索时支付联机使用费：包括机时费，各种数据库的机时费是不同的，一般在 0，15，30，45，60，75，90，120，150，180，220，250 美元/h；通讯字符费，0.08 元/字段（1 字段=64 字节），通信费为 1.00 元/min。

④记录输出打印费：每条记录的打印费为 1.50~3.00 美元。脱机打印要加邮寄费，对于新用户在使用的第一个月可以免费使用 100 美元的检索费。

9.5.5 用 http：//www.dialogclassic.com 检索

也可以用这个网址进行免费的检索，输入网址后，显示的检索页面见图 9.5.7。

例 1 检索某一位作者文章被引用的情况。

(1) B 294　　　　　　　　（免费 SCI 是 294 号文档）
(2) S CR = Smith mj, 1989？（CR 是引文字段代码，姓要全输，其后要留一空格，然后输入名字的首字母，后面有逗号，空格后输入文章发表的年代，年代后有？号。如果输入 1989？表示作者 1989 年发表的文章被引用的情况，如果输入 198？表示在 1980~1989 年之间发表的文章被引用的情况。）
　　　　　　S1 CR = Smith mj, 1989？
(3) T 1/5/1

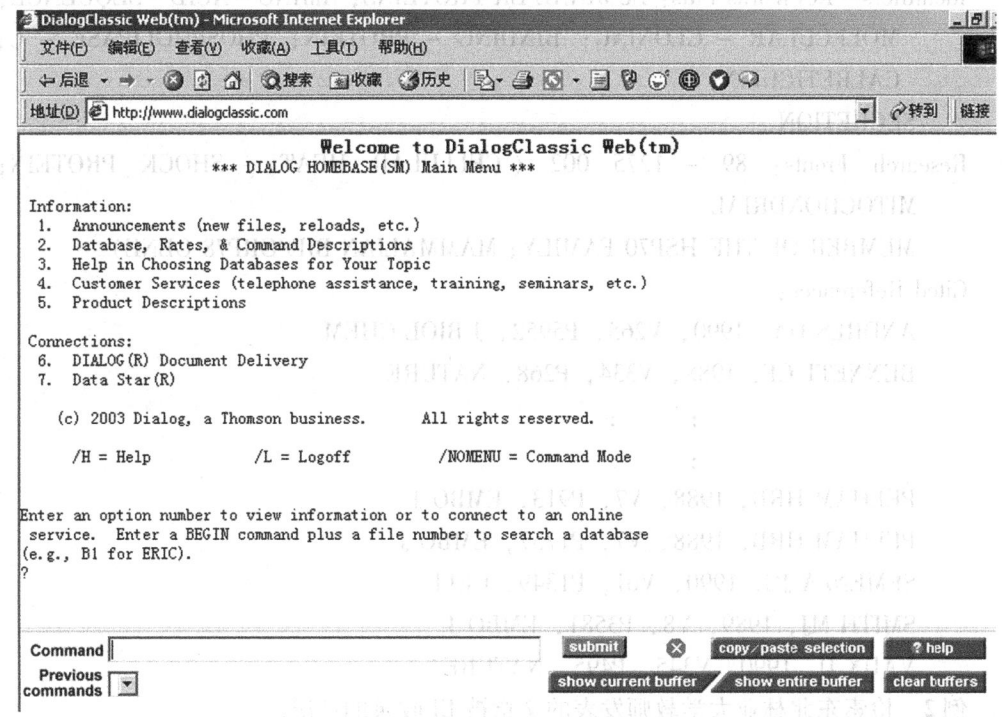

图 9.5.7

10572519 Genuine Article#: EP182 Number of References: 31

Title: THE RETENTION SIGNAL FOR SOLUBLE – PROTEINS OF THE ENDOPLASMIC – RETICULUM

Author (s): PELHAM HRB

Corporate Source: MRC, MOLEC BIOL LAB, HILLS RD/CAMBRIDGE CB2 2QH// ENGLAND/

Journal: TRENDS IN BIOCHEMICAL SCIENCES, 1990, V15, N12, P483 – 486

Language: ENGLISH Document Type: REVIEW

Geographic Location: ENGLAND

Subfile: SciSearch; CC LIFE—Current Contents, Life Sciences

Journal Subject Category: BIOCHEMISTRY & MOLECULAR BIOLOGY

Abstract: The lumen of the endoplasmic reticulum (ER) contains a number of soluble proteins, many of which help the maturation of newly synthesized secretory proteins. Retention of these resident proteins in the ER is dependent on a carboxy – terminal signal, which in animal cells is usually Lys – Asp – Glu – Leu (KDEL). This signal is thought to be recognized by a membrane – bound receptor that continually retrieves the proteins from a later compartment of the secretory pathway and returns them to the ER.

Identifiers—KeyWords Plus: LUMINAL ER PROTEINS; AMINO – ACID – SEQUENCE;
　　　MOLECULAR – CLONING; BINDING – PROTEIN; PHOSPHOLIPASE – C;
　　　CALRETICULIN;
　　　SECRETION
Research Fronts: 89 – 1275 002 (CELLULAR HEAT – SHOCK PROTEIN;
　　　MITOCHONDRIAL
　　　MEMBER OF THE HSP70 FAMILY; MAMMALIAN BIP/GRP78 GENE)
Cited References:
　　　ANDRES DA, 1990, V265, P5952, J BIOL CHEM
　　　BENNETT CF, 1988, V334, P268, NATURE
　　　　　　　　　　:　　:
　　　　　　　　　　:　　:
　　　PELHAM HRB, 1988, V7, P913, EMBO J
　　　PELHAM HRB, 1988, V7, P1757, EMBO J
　　　SEMENZA JC, 1990, V61, P1349, CELL
　　　SMITH MJ, 1989, V8, P3581, EMBO J
　　　VAUX D, 1990, V345, P495, NATURE

例2 检索东北林业大学教师发表的文章被 EI 收录的情况。
B 8; S cs = northeast * cs = forest? * cs = univ?
　　　S1 40 cs = northeast * cs = forest? * cs = cs = univ?
T 1/6, k/1 – 40
1/6, k/1
DIALOG (r) File 8: (c) 2002 Engineering Info. Inc. All rts. reserv.
05987086
Title: Preliminary study on the influence of bleaching on the color of pulps
Publication Year: 2001
Corporate Source: Northeast Forestry Univ., Harbin 150040, China
1/6, k/2
LOGOFF
　　　29mar02 01: 19: 33 User314390 Session D914. 2
　　　　$0. 00 0. 298 DialUnits FileHomeBase
　　　　$11. 70 Estimated cost Files8
　　　　$2. 38 INTERNET
　　　　$4. 20 20 Types
　　　　$18. 28 Estimated total session cost 3. 298 DialUnits

例3 公司资信状况调查。
检索美国 Scientific Atlanta Inc 的资信情况。
B 100; S co = Scientific Atlanta Inc

S1　1　co = Scientific Atlanta Inc
T 1/9/1

例4　查找1993年国际上关于住宅建筑的成本价格方面的文章。
B 411；sf 630，634，545，492，635；S housing（3n）（pric？＋cost？）＊py = 1993

例5　课题：鹿生态环境的研究。
（1）用国内数据库检索。
第一步：分析课题、划分概念。
本课题是鹿场为了提高鹿的管理水平，检索有关人工鹿的各方面管理的信息。包括：鹿的生态环境、活动区域、食物成分、活动规律。需要的文献类型是科技论文、会议文献、研究成果、学位论文。
第二步：确定检索点。
分类：野生动物饲养　分类号：S864 S865
检索词：1 鹿　2 生态环境　3 食物成分　4 活动规律
第三步：选检索系统和数据库文档。
利用中国科技情报所联机检索，选用的数据库：

PSTP	中文科技期刊篇名库
CACP	中国学术会议论文库
NDSTRTI	科技成果交易数据库
STAC	中国重大科技成果库
CDDB	中国学位论文题录库
ZYCG	成果预报数据库
CSTDB	中国科技文献
GI	管理科学文摘
CSTP	中国科技论文
DQ	科技数据库大全

第四步：编写检索提问式。
1 AND（2 OR 3 OR 4）
第五步：检索结果。
检索 PSTP 数据库，共检出38条线索，举一例：
RECORD 2300561 命中号：1/38——库名：PSTP
期刊名：野生动物研究
主篇名：鹿的放牧生态研究
作者：王远民
年卷期：1995年3期 ＊起止页：23～28
分类号：S864
F 主题词：鹿　放牧管理　草地植物　环境因素
（2）用国外数据库检索。
课题："鹿生态环境的研究"

（选用美国 DIALOG 系统进行检索），用户上机前填写联机检索提问单。

第一步：分析课题，划分概念。

本课题对鹿生态学中的活动环境、食物成分、活动范围及活动节律等方面进行了研究，为鹿的人工饲养和管理提供基础资料。

概念划分：1．鹿　2．食物成分　3．活动　4．环境　5．活动规律

第二步：确定检索词。

1．DEER OR ELK OR GIRAFFE OR CERVINE

2．FOOD（W）RANGE

3．HABITAT

4．ENVIRONMENT

5．ACTIVITY（W）PATTERN

第三步：编写检索提问式。

1．1 AND（2 OR 3 OR 4 OR 5）

2．1 AND 2

3．1 AND（4 OR 5）

第四步：选数据库。

文档号　　　　　　　　文档名

5：生物学文摘 BIOSIS PREVIEWS

6：美国政府研究报告 NTIS

10：美国农业文摘 AGRICOLA

50：英联邦农业文摘 CAB Abstracts

203：世界农业 AGRIS

60：进展中农业研究项目 CRIS/USDA

143：生物农业索引 Bio. &Agric. Index

185：动物学索引 Zoological RECORD Online（r）

77：会议报告索引 Conferen

第五步：上机检索，整个过程如下：

COM（注：画"—"线以往计算机输入部分）

box 100＞enter system id　　　　　　　　提问系统标识符号，选择要检索的信息系统

d✓　　　　　　　　　　　　　　　　　　用户输入 DIALOG 检索系统

DIALOG INFORNATION SERVICES

PLEASE LOGON：　　　　　　　　　　　输入用户注册名

＊＊＊＊＊＊＊＊＊＊＊＊＊＊＊＊＊✓

ENTER PASSWORD：　　　　　　　　　　输入用户密码

＊＊＊＊＊＊＊＊＊＊＊＊＊＊＊＊＊✓

Welcome to DIALOG

Dialog level 42．06．1B

Last logoff：4 feb 95 22　　　　　　　　　系统显示上次的关机时间

\> \> \>Enter Begin Homebase For Dialog Announcements < < <

B 411✓　　　　　　　　　　　　　　　　　　　　进入 DIALOG 系统的总索引

28oct95 02:39:06 User201006 Session D140. 1

　　$0.12　0.004 Hrs file1

　　$0.12　Estimated cost File1

　　$0.01　S [RNTNET

　　$0.13　Estimated cost this search

　　$0.13　Estimated total session cost 0.004 Hrs

File 411：DIALINDEX（R）

DIALINDEX（R）

(c) 1997 Knight – Ridder Info

＊＊＊DIALINDEX search results displiay in an abbreviated＊＊＊

＊＊＊format ubless you enter the SET DETAIL ON command＊＊＊

Sf 5, 6, 10, 50, 203, 60, 143, 185, 77 ✓　　　在411 总索引检索子文档

You have 9files in your file list

(To see banners, use SHOW FILES command)

set select short ✓　　　　检索指令用来命令系统不显示每个词的词频而只显示最终结果

SELECT response set to SHORT

SS (deer + elk + giraffe + cervine) ＊ (food (w) range + habitat + environment + activity (w) pattern) ✓　　　　　　　　　　　　　　　输入检索提问式

Your SELECT Statement is：

Items	WBFile
22	5：Biosis previews (R) – 1969 – 1997/OCT w4
1	10：AGRICOLA – 70 – 1997/OCT
3	50：CAB Abstracts – 1972 – 1997/sep
56	185：Zoological Record Online (R) – 1978 – 1997/v133p09
11	203：AGRIS – 1974 – 1997/SEP
1	143：Biol. & Agric. Index – 1983 – 1997/sep

6 files have one or more items; file list includes 9 files.　检索9个文档有6个文档命中文献

Save temp ✓　　　　　　　　　　　　　　　保存指令对检索的结果进行保存

Temp Search Save "TB520" Stored　　　　　系统给用户一个保存号 TB520

B 50　　　　　　　　　　　　　　　　　　调用其中的一个文档打印结果

28 oct95 02:40:22 User201006 Session B864. 2　显示检索费用

　　$4.50 0.150 hrs File 411

　$4.50 Estimated Cost File 411

　　$4.50 Estimated Cost this search

　　$4.68 Estimated total session cost 0.156 HRS

File50：CAB Abstracts 1972 – 1997/sep

exs tb 520↙　　　　　　　　　　　　　检索指令输入保存代码调出保存过的检索结果
Set Items Description
S1　3　SS（deer + elk + giraffe + cervine）＊（food（w）range + habitat + environment + activity（w）pattern）↙

　　T1/5/1—3↙　　　　　　　　　　　联机打印检索结果输入打印格式
　　LOGOFF↙　　　　　　　　　　　　　　　　　　　　关机指令
28OCT95 02:50:20 User201006 Session D140.2　　　　　结算费用
　　　＄0.99 0.033Hrs File411
　　　＄0.99 Estimated cost files 6
　　　＄0.10 SPRNTNET
　　　＄1.09 Estimated cost this search
　　　＄5.77 Estimated total session cost0.237HRS
LOGOFF：level 95.10.28 D 02:40:22　　　　　显示本次关机的时间

10 STN International 系统

10.1 STN 联机系统简介

STN International (The Scientific & Technical Information Network) 国际科技信息网络是由德国卡尔斯鲁厄专业信息中心 Fachinformationszentrum Karlsruhe (FIZ)、美国化学文摘社 USA Chemical Abstracts Service (CAS) 和日本科技信息中心 Japan Science and Technology Corporation (JST) 三个机构于 1983 年合作开发组建的。三个服务中心分别位于德国卡尔斯鲁厄、美国哥伦比亚和日本东京，这三个服务中心由海底电缆 (TAT8) 连接，用户可以通过任意一个服务中心查找到世界范围内最全最新的科技数据库。

10.1.1 STN 覆盖的学科范围

目前 STN 系统已经收录了 220 多个世界著名的数据库，包括的学科有：
Agriculture & Food Science 农业、食品科学
Energy 能源科学
Health & Safety 健康安全
Physics 物理
Bioscience & Medicine 生物科学、医药
Engineering 工程技术
Materials Science 材料科学
Social Sciences 社会科学
Business 商业
Environmental 环境科学
Math & Computer Science 数学、计算机科学
Meetings 会议
Electronics 电子
Geoscience 地理学
Chemistry 化学

通过 STN 联机检索系统可以检索以下的信息：
（1）检索专利信息。专利权人、同族专利、引证专利、专利法律状态等。
（2）检索各专业领域相关文献。检索某机构内所有作者发表的文献被各数据库收录的情况；检索某刊物是否是数据库的来源刊以及被他人引用的情况；检索某作者发表的文献被各数据库收录的情况和被他人引用的情况；分析某领域的专家、高产作者及权威机构。
（3）国际会议文献及会议预报。

(4) 商情信息检索。在全球范围内检索所关心的产品及其供应商，获取技术与市场预报；抽取感兴趣的信息并制表分析。

(5) 检索化学信息。检索某化学物质的登记号、化学名称、分子式、结构（包括盐、合金、聚合物、基因序列等）；检索某化学物质的各种制备方法；利用化学物质登记号或结构式检索一步或多步化学反应；利用通式化合物化学结构式进行检索；检索化学品、药物价格、生产厂家及市场、临床试验等；检索有/无机、金属、光谱、毒物及各种材料的理化特性。

10.1.2 STN 提供的 3 种服务界面

1）STN Express 界面

STN Express 界面是为专业检索人员提供的传统的指令语言检索界面，可使用各种指令检索 STN 所有数据库。远程登录（STN Express 软件）。

stnc. cas. org

stnk. fiz – karlsruhe. de

stnt. cas. org

2）STN on the Web 界面

WWW 界面。可通过 Netscape 或 IE 浏览器全功能检索 STN 所有数据库。并可通过菜单获取数据库黄页、数据库索引字段、打印格式以及联机帮助信息等内容。

美国化学文摘社（CAS）：北美服务中心 http：//stnweb. cas. org

德国卡尔斯鲁厄专业情报中心（FIZ – Karlsruhe）：欧洲服务中心 http：//stnweb. fiz – karlsruhe. de

日本科技情报中心（JICST）：亚洲服务中心 http：//stnweb. japan. cas. org

3）STNEasy 界面

STNEasy 界面是为新用户和没有检索经验的人员提供的指导性检索服务，优点是没有机时费，无须掌握检索语言，但只能检索 STN 中 80 多个数据库。

http：//stneasy. cas. org

http：//stneasy. fiz – karlsruhe. de

http：//stneasy – japan. cas. org

10.1.3 数据库的记录样例

STN 数据库中每个记录都有一个存取号。在书目型数据库中，一个记录也含有与书本式文摘索引中相对应的完整的著录款目，如文献的题目、作者、文献出处、出版年、语种、分类号、主题词和文摘等。记录样如下：

AN　123：55037 CA（ACCESS NUMBER 文摘号字段，即 123 卷 55037 号）

TI　Computer Perception of Molecular Symmetry（TITLE 题目字段）

AU　Balasubramanian, K.（AUTHOR 作者字段）

CS　Department of Chemistry and Biochemistry, Arizona State University, Tempe, AZ, 85287 – 1604, USA（CORPORATE SOURCE 作者单位字段）

SO J. Chem. Inf. Comput. Sci. (1995), 35 (4), 761-70
    CODEN: JCISD8; ISSN: 0095-2338 (SOURCE 文献来源字段)
DT Journal (DOCUMENT TYPE 文献类型字段)
LA English (LANGUAGE 文献语种字段)
CC 20-5 (History, Education, and Documentation) (CLASSIFICATION CODE 分类代码字段)
AB A computer code and algorithm are developed for the computer perception of mol. symmetry. The code generates and uses the Euclidian distance matrixes of mol. structures to generate the permutation-inversion group of the mol. The permutation-inversion group is constructed as the automorphism group of the Euclidian distance matrix. Applications to several mol. structures and fullerenes such as the C60 buckminsterfullerene and C28 and C24 fullerenes are considered.
ST mol symmetry computer perception (SUPPLEMENTAL TERMS 关键词)
IT Algorithm
    Computer program
    Molecular structure

10.1.4 数据库的检索字段

记录中的这些著录项目也称为字段。在检索系统中，可检字段（也称检索项）通常分为表示文献内部主题特征的基本索引字段和表示文献外部形式特征的辅助索引字段两大类。

（1）基本索引字段又称主题字段，用/BI（Basic Index）标识，由TITLE题目、ABSTRACT文摘、INDEXING TERM索引词中的单个词（SINGLE WORDS）组成，也就是说基本索引含有所有与主题内容相关的词。如：/ti 将检索词限制在题目字段中，/ct 将检索词限制在规范词字段中。

（2）辅助索引字段也称非主题字段，如作者、刊名、出处、文献类型、语种、出版年份等，辅助索引含有记录中除基本索引字段外的那部分信息。如：/au 检索作者字段，/jt 这些字段随数据库不同而有所不同。在检索时，可以打开各数据库的文档，看数据库的黄页，可以了解不同数据库字段的代码。在检索时，如没有后缀限制，则系统将自动在基本索引的所有字段中进行检索。如想将检索限制在特定的字段内，STN系统均用后缀进行限制。

10.2 STN 系统检索技术

在STN的检索系统中，许多检索技术与DIALOG是相同的，只是一些命令符号不同。

10.2.1 STN 系统输入格式

输入格式为：

= >指令　检索式 <回 车>

可以用叠加指令";"

=>指令 检索式;指令 检索式……

可以多次输入:

=>b inspec compendex

=>s laser()printer#/ti and 2000/py

=>dup rem L1

=>t L2 an ti ab 1-5 from each

也可以用叠加指令一次输入:

=>b inspec compendex;s laser()printer#/ti and 2000/py;dup rem L1;t L2 an ti ab 1-5 from each 检索指令

1) 进入数据库或文档指令 B

选择或打开数据库指令 Begin 或 B

File 或 Fil

功能:打开一个或多个数据库。

格式:该指令后可输入一个或多个数据库名称(中间用逗号或空格隔开),也可输入数据库类目名,或选择某一类再加上某库,或从某一类中去掉某库。

举例:

b ca,inspec,compendex 同时进入这 3 个数据库

b patents inspec 进入专利类和 INSPEC 数据库

b patent-ca 进入专利类但排除 CA 数据库

fil patent 进入专利数据库

2) 选词指令 Search 或 S

功能:在数据库中检索或词组。

格式:每使用一次检索指令,系统响应时会给出一个组号 L,它是数据库中包含该数据的所有记录的集合。STN 系统的组号为 L1,L2,…,每打开一个新的数据库,组号连续给出。在对组号进行后缀限制时,如果该检索式中有 AND 或 NOT 布尔逻辑算符,则后缀至少对其中的一个词起作用,而不是对所有的词都起作用,例如:s L1 and L2/ti。

举例:

s enzyme?/ti,ct

s(heat or thermal)/ti

s L3 and dance

s L12 and 1994/py

s L3 and 1994-1999/py

s(air or water)()pollut?

s L1(s)optic?

s e3 or e5-e7

s e1

s us5445842/pn

s c07c015 -04/ic

3）联机显示指令

联机显示指令 Display 或 D Type 或 T。

脱机打印指令 Print 或 Pri。

功能：在联机的状态下，由系统连续显示出检索结果，联机或脱机打印。

格式：d Ln 格式 条数。

不指定条数，系统只显示第一条记录；不指定格式，系统按内定缺省格式打印；不指定组号，系统打印最后一组的记录。也可用 AN 号显示记录内容（AN 即是与之对应的印刷版的文献编号）。

例如：d an 056789 bib ab（或先 search，得到组号，再 d bib ab）

举例：d L1 bib 1 -5

   d L5 an ti total

   d L2 bib 1 -3 from each

   d L3 bib ab 1 -4 from ntis hca

   d L4 an ti au 1 -3, 7

   d L4 ab

   d L4（只打印第 1 条）

   d（系统默认格式）

   d hit（命中词所在字段）

   t L3 all 2 -5, 8

   t 056789 all

   t L4 all

STN 打印格式分两种：

系统预定义格式和用户自定义格式。

系统预定义格式：各数据库预先设置好的打印格式，常用格式：

D trial 或 scan 显示题目 + 标引词（免费，但无 AN 号）

D BIB 显示题录信息

D CBIB 显示压缩格式的题录信息（一行连打）

D ALL 显示全记录

D KWIC 显示命中词前后的各 20 个词

STN 可设置成前后各 50 个词， = > set kwic 50

用户自定义格式

有时检索人员为了经济、方便地显示记录内容，即根据自己的需求而自己定义输出格式，方法是用字段代码代替预定义格式。

例如：d L4 ti ab 1

预定义格式与自定义格式可以结合使用。

例如：d L3 bib ab 1 -4 from ntis

注意：格式是每个数据库特定的，随数据库内容的不同而有所不同，STN 黄页上列出了每个数据库可使用的打印格式及自定义格式,供参考。

4) 关机指令 Logoff Y 或 Log Y

暂时关机指令 Logoff Hold 或 Log H

功能:结束检索。

格式:Logoff(系统提示是中断还是继续)Log h(关机后 1 h 内重新联机,直接进入上次关机前所停留的文档中,原检索过程还存在,用 d his 可显示检索历史,重新开机时需通过同一网络接通主机)。

注:STN 对所有命令、检索词不区分大小写;命令可用前 3 个字母或第一个字母代替;命令可一行输入,STN 允许一行最多 240 个字符,各命令间分号隔开。

5) 其他指令

(1) 暂时保存检索策略指令 SAVE TEMP。

功能:暂时保存命令,免费保存 7 天,需指定组号(L 号),并自己起名字,/q 保留检索策略,/a 保留某一组号的结果。

格式:save temp Ln 名/q(a)

save temp L7 wang/q 免费保留 L7 这组的检索策略,保存为 wang 这个文件名;

save temp all wang/q 免费保留所有组的检索策略,保存为 wang 这个文件名;

save temp L7 li/a 免费保留该数据库内 L7 这一组号的检索结果,保存为 li 这个文件名。

(2) 执行已保存的检索策略 act 名/q。

功能:调用保存的检索策略,在任意一个数据库中执行已保存的检索策略(除总索引文档外)。

格式:act wang/q 或 s wang/q 或 s L5。

STN 系统可检索在前面数据库中建立的组号,因此大多数情况可不用保存策略,除非关机后还要用此检索式上机检索。另外如果要延长保存期限的办法,到期前再执行一遍此策略,然后再用 SAVE TEMP 指令保存,得到一个新的保存号。

(3) dup rem 去重指令。

功能:去重,用于多库检索,去掉检索结果中重复的文献。

格式:dup rem L#

(4) 扩词指令 Expand 或 E。

例如:E zhang,m/au

10.2.2　STN 系统采用的逻辑算符

STN 系统采用的算符有逻辑运算符、截词符、位置算符。

1) 逻辑算符

逻辑与	AND	例如:computer and robot
逻辑或	OR	例如:monitoring or analysis
逻辑非	NOT	例如:aspartame not beverage

2) 数字运算符

860901/UP（数据库在 1986 年 9 月 1 日后更新的内容）
（STN 时间格式：YYYYMMDD）
短线 S 3 – 5/FE（3 至 5 个铁原子）
S E2 – E4（查询扩展后 E2 至 E4 的内容）
< 小于 S PY < 1990（1990 年后发表的文献）
> 大于 S ED > 870000（1987 年后进入该数据库的文献）
> = 或 = > 大于等于 S FW > =600（相对分子质量大于 600）
< = 或 = < 小于等于 S MD < =921001（在 1992 年 10 月 1 日前修改的数据）

3）截词符

截词符使用见表 10.2.1。

表 10.2.1

截词方式	类型及说明	STN 输入方式	实例
有限截词	词干后最多允许加一个字符（0 或者 1 个字符）	#	S cat# 可检索到：cat, cats 等 S #ure 可检索到：bure, ture 等
	词干后允许加一个以上的字符（词干后有几个截词符，则表示该词干后最多可加几个字符）	##, ###, ####, …	S comput### 可检索到：compute, computer, computed, computing 等
无限截词	词干后可加 0 至任意多个字符	?	S employ? 可检索到：employ, employer, employers, employment 等 S ? ation 可检索到：creation, celebration 等
中间屏蔽	在一个检索词中间插入一个或多个屏蔽符，表示该词的屏蔽符处必须有与屏蔽符个数相同的字符存在。此法可用来解决英美不同拼法的词，但如不同拼写字母的个数不等，如 color 和 colour，则不能采用此法，只能一一输入每个词	!	S wom! n 可检索到：woman, women psych!!!! ist?（两种截词方式混用）可检索到：psychologist psychologists psychiatrist psychiatrists

上面所提到的有限截词和无限截词均为右截断方式，即词头相同，词尾不同。STN 有左截断方式，即词头不同、词尾相同。STN 大多数数据库允许在/BI 基本索引中使用左截词或左右同时截词，但也要看具体该数据库的黄页以确定，例如：

= > S ALDEHTD?
L1 77814 ALDEHYD?
= > S ? ALDEHYD?
L2 274978 ? ALDEHYD?

可以看出，截词符具有布尔逻辑或"OR"的功能，能够扩大检索范围，减少输入检索词的时间。

使用截词时要注意：

无限截词时词干不能太短，不得少于三个字符。

截词时最好先查一下字典，避免检出许多无关的文献。如，鼠的英文词为RAT，复数形式为RATS，若采用RAT（RAT#）形式检索，除了检出与鼠有关的文献外，还将检出大量与鼠无关的文献，如RATE等词。

4）位置算符

位置算符的应用见表10.2.2。

表 10.2.2

位置算符名称	STN 表示法	功　能	实 例 及 说 明
WITH	（W）或（ ）	表示词与词之间必须紧挨着，中间有一空格或标点符号，且词序不可变	s double (w) digit 等于 s double ( ) digit 等于 s double digit 可检索到： double digit double – digit
	（nW）	表示两词之间最多可插入 n 个词，词序不可变 （n 为 1, 2, 3…）	s solar (1w) energy 可检索到： solar energy solar radiant energy solar electric energy
	（xw）	表示两词之间可插入任意多个词，且词序不变	S NITRO (XW) PHENYL L8 3329 NITRO (XW) PHENYL S NITRO (2W) PHENYL L9 1072 NITRO (2W) PHENYL
NEAR	（N）或（A）	表示两词必须紧挨着，但词序可变	s fiber? (n) optic? s fiber? (a) optic? 可检索到： fiber optic fiber optics optical fiber optical fibers
	（nN）（nA）	表示两词之间最多可插入 n 个词，词序可变	s allergic (2n) reaction? 可检索到： allergic reactions reaction, allergic allergic drug reaction allergic cross – reaction reactions of those allergic
	（xn）	表示两词之间可插入任意多个词，且词序可变	S NITRO (XN) PHENYL L8 4333 NITRO (XW) PHENYL S NITRO (2N) PHENYL L9 2051 NITRO (2W) PHENYL

续表 10.2.2

位置算符名称	STN 表示法	功能	实例及说明
SENTENCE	(S)	表示两词必须在记录中的同一个句子中,词序可变。STN 的 (s) 算符即为在同一句子中	s color (s) pigmen
	(nS)	表示两词出现在小于等于 n 的句子范围内,n 为 1,2,3…	S NITROGEN (3S) PUMP L10 496 NITROGEN (3S) PUMP S NITROGEN (S) PUMP L11 327 NITROGEN (S) PUMPM
PARAGRAPH	(p)	表示两词在同一段落中出现,主要用于全文数据库中和数值数据库	S NITROGEN (p) PUMP L12 553 NITROGEN (P) PUMPS NITROGEN (3P) PUMPUM L13 553 NITROGEN (P) PUMP
	(np)	表示两词在同一段落中出现,主要用于全文数据库中和数值数据库	
LINK	(L)	表示两词必须出现在同一信息单元内,如同一个索引项中或同一题目中或同一关键词组中等,词序可变。它与 (S) 最大的不同就是 (L) 可限制两词在一个字段,而 (S) 限制两词在一句话	s color (L) pigment

如果一个检索语句中同时含有位置算符和布尔算符,则系统在执行检索时,其优先运算次序为,括号内的运算符>数字运算符>(W)或(N)>(S)>(P)>(L)>NOT 或 AND>OR,如要改变运算次序,则应使用括号( ),使用不同的位置符,检索结果见下例:

   => s color (L) pigment
      L1   13698 COLOR (L) PIGMENT
   => s color (s) pigment
      L2   9519 COLOR (S) PIGMENT
   => s color (2a) pigment
      L3   3291 COLOR (2A) PIGMENT
   => s color (a) pigment
      L4   1215 COLOR (A) PIGMENT
   => s color (2w) pigment
      L5   1710 COLOR (2W) PIGMENT
   => s color (w) pigment
      L6   710 COLOR (W) PIGMENT

5) STN 系统有 15 个禁用词

它们是:an and as at by for from in not of on or the to with

可以使用数据库总索引文档来选择恰当的数据库,数据库总索引文档:STNindex。可以利用 STN on the Web 免费检索 STNindex,也可以利用传统的指令模式检索 STNindex,机时费为 45 美元/h,但比一般数据库的检索费用低。

10.3 检索实例

例1 查某作者发表论文的被引用情况。
查找常俊标 1996 至 1999 年间发表文献被引用的次数
chang j b/rau（s）1996~1999/rpy
如要剔除自引，在 free search preview 中输入
chang j b/rau（s）1996~1999/rpy not chang j b/au
rau 表示 referenced author 被引作者；
rpy 表示 referenced year 被引年代；
（s）表示被引作者和被引年代都在 RE 参考文献这个大字段中。

例2 指定篇的被引。
步骤①：用扩词指令确定被引文献的正确写法
=> e zhang w L, 1999, v8/re
E1 1 ZHANG W L, 1999, V42, P528, SCI CHINA SER A/RE
E2 3 ZHANG W L, 1999, V75, P3321, APPL PHYS LETT/RE
E3 0 --> ZHANG W L, 1999, V8/RE
E4 9 ZHANG W L, 1999, V8, P275, BIOL SIGNAL RECEPT/RE
E5 1 ZHANG W L, 2000, 20000665 AIAA/RE
E6 1 ZHANG W L, 2000, V16, P1132, J PROPUL POWER/RE
E7 11 ZHANG W L, 2000, V210, P970, PLANTA/RE
=> s e4
L1 9 "ZHANG W L, 1999, V8, P275, BIOL SIGNAL RECEPT" /RE
（"ZHANG W L, 1999, V8, P275, BIOL SIGNAL RECEPT" /RE）
步骤②：去除自引
=> s zhang w l, 1999, v8, p275, biol signal recept/re not zhang w L/au
L1 7 ZHANG W L, 1999, V8, P275, BIOL SIGNAL RECEPT/RE NOT ZHANG W L/AU
步骤③：自定义格式显示命中词
=> d an ti au cs so kwic total (or bib kwic)
L1 ANSWER 1 OF 7 SCISEARCH COPYRIGHT 2002 ISI (R)
AN 2002: 204990 SCISEARCH
TI Quantitative reverse transcription polymerase chain reaction analysis of Porphyromonas gingivalis gene expression in vivo
AU Shelburne C E (Reprint); Gleason R M; Germaine G R; Wolff L F; Mullally B H; Coulter W A;
CS Univ Michigan, Sch Dent, Dept Biol & Mat Sci, 1011 N Univ Ave, Room 4208, …
SO JOURNAL OF MICROBIOLOGICAL METHODS, (APR 2002) Vol. 49, No. 2, pp. 147-156.
Publisher: ELSEVIER SCIENCE BV, PO BOX 211, 1000 AE AMSTERDAM,

NETHERLANDS.
　　ISSN：0167-7012.
　例3　查找一个机构中所有人员发表的所有文章的被收录情况。
　　=>s（beijing（s）med?（s）（univ or university））/cs（要考虑名称缩写等各种形式，减少漏检）
　　L1　2764（BEIJING（S）MED?（S）（univ or university））/cs
　　=>d an ti total
　例4　查某机构总共被数据库收录情况（/CS 作者机构）。
以北京化工大学为例：100029 为其邮编
（Beijing（s）univ（s）technol（s）chem（L）100029）/cs
（1）（L）表示连接的两个概念出现在同一个信息单元，即邮编与学校名称都在 CS 字段。
（2）用/CS 字段，一定把前面的内容用括号括起来，一定注意机构的正确名称，如缩写、全称、固定名称等。
　例5　确定一篇文章是否被收录。
确定一篇文章是否被收录，不仅要从人名检索，而且要与文章题目、出处相对应，完全符合才可确定该篇文章确实被收录。检索人名后，AND 题目中的关键词，并显示题目，确定该篇是否被收录。下面是一个检索 SCISEARCH 库的例子，检索 EI 收录的 COMPENDEX 库人名的写法更为灵活，需注意要把所有写法全部用 OR 列出。
　　=>b fil sci
　　=>s（chai j k or chai，j?）/au and burn#
　　　L1　14（CHAI J K OR CHAI，J?）/AU AND BURN#
　　=>d an ti 1-14
　　　L1 ANSWER 1 OF 14 SCISEARCH COPYRIGHT 2002 ISI（R）
　AN 2000：943474 SCISEARCH
　TI Successful treatment of invasive burn wound infection with sepsis in patients with major burns
　SCI 的使用方法小结：
　检索一篇论文是否被 SCI 收录确切的题目/TI；
　检索一份刊物是否被 SCI 收录＊＊＊＊-＊＊＊＊/ISN；
　检索一篇论文是否被他人引用姓全称，名缩写，年，卷/RE 或＊＊＊/RAU（s）
＊＊＊/RPY；
　检索一份刊物是否被他人引用＊＊＊/RWK（S）＊＊＊/RPY；
　检索某机构被某数据库总共收录次数及机构名称/CS。

10.4　专利检索方法

10.4.1　专利的一般检索方法

（1）如果检索某一领域的专利信息，则用主题概念与（或）国际专利分类号组配来检索。

（2）如果已经有明确的专利号，则直接输入 SEARCH 专利号，若检索同族专利，则利用 WPINDEX 数据库中的 PI 字段，列出的第一个为基本专利，其余为同族专利；若检索法律状态，则利用 INPADOC 数据库中的 LS 字段，显示其法律状态。

例如：显示题目 d ti 1-3
　　　调出专利号 sel pn 1；sel pn 2；sel pn 3
　　　显示结果 d sel（专利号被逐条显示）

10.4.2 免费专利网址

IBM 知识产权信息网 http：//www.delphion.com/patquery
美国专利 http：//www.uspto.gov
中国专利 http：//www.patent.com.cn/
加拿大专利局 http：//opic.gc.ca
世界知识产权组织 http：//www.wipo.int
欧洲专利局 http：//ep.espaccnet.com
日本特许厅 http：//www.jpo.go.jp

10.5 化学文摘 CA 检索

在 STN 系统中，美国化学文摘社提供了两个重要的化学文献数据库，即化学物质登记号（REGISTRY）和美国化学文摘数据库（CAplus）。

CAS 的 REG 数据库是世界上卓越的物质数据库，目前存储了自 1957 年以来的超过 3 200万种物质记录，其中 1 800 多万种有机和无机物质，以及 1 400 多万种生物序列（截至 2001 年 10 月 9 日），它包含了世界范围内在期刊和专利上报道的有机、无机、金属、合金、矿物、有机金属、元素、同位素、核微粒、蛋白质、核酸、聚合物等所有的化学物质信息，它已成为化学家、工业企业、情报部门、法规部门鉴定新的化学物质的世界权威。

Caplus 数据库收录了自 1947 年以来世界上发表的 98% 以上的化学化工文献 1 800 多万篇，而且还收录了 1 600 种核心期刊。

在 REG 文档中，可以使用化学结构图形、化学物质名称、形成聚合物的单体组分、蛋白质/核酸序列、合金组分及分子式等检索入口查出化学物质登记号，然后转入 CAPLUS 数据库查出报道该化学物质的文献及专利信息。REG 文档属字典型数据库，记录内容包括化学物质登记号、化学物质名称、分子式、化学结构图等信息；而 CAPLUS 文档是题录型数据库，记录内容包括题目、作者、出处、索引项、文摘等信息。

10.5.1 CA 数据库介绍

CAS 提供了 3 个 CA（化学文摘）数据库供选择：
CA/CAPLUS
HCA/HCAPLUS

ZCA/ZCAPLUS

CAPLUS 数据库是 1967 年至今最全最新的 CA，因为它包含未完成标引的记录。每天新增 3 000 条记录。CAPLUS；HCAPLUS；ZCAPLUS 检索方法同 CA。与 CA 相关的数据库还有：

1）CAOLD

1907～1966 年比较早的 CA，包含 300 多万条记录，检索方法同 CA。

2）MARPAT

MARPAT 是 CA 收录的 1988 年至今的专利中包含有机或有机金属结构的记录，提供未实现物质和预言结构的检索。目前有超过 40 万条可检索的结构，每周更新。

3）CASREACT

有机化学反应库，来源是 CA 收录的 1985 年至今的期刊和 1991 年至今的专利中有机物质合成部分，包括有机金属、自然物质、生物催化等。目前有超过 370 万条一步和多步反应，每周更新。以产物、反应物、试剂为检索入口，可检索反应条件、产量和催化剂，利用该库可进行：

　＊基于结构的反应检索，所有的反应物、试剂、产物都提供结构检索；

　　＊给所有的反应参与者都提供 RN 号检索；

　　　＊可检索功能团和功能团种类名称；

　　　　＊CA 的书目型信息都可检索。

4）CIN（Chemical Industry Notes）

化学工业札记，书目型数据库，收录 1974 年至今数据，主要是商情方面，来源是美国和非美国的期刊、贸易杂志、报纸、快报、政府出版物、特殊报告。可检索索引词、文摘、RN 号、化学名。

5）CHEMCATS（Chemical Catalogs Online）

化学药品目录在线，书目型数据库，收录 1993 年至今数据，主要提供商业性的化学物质和其世界范围内的生产提供者，记录包括 RN 号、Beilstein RN 号、结构图、性质、常规信息、价格，也包括公司名、地址、供应信息，例如：价目表、产品和服务、包装方面、航运、安全、处理方面的信息。目前有来自全世界 490 个提供商的 640 个目录下的超过 105 万条记录。

6）CHEMLIST（Regulated CHEMicals LISTing）

化学品的法规库，词典型数据库，收录 1979 年至今数据，包括美、加、欧洲、澳大利亚、日本、韩国等国家关于有毒物质的法规。可检索化学名、法规信息和 RN 号。目前有超过 21 万种化学物质，每周更新。

7）CSCORP（ChemSources Company Directory）和 CSCHEM（ChemSources Chemicals）

化学制品的供应商数据库（目录型数据库）和化学制品信息数据库（目录型数据库），前者包含化学产品供应商及其总部、分部、分支地址、电话等，该库与后者配合使用，CSCHEM 提供 CSCORP 库提供商提供的化学产品的信息，可用 RN 号检索，包含 203 000 种化学制品及 135 个国家的供应商，即 CSCORP——公司信息，CSCHEM——化学制品、供应商信息。

10.5.2 REGISTRY 数据库

CAS 的 Registry 数据库是世界上卓越的物质数据库，目前存储了超过 2 800 万种物质记录，其中 1 600 多万种有机和无机物质，以及 900 多万种生物序列。Registry 是世界上最大的有机物质集合，由于它提供化学物质结构和化学名称，因此它已成为化学家、工业企业、法规部门鉴定新的化学物质的世界权威。

1）REG 数据库收录范围

有机化合物：Eg. 乙炔 acetylene 74 – 86 – 2

聚合物：均聚合物和协聚合物（异分子聚合物），Eg. 聚氯乙烯 PVC 9002 – 86 – 2

酶和原生质（生命科学）：Eg. ATP 56 – 65 – 5

药品（成药）、农业化肥：Eg. aspirin 50 – 78 – 2

元素：Eg. gold 7440 – 57 – 5

合金：Eg. steel 12957 – 69 – 2

金属：Eg. iron edta 15275 – 07 – 7

无机物：Eg. water 7732 – 18 – 5

REG 数据库不收录的物质：

举例：gasoline——汽油
   linseed oil——亚麻油
   lipoproteins——脂蛋白
   air——空气
   lava——熔岩

混合物或者化学结构未知或者易变的无 RN 号。

2）区别几种相似物质的登记

（1）位置异构：邻、对、间位，相同的原子不同位置。

o – xylene 95 – 47 – 6 对二甲苯

p – xylene 106 – 42 – 3 邻二甲苯

m – xylene 108 – 38 – 3 间二甲苯

xylene 1330 – 20 – 7 二甲苯

（2）立体异构：相同的平面结构，不同的立体化学定位（取向）。

d – ephedrine 321 – 98 – 2 右旋

l – ephedrine 299 – 42 – 3 左旋

ephedrine 53214 – 57 – 6 麻黄素

（3）盐：相同的酸或酸根，但原子数或原子个数比不同。

l – ephedrine hydrochloride 50 – 98 – 6 盐酸

l – ephedrine sulfate 134 – 72 – 5 硫酸

（4）同位素：相同结构，但包含一个或多个元素的同位素形式。

methane 74 – 82 – 8 甲烷

methane C-14 2772-68-1

（5）元素和离子：相同结构不同电荷数。

Fe elemental iron 7439-89-6

Fe (2+) ferrous iron 15438-36-0

Fe (3+) ferric iron 20074-52-6

3）怎样获得物质的 RN 号

主要有三种途径来获取 RN 号：

（1）通过查询化学名/CN 得到 RN 号。

注意：在 REGISTRY 数据库中查找化学名，用/CN 后缀，CN 包括了该物质所有的标引名和商标名，且通常使用 EXPAND 命令在 REG 数据库中扩展化学名，查看该化学物质名称标引形式是否存在/CN 这个字段中。

（2）通过查询分子式/MF 得到 RN 号。

注意：用分子式/MF 查找某化学物质，会得到不止一个答案，因为有很多同分异构体，这时需要增加该物质化学名称中专指的片段词（name fragments），记住：片段词存在于/BI 中。

（3）通过查询结构式得到 RN 号。

步骤：a. 利用 STN EXPRESS 绘出结构，保存为一个文件；

　　　b. 进入 REGISTRY 数据库；

　　　c. 上传结构文件，获得组号 L#，显示结构图 D L#；

　　　d. 检索物质结构；

　　　e. 进入 CA 数据库，检索相关文献。

4）检索结构式的一般方法

格式：　S　L1　EXACT　SAMPLE

　　　　　　↓　　　　or　　　　or
　　　　　组号　　FAMILY　　FULL
　　　　　　　　　　or　　　　　↓
　　　　　　　　　　SSS　　两种检索范围
　　　　　　　　　　↓
　　　　　　　　三种结构类型

参数的具体内容，三种结构类型：

EXACT：确切、精确检索，但 H 包括 D、T；

FAMILY：族性检索，包括包含该物质的混合物、盐、共聚物；

SSS：子结构检索，包括含取代基的所检物质。

两种检索范围：

SAMPLE：REGISTRY 数据库 5% 的内容，检索该部分内容免费；

FULL：全部 REGISTRY 数据库内容，需付费。

5）化学文摘 CA——检索步骤

检索 REG 和化学文摘 CA 的步骤：

=>b   reg（首先进入化学物质登记号数据库）

=>   e 3-chloropropanediol/cn（在化学物质名称字段/CN 展开化学物质名称）

E1   1   3-CHLOROPROPANAMIDE/CN
E2   1   3-CHLOROPROPANE-1,2-DIOL DIPALMITATE/CN
E3   1   -->3-CHLOROPROPANEDIOL/CN
E4   1   3-CHLOROPROPANENITRILE/CN
E5   1   3-CHLOROPROPANESULFINYL CHLORIDE/CN
E6   1   3-CHLOROPROPANESULFONAMIDE/CN
E7   1   3-CHLOROPROPANESULFONYL CHLORIDE/CN
E8   1   3-CHLOROPROPANETHIOL/CN
E9   1   3-CHLOROPROPANETHIOL ANION/CN
E10 1   3-CHLOROPROPANOIC ACID/CN
E11 1   3-CHLOROPROPANOIC ACID 2-METHYLPHENYL /CN
E12 1   3-CHLOROPROPANOIC ACID METHYL ESTER/CN．

=>s   e3（选择 E3）

L1   1   3-chloropropanediol/cn（系统给出组号 L1）

=> d scan（用免费显示指令 D SCAN 查看一下结果，是否符合要求）

L1   1 ANSWERS REGISTRY COPYRIGHT 2001 ACS
IN   1,2-Propanediol, 3-chloro- (6CI, 7CI, 8CI, 9CI)
MF   C3 H7 Cl O2
CI   COM

$$ClCH_2-\underset{\underset{OH}{|}}{CH}-CH_2-OH$$

ALLANSWERS HAVE BEEN SCANNED

=>b   ca（转入 CA）

=> s L1/spn（仅查找合成该物质方面的文献）

L2   54 L1/SPN

=> s L1/pur（仅查找提纯该物质方面的文献）

L3   3 L1/PUR

检索化学文献原则：通过 REGISTRY 找到化学物质的登记号（最准确），没有找到的采用化学名称、分子式、结构检索确定其 RN 号，再进入 CA/CAPLUS 正式库，把相应的文摘调出来。推荐：先进 REG 库，S 50-00-0，得到组号 L1，然后再进 CA，S L1，因为 REG 库检索 RN 号是免费的，再进入 CA 库 S L1 也是免费的，而如果直接进入 CA，S 50-00-0，则收取检索一个词的费用$1.49；检索与物质有关的信息（如甲醛的工业生产），用 RN 号检索最准确，如果条数较多，则用 ROLES、关键词再加以限定；检索非物质信息（如废水的利用、某种工艺），则用关键词检索。

6）检索化学文献原则

（1）通过 REGISTRY 找到化学物质的登记号（最准确）。

（2）没有找到的采用化学名称、分子式、结构检索确定其 RN 号，再进入正式库，把相应的文摘调出来。

注意：

①检索与物质有关的信息（如甲醛的工业生产），用 RN 号检索最准确，如果条数较多，则用 ROLES、关键词再加以限定。

②检索非物质信息（如废水的利用、某种工艺），则用关键词检索。

（3）CAS ROLES。

ROLES 是描述所有物质更确切的信息，限定在某一方面，如制备、应用等。ROLES 有 7 个上位类（1967 年来的文献），38 个下位类（1994 年 10 月以后的文献）。上位类用 4 个字母表示，下位类用 3 个字母表示，另外还有 3 个单独的。注意：ROLES 只能与登记号组配。

CAS 作用指示符 Roles
ANST 分析研究
BIOL 生物研究
FORM 非制备的形成
OCCU 存在
PREP 制备
PROC 过程
USES 应用
MSC 其他
PRP 性质
RCT 反应试剂

ROLES 举例

= > b reg

= > e gum arabic/cn

= > s e3

　　L1　1 gum arabic/cn（表示该物质存在且有 RN 号）

= > b caplus（键入 CA 正式库）

= > s L1（此时，SEARCH 的是 RN 号）

　　L2　260 L1

= > s L1/uses

　　L3　72 L1/USES

10.5.3　利用 STN on the Web 免费检索 STNindex

利用 STNindex 系统总索引可以浏览检索课题在各数据库中的命中信息，使用方法如下：

打开 Web 浏览器，输入网址：

http：//stnweb.fiz-karlsruhe.de

http：//stnweb.cas.org

点击 Free Search Preview；

选择与检索内容相关的主题类目；

选择数据库并输入检索式；

显示含有命中文献的数据库名称及命中的记录数量；

调整检索式或选择其他相关类目进行扫描检索，确定最终要检索的数据库；

点击 Standard Login，输入用户号和密码，点击 Login 按钮，以 Telnet 方式与 STN 系统联机；

在指令框内直接输入检索命令，采用指令检索方式打开已选择好的数据库，输入检索式进行检索，并显示检索结果。

检索完毕关机以后，点击 Retrieve Transcript，将整个检索过程下载并保存起来。

10.6 STN 系统中国代理网站的使用

网址：http：//www.stnchina.com

该网站是由中国科技信息研究所和北京万方数据股份有限公司负责开发建设的。该网站可以了解 STN 的最新信息。进入主页有 STN 原文索取 AutoDoc 价格表；STN 基本检索方法；HELP 命令的使用方法；STN 介绍；检索培训；抽取感兴趣的信息的方法；分析某领域专家及结构的方法；查询某药物生产厂家及市场；STN 检索化工信息的方法；STN 可检索化工信息的数据库查找供应商的样例；SCI 的收录和引用样例和最新动态等介绍。用户应该经常到该网站上了解最新的动态；也可以在该网站上进入美国 CAS 检索入口，进行模拟练习。进入的步骤是：

（1）在主页上点击免费检索入口："更多免费检索入口"。

（2）点击美国 CASEasy 检索。

（3）点击"Free Demo"按钮。

（4）在"Registration"栏目中进行注册，注册后点击"Continue"进入检索屏。

（5）检索屏有三个检索点要进行选择。

①点击"Select Your Category"，进行学科类目选择，如选择 Agriculture 学科；

②进入"Enter Your Search terms below"，首先选择检索字段，然后输入检索式，例如，输入 plant，字段选择题名；

③点击"Search"按钮，进行检索；

④点击文章的篇名，显示文章的详细信息，在详细信息的下方，有显示全文的按钮和保存及进入原文收藏地的网址。

11 创新能力的培养

综合国力的竞争，主要是科技的竞争。科技靠人才，靠有科学创造的人才。人才的培养是各国教育的重要核心。培养一支数量庞大、素质优良、结构合理、能参与国际竞争的科技队伍是高等教育的一项十分重大而艰巨的任务。法国巴黎高等师范学校（the Ecole Normale Superieure）是非常典型的精英教育学校，学生量少而精，严格遵循精英教育模式。校长于杰教授在演讲中指出，巴黎高等师范学校提倡基于个人自由选择基础之上的、多学科式的教育体制，教师辅导须保证学生兴趣和未来走向选择的多样性。在这样一种教育气氛的熏陶之下，巴黎高等师范学校培养出无数的科学和人文艺术领域的大师、众多政治精英，包括10位诺贝尔奖得主和6位菲尔兹奖得主，无愧为自然科学与人文艺术的殿堂。除了精英教育自身的意义而外，巴黎高等师范学校还促进建立科学家群体和关注知识的公众之间的对话关系。在教学中要求理科生入学后尽早进入实验室，文科生自己去讲座，缩短实践与理论的差距。国外人才培养的观念给我们有所启示，实验和讲座都需要查找文献和资料，所以要具有一定的信息素质和能力，具有想象力和创造力。

11.1 知识经济时代的特征

11.1.1 知识经济

知识经济一词首先出现在1996年，世界经济合作发展组织（OECD）首次在其报告《以知识为基础的经济》中提出了"知识经济"这个新概念，其定义为："知识经济是指建立在知识信息的生产、分配、使用之上的经济，是当今世界一种新类型、富有生命力的经济。"主要靠的是信息产业来拉动经济的增长，是建立在高科技上的一种经济，这种经济时期的形成，是科学进步的表现。知识经济最主要的特征是科技创新。从历史发展进程看，无论是农业经济时代还是工业经济时代，都是以开发和利用物质资源和能量资源为生产力的主要特征，他们的产品是物资的，社会经济活动的主流是物质产品的生产、流通和消费。而知识经济时代是以开发利用知识资源为生产力的主要特征，以高科技作为基础，社会经济活动的主流是知识产品的生产、传播和利用。

在现代科技迅猛发展的今天，经济的增长比以往任何时候都更加依赖于知识的生产、扩散和应用。OECD主要成员国GDP的50%以上是以知识为基础的。据统计，美国信息产业已占国内生产总值（GDP）的10%，知识密集服务业的出口相当于产品出口额的40%。美国竞争力委员会称，美国在27个关键技术领域中取得24个领先地位。面对知识经济时代的挑战，各国都在调整国策，突出科技创新及知识传播与应用。

OECD在《科学、技术和产业展望报告》中提出知识经济的主要特征是：

（1）科学和技术的研究开发日益成为知识经济的重要基础；

（2）信息和通信技术在知识经济的发展过程中处于中心地位；
（3）服务业在知识经济中扮演主要角色；
（4）人的素质和技能成为知识经济实现的先决条件。

在知识经济时代，人们的学习应该着眼于世界范围的信息资源。学习应该是无限的，学习应该充分利用当今的信息科学技术。一般地说人们能记住从课堂里学的东西甚少，大多是通过实践将所学的知识运用到解决问题当中来增长自己的本领。所以人们应该学会终生学习的技能，选择性地学习，从而掌握积极思维和终生学习技能的学习途径。

11.1.2 学习知识的范畴

知识是指人类对客观世界的认识。根据 Webster 词典的定义，知识是通过实践研究、联系或调查获得的关于事物的事实和状态的认识，是对科学、艺术或技术的理解，是人类获得的关于真理和原理的认识的总和。知识经济的兴起使得知识，特别是现代科学技术的占有量不仅成为一个国家国力强弱的首要标志，也成为一个人、一个企业竞争能力高低的首选条件。在知识社会里，没有贫穷的国家，只有无知的国家，获取和应用知识的能力是竞争成败的关键。在知识经济时代，"知识"的概念比传统的概念扩大了许多，知识的范畴除了传统被人们划分的知识学科体系之外，世界经济合作组织提出了知识经济时代对知识的新分类，新的概念把知识概括为以下四类：

第一类知识是关于事实的知识（Know – what，是什么）；
第二类知识是关于原理的知识（Know – why，为什么）；
第三类知识是关于技能的知识（Know – how，如何去做）；
第四类知识是关于人力的知识（Know – who，是谁）。

第一类知识是事实知识，即人类对某些事物的基本认识和所掌握的基本情况，也是许多专业人员必须学习和掌握的知识，如工程师、医生等具备的丰富的专业知识；第二类知识是原理和规律的知识，即产生某些事情和发生事件的原因及规律性的认识，是技术进步的源泉，是自然界存在的基本规律和原理；第三类知识是关于技能的知识，指知道实现某项计划和制造某个产品的方法、技能和诀窍等；第四类知识是人力的知识，即知道产生源头的知识，知道是谁能胜任这项工作，谁能准确判断市场、判断新的产品等。

前两类知识往往在书本或课堂上能学到，而后两类知识是要通过实践或经验来掌握的，谁具备这个专长和素质，谁就能解决这个问题，而且要比别人做得好，这两类知识对一个企业的管理和经营决策非常重要。这是一个企业真正的财富，也是企业竞争的能力。技能知识和人力知识并不都能用明确的方式表达出来，有的甚至不能言传，但是可以在实践中、参与中领会。作为科学家、企业家、教育家，其判断力、想象力、直觉、信息都属于这一范畴，有的要在实践中积累。在知识经济时代，"知识"已成为一种十分重要的经济要素，它对经济发展的作用比以往任何时候都重要，知识的概念也比传统的概念扩大了许多，这将使人类对知识的认识提高到了一个崭新的阶段，它必然影响人类对教育观念的重新认识，影响人们学习知识的范畴。

11.2 创新人才的培养

知识经济要求全社会具有良好的尊重知识、尊重人才的文化氛围，要求全社会具有充足的高素质人才供给，要求全民有较高的知识素质。人类的全部进步和发展都是靠知识创新而得来的。江泽民同志指出："科学技术大发展，社会各项事业的进步，都是靠不断创新。"西方经济学家在使用"创新"这一概念时用得最多的是技术创新和制度创新，我国的改革开放就是制度的创新，走适合中国国情的发展之路。科技创新要有创造性的思维，创造性的思维以知识和经验的积累为前提，贯穿于整个创造性活动当中，是创造性成果的关键。创造性思维是创造力的核心。创造力是指一个人产生新思想、认识新事物的能力，实际上是解决实际问题的能力。首创前所未有的思想、理论和事物，就是创造。创造是人类社会前进的强大动力，推动社会向新的高度不断迈进。创造的根本特性就是创新，唯有创新才能迎接知识经济时代的挑战，才能屹立于民族之林。创新涉及各个领域，如市场创新、产业创新、机制创新、管理创新、教育创新等。创新需要创新人才，需要整个社会的力量。创新人才需要具备以下几点：

创新意识：要有强烈的创新欲望和强烈的创造动机，有了强烈的动机才能去探索新的问题，产生新的思路。创新意识是创造力的前提，要勤于思考，善于发现并提出问题，如果对周围的事物无动于衷是不可能创新的。在认识客观事物的活动中要对特定的对象产生兴趣，这种兴趣能驱使你去探索自然的奥秘，从科技创新角度来讲，兴趣是科学入门的前导，是勤奋的力量，对一种事业，只有产生浓厚的兴趣，才能产生执着的追求，例如：发明大王爱迪生从小对周围的一切事物都很感兴趣，并喜欢提出各种各样的问题，有些问题他的老师恩格尔也解答不出来，说爱迪生是一个不折不扣的糊涂虫，不愿把他留在学校里。炸药大王诺贝尔受其父亲的影响，从小就对研制炸药产生了浓厚的兴趣，对化学的研究情有独钟，一生取得了多方面的科学成就。

创新思维：一般的思维只是运用现有的知识和经验，进行一般的分析、比较和综合，然后做出推理和判断，主要解决日常工作和生活中的常规问题，不具备明显的新颖性和独创性。创造性思维是超越常规的解决方法，具有独特的、新颖的、超越常规明显的成果。敢于推陈出新，敢于否定专家的论断，敢于提出新的设想。创新思维首先要学会科学地观察周围的事物，有些事物的提出，是根据观察提出的，促使科学家去研究。爱因斯坦说过："我没有特别的天赋"，"我具有强烈的好奇心"。如果我们有了一定的知识基础，学会科学地观察周围的事物，这种好奇心就会驱动我们去探索、去研究，并作为一个科研课题去完成它，这个研究常常不但会做出科学发现和技术发明，而且还会开辟一个新的研究领域。

创新知识：在知识方面，表现为"新"——掌握新的前沿性的知识，"专"——在某一个领域有独到的见解和较深的造诣，"博"——有扎实的基础和深厚的文化底蕴。广泛涉猎知识对一个人的成功是有很大帮助的，爱迪生对法拉第的《电学实验》一书，爱不释手，读过之后受到极大的启发，法拉第的这本《电学实验》写得浅显易懂，爱迪生根据书的内容做了许多的实验，为他日后在电器方面的发明奠定了牢固的基础。因此，他曾说过：法拉第的这本书，是"一生中对我帮助最大的书"。宋朝大文学家苏轼有一句至理名言"厚积而薄发"，说的是平时艰苦努力，勤奋学习，坚持广泛地搜集资料和积累知识，使自己的知识不断地积累起来，基础雄厚了，才能由量变到质变，要研究的项目和要写的东西也会多起来，所储存的资料也能用得上。厚积薄发，是许多成功学者在科学实践中总结出来的一条宝贵的经验，所以我们必须在厚积上下功夫。

创新能力：有较强的学习能力、信息能力、研究能力和操作能力。创新能力具体表现在能否确定一个具有先进性、新颖性的研究项目，能否获得相关信息解决项目研究的实质性问题，完成这个项目并达到预期的目的。这个能力要求我们要有一个锲而不舍的毅力，实事求是的科学态度，坚持科学的原则性，及时了解相关学科的新方法和新技术为自己所应用，为自己的课题提供信息依据。

创新人格：创新动机不是孤立的，与一个人的人生观和世界观有密切的联系。需要有一种奉献精神。美国发明家爱迪生说得好："我的人生哲学是工作，我要揭示大自然的奥秘，并以此为人类造福。我们在世的短暂一生中，我不知道还有什么比这种服务更好的了。"世界上大的发明家和科学家的可贵之处就是为人类慷慨奉献的胸怀。

11.3 信息能力

11.3.1 信息

信息的内涵问题，科学界还没有形成统一的认识，目前国际学术界的十几种观点有的是从自然界，有的是从哲学方面进行探讨和表述。从哲学意义上来讲，指的是客观事物存在的方式或运动状态及其陈述。控制论的创始人维纳（N. Wiener）认为，信息是人们同外部世界进行交换的内容的名称。信息论的创始人申农（C. E. Shannon）认为，信息是关于环境事实的可通信的知识。《辞海》把信息定义为："信息是指对消息接受者来说预先不知道的报道。"《辞源》把信息定义为："音讯、消息。"在国外的一些词典中，把信息定义为：Facts or details that tell you something about a situation, person, event, etc.

广义的信息是指发生源发出的各种信号和消息被吸收体所理解和接受，这些信号和消息及其所揭示的内容统称为信息。发生源可以是任何物体，吸收体也可以是任何物体。在社会领域和人类的思维领域里，信息也是普遍存在的。人们为了生存和发展，不仅要不断地从自然界获取信息，而且也要从周围的社会环境中获取信息，离开了信息，人类就无法认识世界，社会也就不能前进。人们把资源分成两大类，一类是自然资源，一类是信息资源。自然资源是一个国家生存的基础，信息资源是一个国家前进的宝贵财富，人类应该占有这个资源。人类的知识来源于信息，在人类改造客观世界的实践中，我们也许对信息—知识—创新—人类的关系会有进一步的认识。

11.3.2 信息能力的培养

信息的重要性显现在社会的各个领域，国际互联网的出现，更令人注目，这就是知识经济时代最好的体现形式。各个国家把互联网的建设都纳入国家的知识基础工程，一个国家、一个企业的发展都有一个重要因素，就是利用信息的能力。要想利用信息，先要获取信息，获取信息就要知道信息在何处。这个基本能力的教育引起了各个国家的重视。

美国大中专学校图书馆协会（ACRL——Association of College and Research Libraries）在2001年发表了"高等教育信息素质和能力标准"，这个标准是由专门的研究小组所制定的，这个小组的成员包括图书馆的管理员、教师以及有关人员。该标准为在大专院校范围内如何衡量一个人的信息素质提供了方向，同时也为相关的教学成果评定提供了衡量的标准。该文件包括5项标准和22条可用来作为贯穿整个教学课程的测量与评定学生信息使用技能的准则。这5项标准还可以为图书馆管理员与教师合作开创新型教学领域提供有效的工具。这5项标准分别为：

(1) 决定信息需要的范畴；
(2) 有效地索取所需的信息；
(3) 鉴别信息质量及其来源，并将所选择的信息融入自己的知识基础和价值系统；
(4) 有效地将信息运用于完成某一具体任务；
(5) 了解与使用信息有关的经济、法律和社会等问题，并能合理合法地索取信息。

信息素质和能力的培养已经成为大学教育中的一个主要课题。信息是不断变化的，信息领域的竞争日益激烈，随着国际互联网的出现和迅速发展，信息的有效期也大大缩短。一条信息可以救活一个企业，一条信息可以使你走向成功。能否有效地获取信息，决定一个人的信息能力，面对一个事实，可以得出不同的结论获得不同的信息。据专家估计，一项科学发现或技术发明成果的取得往往有90%以上的内容是从已有的科技知识中获取信息，而真正自己独创的工作甚至不到10%。这说明一项科技成果的取得，是在前人或他人研究的基础上起步和发展起来的。正如牛顿所指出的："我之所以比别人看得更远，是因为我站在巨人肩上的缘故。"托尔斯泰也曾指出："正确的道路是这样：吸取你的前辈所做的一切，然后再往前走。"由此可见，具备一定的信息能力，对于科学研究和科学技术的发展是非常重要的。"知己知彼，百战不殆"，无论在历史的各个时期，了解对手，发展自己，这句话都是非常重要的。

11.3.3 我国信息资源需求的现状

简单地说，信息检索就是根据用户信息的需要，从大量的信息中查找所需要的特定信息的过程。我们学习的信息检索方法是一种科学获取信息的方法，是信息能力的主要评定条件。为什么要学习信息检索的方法，它在我们的学习、科研、企业发展中有什么用途，从科技成果累累的科学技术专家或当代著名的企业家的身上，我们会得出结论，这些人都将信息资源看成是无价之宝。

(1) 机构或大学完成科研项目、攻关课题或基础课题查询参考资料。

这部分课题的完成多依赖精心加工处理的专业信息，利用数据库或国际联机系统检索科技和专利信息。分析科研项目的起点，参考科研项目起点，参考其中的技术，防止走弯路。借鉴国外的先进技术发展自己独到之处。准确地找到前人或他人研究工作的终点和自己进行研究工作的起点。通过检索,对世界本专业同行的研究动态、新理论、新发现、新动向等要广泛了解,积累知识,这些信息资料关系到研究工作的速度和有无成果的问题,这正像著名数学家华罗庚教授所说:"我曾发现了不少定理,但投稿后经审查指出,都是前人做过的。"所以科技检索是科技人员要具备的重要的基本功,要练好这个基本功。

(2) 大学、研究院研究生和博士生论文的完成需要参考科技论文和专利。

研究生在完成导师科研课题时,需要参考国外科技论文。所检索的信息应有全面性以便分析、总结、综述提出新观点,或者做某一项技术突破。

(3) 职称评定、国家教育投资、评价科研实力等参考数据之一。

许多大学和科研机构在职称评定前,科学院学部委员会审定大学排名,都要求将自己论文或机构论文收录情况和被引用情况在特定专业数据库检索;申请科学基金、申请国家或各种名目的投资,也需要同类检索。

(4) "科技查新"项目要全面检索国内外科技文献,分析项目的新颖性。

立项课题的查新结果是专家评定该项目的重要参考依据,并可以根据此依据申报国家的奖励级别。要想自己的技术和项目站在世界前列,就要检索国内外是否有人搞过同类的技术,减少不必要的损失和浪费。

(5) 产品开发、新技术应用、产品更新换代、生产中的疑难问题、科研机构和大学承接的企业技术课题都需要检索参考资料。

我国进入 WTO 后国外的先进产品挤入国内市场,对新产品的开发和研究所需要的技术要有先进性、新颖性、全面性,要检索国际信息以了解国际市场的需求。

(6) 专利、商标信息的利用。

分析世界同行竞争对手的新技术运用,专利技术转让给谁,哪个国家、哪个市场应用了我们所关心的技术,寻求相关技术的合作伙伴。

(7) 企业应变市场随时出现各种问题的查询和分析。

随着市场机制的逐渐形成一些大的独资或合资企业特别是一些高新技术企业在遇到产品中的疑难问题,产品经销中的突变或不可测事件,产品的更新换代,都要检索大量的信息进行科学的分析判断以便解决问题。

(8) 市场调研——大金额投入前的可行性分析,需要检索大量相关商业和科技信息。

大的投资之前,要进行大量的市场调研,搜集、分析和总结做出是否可行的结论,以确保投入的资金得到回报。一些效益较好、规模较大的企业领导十分注重企业前瞻性分析,经常要求其信息或市场研发部门或战略经营部门,定期提交不同类型和不同目标产品的市场分析报告,以便根据市场的情况随时调整自己的经营策略,并根据市场情况和变化方向提前决策下一步的市场定位。

(9) 行业动态跟踪报道或竞争对手合作伙伴的时事跟踪。

动态跟踪是一些企业战略经营部门、政府的"智囊团",是某些搞预测的公司预测分析时采用的最基本的手段之一。近几年国际上一些出色的企业对信息重要性的认识和采取的措施都是令人瞩目的。如一些公司设立的职位和部门——知识总监(CKO -

Chief Knowledge Officer)、信息总监——（CIO – Chief Information Officer）、技术预测部等，这些职位和部门都是在给企业当"参谋"，保障企业的经济发展。预测未来、找准方向、准确掌握事态变化的转折点，都离不开对项目各事物全过程的跟踪。

英国近代著名的天文学家哈雷所以能发现哈雷彗星，是因为他对1682年出现的这颗大彗星进行了观测。他前后对24颗彗星的运行轨道进行了计算，注意到1456年、1531年、1607年和1682年彗星运行轨道相似的情况，并依据牛顿的万有引力定律，推算出这一颗彗星的运行轨道，还推测出这颗彗星将以76年为周期绕太阳运转，接近太阳和地球，并预言它将于1758年再度回来。他的科学预言被后来的天文观测证实了。哈雷留下的关于彗星的运行轨道的计算和科学预言这一珍贵的资料，直到300年后的今天，仍然是天文工作者研究和预测哈雷彗星运行及回归的重要资料。例如，在1982年，天文学家根据哈雷留下的资料进行了深入的研究，提出这颗彗星以76年为周期回到太阳附近，并接近地球，将于1985年到1986年上半年再度回归，并预测出它距太阳和地球最近的时日。这个科学的预测被后来的天文观测所证实了。从上面的例子可以说明，信息检索可以搜集过去历史的资料，也可以对未来做出预测。检索前人和他人的科技成果是创新的基础，创新是在前人和他人没有研究、没有做的事情或没有做完的研究，是获取新的知识和创造发明新的东西。

综上所述，掌握信息检索的方法是当代科技人员必须具备的重要能力之一，是治学之道。在问题面前不怕不会，怕的是不知道如何去解决，面对知识经济时代的挑战，我们都要培养自己的信息检索能力。

11.4 科学研究的步骤

一项科学研究有三个步骤：确定课题阶段；科学实验阶段；发表成果阶段。

11.4.1 科研选题的程序和步骤

确定一个课题不是一项简单的工作，而是包括一系列的创造性思维的过程，对以后的研究能否取得成果具有决定性的影响。爱因斯坦说过：提出一个问题比解决一个问题更重要，因为解决一个问题也许是一个数学上或实验上的技能而已，而提出新的问题、新的可能性，从新的角度去看旧的问题，都需要有创造性的想象力，而且标志科学的真正进步。确定一个课题有以下6个步骤：

(1) 发现或搜集科学问题。
(2) 初选研究课题和确定研究目标。
(3) 调查研究和广泛检索信息资料，或进行试探性的试验。课题查新，深入了解国内外同行关于本课题研究的历史、现状和有关研究资料，为确定选题提供根据。
(4) 目标分析，创立科学假说或建立模型。
(5) 对课题进行科学论证，对课题进行全面的、系统的可行性研究和论证，写出开题报告，同行专家审议。
(6) 科技创新选题决策，选定最佳研究课题。

11.4.2 科学实验阶段

科学的设想必须通过科学实验来证实，才能成为科学的结论。科学实验是对客观未知规律的进一步探索。科学实验阶段对科技人员的要求是：有牢固的专业知识基础；有严格的科学态度；有正确的思想方法和锲而不舍的研究意志；科研人员能否及时获取有关的信息资料。在这个阶段需要检索的内容有：相关研究采用的设备、仪器、手段，前人成功或失败的经验和教训，相关的研究论文及资料，实验过程和方法。

11.4.3 发表成果阶段

著名科学家法拉第认为，有效的科学研究必须经历三个阶段：第一，开始它；第二，完成它；第三，发表它。研究成果大多是以科技论文的形式发表的，研究论文由以下 6 个部分组成：

（1）标题（论文主题的概括）；
（2）文摘（论文内容的简介）；
（3）主题词或关键词（能代表文章内容的词）；
（4）分类号（代表文章内容的类目号）；
（5）文章正文；
（6）参考文献（撰写文章时参考他人的文献）。

文章正文的内容包括：引言（即课题研究的目的、范围、意义、背景等的叙述），研究过程和实验结果（介绍研究的过程以及实验中所获得的数据和事实），讨论（对实验结果进行科学的论证），结论（研究成果的概括论述，是论文最重要的部分）。研究论文的科学结论必须建立在科学论证的基础上，所谓科学论证，就是通过必要的数据、事实、公式和某些公认的理论原则，对研究的对象进行科学的分析、推理、判断，在此基础上形成自己的见解、观点、理论、方法，从而对研究对象的内在规律做出有充分根据合乎逻辑的说明，必要时，还需要对前人的有关研究进行科学的比较，从而阐明自己在研究中的独到之处、不足之点和有待进一步研究的方向。科学论证必须有理有据。

11.5 科技查新的概念

科技查新（以下简称查新）是我国在科学技术研究工作改革中产生的事物。最开始查新是在专利领域中进行的。20 世纪 80 年代后期，随着我国科学研究工作的增加，各级科研管理部门为了提高科研立项、成果鉴定与奖励的严肃性、公正性、准确性和权威性，采取了许多的办法，也制定和颁布了一些规定。原国家科委 1987 年颁布了《科学技术成果管理办法》，1988 年又颁布了《科学技术成果鉴定办法若干问题的说明》，对成果的鉴定做出了许多的规定，并赋予了法律的效力。1994 年原国家科委公布了全国一级查新单位的名单，获得国家承认和授权的机构可以承担课题查新工作。

11.5.1 科技查新的定义

《科技查新规范》对查新做出了规范的定义:"查新是科技查新的简称,是指查新机构根据查新委托人提供的需要查证其新颖性的科学技术内容,按照本规范操作,并做出结论。"科学技术部于2000年12月发布了《科技查新机构管理办法》和《科技查新规范》,2001年1月1日起施行,标志着我国科技查新工作逐步步入法制化的轨道。

这里所说的查新机构是指具有查新业务资质,根据查新委托人提供需要查证其新颖性的科学技术内容,按照科技查新规范操作,有偿提供科技查新服务的信息咨询机构;查新委托人是指提出查新需求的自然人、法人或者其他组织;新颖性是指在查新委托日以前查新项目的科学技术内容部分或者全部没有在国内外出版物上公开发表过。

11.5.2 查新与文献检索、专家评审的区别

文献检索针对具体课题的需要,仅提供文献线索和文献,对课题不进行分析和评价,侧重于对相关文献的查全率。

查新是文献检索和情报调研相结合的情报工作,它以文献为基础,以文献检索和情报调研为手段,以检出结果为依据,通过综合分析,对查新项目的新颖性进行情报学审查,写出有依据、有分析、有对比、有结论的查新报告。因此,查新有较严格的年限、范围和程序规定,有查全、查准尤其是查准率的严格要求,要求给出明确的结论,查新结论具有鉴证性。这些是单纯的文献检索所不具备的。查新是以通过检索出的文献的客观事实来对项目的新颖性做出结论。

专家评审主要是依据专家本人的专业知识、实践经验以及所了解的专业信息,对被评对象的创造性、先进性、新颖性、实用性等做出评价。由此可见,查新和专家评审所依据的基础不同,评价的内容也是有差异的。

11.5.3 查新中新颖性的判断

由于查新被界定为对项目的新颖性做出结论,因此新颖性这一概念就显得特别重要。查新是以文献为依据,所以在查新中影响新颖性的公开方式只有出版物公开。对在国内外公开使用的同类成果,如未能通过相应文献来证实其属于相同成果的,不影响新颖性。在《科技查新规范》中新颖性被定义为:

新颖性是指查新委托日以前查新项目的科学技术内容部分或者全部没有在国内外出版物上公开发表过。从《科技查新规范》中的新颖性的定义可以看出,"使用公开"和"以其他方式公开"并不影响查新项目的新颖性,只有"出版物公开"才会影响查新项目的新颖性。

通过出版物公开的科学技术内容被认可为查新意义上的"现有科学技术"。出版物包括各种印刷及打印的纸件,如图书、期刊学术论文、专利文献、教科书、技术手册、正式公布的会议记录、技术报告、报纸、小册子、产品说明书等,还包括磁带、胶片、光盘、机读数据库等网络资源。被检索工具收录的内部出版物,可视为公开出版物,成果未公开的、处于保密状态的,不属于公开出版物。

在《科技查新规范》中对查新检索的年限规定的一般原则是：检索的年限应当以查新项目所属专业的发展情况和查新目的为依据，一般应从查新委托之日前推 10 年以上，对于新兴学科、高新技术项目，前推年限可酌情缩短；对于较成熟的技术产品、工艺和专利查新等，前推年限应酌情延长；对于查新合同中另有约定的，按约定执行。

目前查新手段主要以机检为主，手检为辅。

11.5.4　查新的作用

1) 为科研立项提供客观依据

在课题立项之前首先要全面、准确地掌握国内外的有关情报，查清该项目在国内外是否有人研究开发过。科研项目在论点、研究目标、技术方案、技术内容、技术水平等方面是否具有新颖性。通过检索可以了解国内外有关的科学技术水平、研究开发方向；是否已研究开发或正在研究开发，研究开发的深度及广度。

2) 为科技成果的鉴定、评估、验收等提供客观依据

科研成果达到了什么水平，是国际领先还是国内首创，要通过查新证实才能定论。若没有查新的结论，仅凭专家经验可能会得出不确切的结论。

3) 为课题的研究提供丰富的信息

由于信息资源的快速增长及信息载体的多样化，给人们获取信息带来了一定的难度。有关研究表明，一项科学研究查找资料的时间大约占整个工作量的 50%，如果通过信息检索的方法获取，会节省大量时间。目前国内外的检索系统和数据库所收藏的文献基本上能满足科研工作的需求。

参考文献

[1] 张屹山,黄磊. 知识经济与科教兴国 [M]. 北京:社会科学文献出版社,2000.
[2] 科技查新教程编写组. 科技查新教程 [M]. 北京:机械工业出版社,2001.
[3] 吴桂金. 网络信息资源检索 [M]. 哈尔滨:东北林业大学出版社,2004.
[4] 姜继红,陈少川. EBSCO 网络全文数据库介绍 [J]. 青岛大学学报,2003,16(6):97-100.
[5] 刘广普. EBSCO 数据库检索方法 [J]. 图书馆建设,2003(3):64-66.
[6] 路克强,尹家健,宋林杰,等. 电子电信信息资源检索和利用 [M]. 南京:江苏科学技术出版社,2002.
[7] 潘卫. 网络学术信息资源及其检索 [M]. 南京:东南大学出版社,2001.
[8] 孙凡. 社科信息检索 [M]. 哈尔滨:黑龙江人民出版社,1997.
[9] 华薇娜. 网络学术信息资源检索与利用 [M]. 北京:国防工业出版社,2002.
[10] 吴桂金. Internet 网络信息资源的分析与利用 [M]. 哈尔滨:东北林业大学出版社,2005.
[11] 喻萍. 实用信息资源检索与利用 [M]. 北京:化学工业出版社,2005.
[12] 刘红光. 科技信息检索与利用 [M]. 南京:东南大学出版社,2004.
[13] 肖珑. 数字信息资源的检索与利用 [M]. 北京:北京大学出版社,2003.